HEYNE <

Hans G. Raeth

»Sie Affe!« »Du Schwein!«

Die Kunst der Beleidigung

WILHELM HEYNE VERLAG
MÜNCHEN

Die Originalausgabe erschien 2007 unter dem Titel
Die *Kunst der Beleidigung* im Fackelträger Verlag.

FSC
Mix
Produktgruppe aus vorbildlich
bewirtschafteten Wäldern und
anderen kontrollierten Herkünften

Zert.-Nr. SGS-COC-1940
www.fsc.org
© 1996 Forest Stewardship Council

Verlagsgruppe Random House FSC-DEU-0100
Das FSC-zertifizierte Papier *München Super*
für Taschenbücher aus dem Heyne Verlag liefert
Mochenwangen.

Taschenbucherstausgabe 02/2009

Der Wilhelm Heyne Verlag, München,
ist ein Verlag der Verlagsgruppe Random House GmbH
Printed in Germany 2009
Umschlaggestaltung: Eisele Grafik-Design, München
Umschlagillustration: Tom Frey
Satz: KompetenzCenter, Mönchengladbach
Druck und Bindung: GGP Media GmbH, Pößneck
ISBN 978-3-453-60099-7

www.heyne.de

Inhalt

Vorwort

Warum der konstruktive Dialog im Arsch ist: ein konstruktives Plädoyer

Liebe Leser,
dieses Buch ist weniger ein rhetorischer Ratgeber und mehr eine lockere Auseinandersetzung mit der Frage, warum wir uns im täglichen Umgang mit Samthandschuhen anfassen, obwohl die Probleme, die wir zu verhandeln haben, eine deutliche Sprache verdient hätten.

Diskussionen in Deutschland, gleichgültig, ob in den Medien, im Bundestag oder am Arbeitsplatz, sind von einer solch erschütternden Nüchternheit, dass wahrscheinlich viele jener Dichter und Denker, auf denen unser kultureller Nationalstolz fußt, uns als Volk von Memmen, Weicheiern und Warmduschern bezeichnen würden.

Jedenfalls frage ich mich, warum wir unsere Sprache einzementieren und sie in Codes gießen. Warum wir eine Gelehrtensprache pflegen und eine Geschäftssprache, eine Privatsprache und eine Gesellschaftssprache.

Warum nehmen wir im privaten Bereich kein Blatt vor den Mund und motzen über unhaltbare Zustände in allen erdenklichen Formen? »Das ist total scheiße! Du wolltest die Kinder heute abholen, du blöder Sack! Das hast du versprochen!«

Während wir beispielsweise im Berufsleben an gleicher Stelle mit Begriffen wie »suboptimal«, »prozessabhängig« oder »anwendungsorientiert« jonglieren.

Diese Sprachverwirrung hat Folgen. Ein Witz verdeutlicht, was ich meine:

Treffen sich zwei Freunde. Sagt der eine »Ich hab in letzter Zeit ganz komische Sprachstörungen. Ich wollte kürzlich ein Ticket nach Bukarest kaufen, hab aber gesagt: ›Rukabest‹«.

»Geht mir ganz ähnlich«, erwidert sein Freund.

»Ich saß kürzlich mit meiner Frau am Frühstückstisch und wollte eigentlich sagen: ›Schatz? Reichst du mir mal bitte die Konfitüre rüber?‹, hab aber gesagt: ›Du dumme Schlampe hast mir mein Leben versaut‹.«

Der Volksmund sagt, wovon das Herz voll ist, davon kann der Mund nicht schweigen. Im gesellschaftlichen Umgang haben wir diese Maxime aufgegeben. Jede emotionale Äußerung wird als Angriff auf den sachlichen Diskurs gewertet. Und weil dieser als Königsklasse der Auseinandersetzung gilt, sind Gefühlsbekundungen per Definition zweitklassig. Im Privatleben hingegen riskieren wir für große Gefühle Kopf und Kragen, für die wahre Liebe setzen wir binnen kürzester Zeit unser Glück, unser Seelenheil und unsere Ersparnisse aufs Spiel, während wir den Abschluss einer Versicherung wochen- oder gar monatelang minutiös planen.

Die Tatsache, dass emotionale Entscheidungen oft nicht minder tauglich sind als rationale, sollte uns ins Grübeln bringen.

Die Entemotionalisierung unserer Streitkultur basiert aber vielleicht weniger auf einer generellen Skepsis emotionalen Entscheidungen gegenüber und mehr auf der Sorge, die Kontrolle über den sachlichen Dialog und damit über die Sachthemen selbst zu verlieren. Möglich, dass aber gerade dieser Kontrollverlust Kreativität freisetzt und neue Perspektiven ermöglicht.

Beleidigungen als gesellschaftlich geächtete rhetorische Stilmittel gehören zu den schärfsten Waffen in einem Schlagabtausch. Zahlreiche Beispiele aus Geschichte und Gegenwart zeigen, dass die Beleidigung keineswegs automatisch kontraproduktiv ist.

Eine witzige und treffende Verbalinjurie kann nicht nur eine Situation schlagartig verändern, sondern auch Mehrheiten und Machtverhältnisse beeinflussen. Einer der Gründe, warum sich Mächtige nur sehr ungern beleidigen lassen.

Es gibt sogar Menschen, die die Funktion der Beleidigung als demokratisches Instrument des gewaltlosen Widerstandes für schützenswert halten. Eine belgische Initiative will die Beleidigung per UNESCO-Beschluss zum geistigen Kulturerbe der Menschheit erklären.

Im »Manifest für den Schutz der Beleidigung« heißt es: »In einer Welt, in der der Kommunikation überragende Bedeutung zukommt, ist die Kontrolle der sprachlichen Standards von höchstem Interesse. Auch durch die Sprache werden Menschen ausgeschlossen und soziale Beziehungen aufgebaut. Die Beleidigung ist einer der derbsten sprachlichen Ausdrücke und einer der offensichtlichsten hinsichtlich der Machtverhältnisse.«

Das mag auf den ersten Blick etwas überzogen klingen, wenn man sich aber Geschichte und Gegenwart der Beleidigung anschaut, dann wird man feststellen, da ist was dran.

Die Kunst der Beleidigung ist nicht zu verwechseln mit dem schnöden Einsatz von Kraftausdrücken. Die gehören zwar dazu, sind aber nur das Salz in der Suppe. Vielmehr geht es um die Frage, ob Beleidigungen, wenn sie klug und zielsicher eingesetzt werden, die Bandbreite rhetorischer Mittel sinnvoll erweitern können. Sie merken bereits an der Formulierung, dass kunstvolle Beleidigungen mit Gefühlsausbrüchen wenig gemein haben. Beleidigungen emotionalisieren zwar einen Diskurs, was aber nicht bedeutet, das er damit irrational werden muss.

Die Kunst der Beleidigung zielt darauf ab, den sachlichen Dialog mittels Stichelei und Provokation, mittels Spott und Häme, mittels Verballhornung und Verunglimpfung um die emotionale Dimension zu erweitern.

Viele Beleidigungskünstler zeigen uns, wie das geht.

Es liegt in der Natur der Sache, dass wir bei einem Spaziergang über das Schlachtfeld der Verbalinjurie sowohl scharfzüngige Menschen treffen, deren Geschichte und Geschichten oft seltsame und komische Wendungen hatten, als auch weniger sprachbegabte Exemplare, die sich aber in Sachen Beleidigung trotzdem für nichts zu schade sind.

Vom Profi-Pöbler bis zur drittklassigen Dreckschleuder, vom Familienkrach bis zur Ehekrise ist also alles dabei, und zwar quer durch die Jahrhunderte bis heute.

Was ist? Haben Sie Lust?

Dann schlendern wir doch mal los.

Kanaillen, Kaiser, Könige

Die Erfindung der Pöbelei: eine kleine Geschichte der Verbalinjurie.

»Ich bin Vulkanier,
ich habe kein Ego,
das man kränken kann.«

Captain Spock (Leonard Nimoy)
in STAR TREK – DER ZORN DES KHAN

Was mag wohl die erste Beleidigung der Menschheit gewesen sein? Ich vermute, es war eine Gebärde. Man tippte sich wahrscheinlich nicht mit dem Zeigefinger an den Kopf, weil noch niemand um dessen Bedeutung für das Denken wusste. Vielleicht aber assoziierte man den Anus bereits mit Dreck, Unflat, Scheiße. Womöglich streckte also ein Hominide einem anderen seinen behaarten Hintern entgegen, um dem Kollegen klarzumachen, wo er ihn mal könne. Oder brauchte es Sprache, um Beleidigungen möglich zu machen? Brauchte es obendrein ein zumindest rudimentäres Bewusstsein, um so etwas wie eine Beleidigung überhaupt als Angriff auf die eigene Person verstehen zu können?

Fangen wir mal anders an: Können Tiere beleidigt sein und können Sie insofern auch beleidigt werden? Haustierbesitzer werden diese Frage vermutlich bejahen. Wenn man einen Hund lange genug triezt, dann zieht er beleidigt von dannen. Aber tut er das wirklich, weil er beleidigt ist? Oder interpretieren wir sein Desinteresse lediglich als Beleidigung? Bei Hunden und Katzen ist wohl am ehesten ein Konsens darüber herzustellen, dass man sie beleidigen kann. Aber was ist mit Hamstern? Mit Wühlmäusen? Oder mit Fischen? Es gibt ja Aquarianer, die schwören Stein und Bein, dass ihr Guppy sich seit ein paar Tagen nicht sehen lässt, weil er schmollt.

Was tatsächlich für die Beleidigungsfähigkeit von Tieren spricht, ist, dass sie häufig in einer wie auch immer gearteten sozialen Gruppe leben. Diese macht Beleidigungen ja erst möglich. Einerseits gehören zu einer Beleidigung immer mindestens zwei, andererseits braucht eine Beleidigung als bewusste Herabsetzung des Gegenübers einen sozialen Kontext, in dem eine Herabsetzung überhaupt machbar ist, in dem es also Hierarchien und Rivalitäten, Neid und Missgunst gibt. Ob Tiere all das realisieren, ist eher unwahrscheinlich. Keith Jensen vom Max-Planck-Institut für evolutionäre Anthropologie in Leipzig fand Anfang 2006 heraus, dass Tiere keine Schadenfreude empfinden. Das spricht dagegen, dass sie mit Beleidigungen etwas anfangen können, denn ohne Schadenfreude ergeben Beleidigungen keinen Sinn.

In der Zeitschrift »Spektrum der Wissenschaft« erschien 2004 ein Artikel mit der Überschrift »Auch Affen können beleidigt sein«. Beschrieben wurde darin die Kleinkindern nicht unähnliche Reaktion von Kapuzineräffchen, wenn man versucht, sie zu übervorteilen. Bekamen zwei Äffchen für Tauschgegenstände, etwa kleine Steine, die man ihnen zuvor gegeben hatte, unterschiedliche Nahrungsmittel, so passierte es häufig, dass das schlechter gestellte Äffchen den Tausch verweigerte. Bot man also einem Äffchen eine süße Traube, so wollte das andere sich nicht mit einem Stück Gurke zufriedengeben. Diese als Beleidigung interpretierbare Reaktion könnte allerdings auch ein simpler ökonomischer Reflex sein. Wenn ich einmal weiß, dass ein Steinchen prinzipiell eine Traube wert ist, dann warte ich angesichts einer angebotenen Gurke vielleicht auf bessere Zeiten. Ob also die Äffchen wirklich beleidigt waren, ist zumindest fraglich. Der Versuch gab leider auch keinen Aufschluss über die Frustrationstoleranz der Äffchen, also die Frage, ob es einen Punkt gibt, wo die Äffchen jeden Tausch verweigern, egal, wie wertig das Tauschobjekt ist, weil sie so etwas wie eine Leck-mich-am-Arsch-Haltung an den Tag legen. Das käme dann der Beleidigung schon wieder sehr nahe.

Doch unser Problem ist noch nicht gelöst, die entscheidende Frage lautet: Wann wurde eine wie auch immer geartete nicht physische Aggression in der Entwicklungsgeschichte zur »Beleidigung«? Schließlich gibt es auch seit Anbeginn der Welt die Fortpflanzung, aber wann nannte jemand das »Sex« und verband damit in etwa das, was wir heute damit verbinden? Wann wurden physische Auseinandersetzungen zum »Krieg«? Wann wurde der Mangel an Nahrung zum »Hunger«? Wann wurde die biologische Existenz zum »Leben«?

Aber zurück zum Menschen. Nehmen wir hilfsweise folgende exemplarische Situation als Ursprung der Beleidigung an. Wir befinden uns irgendwo in Mitteleuropa an einem sonnigen Montag vor 40 000 Jahren. Am vergangenen Wochenende ist der Homo ergaster (später wird er auch Homo erectus genannt) dem Neandertaler begegnet.

Die einen wollten zur Jagd, die anderen wollten sich nur ihre großen Füße vertreten. Die Begegnung endete damit, dass die beiden Gruppen wechselseitig panikartig und lautstark die Flucht ergriffen.

Im Lager unserer Vorfahren, also beim homo ergaster, ist am heutigen Montag wiederum Jagdtag. Einer der Jäger hat seit ein paar Tagen die Höhle nicht verlassen. Es geht ihm nicht so gut, deshalb will er heute noch mal der Jagd fernbleiben.

Der Jagdführer ist genervt. Vielleicht, so mutmaßt er, sei der Jagdkollege ja ein ebenso großer Feigling wie die Quadratköpfe, denen man am Wochenende begegnet ist.

Ein Raunen, vielleicht eine frühe Form des Lachens, geht durch die Reihen der Jäger.

Der kranke Jäger kontert, man habe ihm erzählt, der Jagdführer sei angesichts der Quadratköpfe am schnellsten von allen gelaufen. Schneller als ein Säbelzahntiger mit ’ner Steinaxt im Arsch. Wer also sei eigentlich hier der Feigling?

Jetzt hat der kranke Jäger die Lacher auf seiner Seite.

So oder so ähnlich könnte sich der erste nicht physische Schlagabtausch der Menschheit abgespielt haben.

Sie finden die Geschichte an den steinzeitlichen Rückenhaaren herbeigezogen?

Gut, dann erzähle ich Ihnen eine andere.

Ein Mann und eine Frau leben sorglos in einem Garten. Gott kümmert sich darum, dass es den beiden an nichts mangelt, er hat lediglich darum gebeten, dass die Menschen sich von einem bestimmten Baum fernhalten. Eine Schlange verführt die beiden dazu, trotzdem von den verbotenen Früchten zu kosten, woraufhin Mann und Frau Hausverbot im Paradies bekommen.

Klingt diese Geschichte für Sie plausibler?

In der christlichen Mythologie gilt der Sündenfall als die erste Kränkung der Geschichte, nämlich als schwere Beleidigung Gottes. Adam hätte auch sagen können: »Hör mal zu, alter Angeber, von dir lassen wir uns überhaupt nichts verbieten«, und Eva hätte vielleicht ergänzt: »Genau, wir haben nämlich auch unsere Rechte, du Popanz.«

Das hätte dann genauso zum Garten-Eden-Verbot geführt.

Erstaunlich an der Geschichte ist, dass Gott offenbar beleidigungsfähig ist. Das hätte man von einem vollkommenen Wesen nicht unbedingt erwartet. Allerdings reagiert Gott auch nicht, wie es Menschen angesichts einer Beleidigung tun würden, nämlich, indem sie schmollen, schreien, weinen oder sich wehren. Gott wirkt eher reserviert und verhängt – quasi kaltlächelnd – drakonische Strafen für die Gesetzesübertretung. Eva muss ihre Kinder nun unter Schmerzen gebären, Adam das tägliche Brot im Schweiße seines Angesichts verdienen und die Schlange ihr Leben im Dreck verbringen.

Der Mensch wird also fortan täglich daran erinnert, dass seine missliche Lage durch eine Beleidigung Gottes ausgelöst worden ist. Ab jetzt gibt es nichts mehr geschenkt, alles muss hart erarbeitet, alles muss verdient werden. Klar, dass irgendwann der Gedanke aufkommt, den Fehler auszubügeln. Vielleicht lässt Gott ja mit sich reden. Die Schriftgelehrten sehen schwarz. Einmal sündig, immer sündig. Das ist, als würde man im Morast stecken: Je mehr man sich bewegt, desto tiefer sinkt man ein. Der Gedanke der »Erbsünde« wird geboren. Vor ihr gibt es kein Entkommen, schon mit dem ersten Atemzug gehört jeder Mensch zum Kreis jener, die es sich mit Gott verscherzt haben. »Geboren wird der Mensch, damit er arbeitet, sich ängstigt und leidet. Er tut Böses und beleidigt damit Gott, seinen Nächsten und auch sich selbst«, konstatierte Papst Innozenz III. Ende des 12. Jahrhunderts über das »Elend des menschlichen Daseins«.

Die Versuche, Gott doch noch mal an den Verhandlungstisch zu kriegen, sind beeindruckend. Man baut ihm prächtige Häuser, widmet ihm Kunstwerke, Menschen stellen ihr ganzes Leben in den Dienst seiner Botschaft, aber es hilft nichts. Gott schweigt. Eine gigantische Kraftanstrengung aller Gläubigen, eine Bündelung aller verfügbaren Kräfte soll das ändern.

Wir befinden uns im »aetas christiana«, im christlichen Zeitalter, irgendwo auf der Kippe vom Hoch- zum Spätmittelalter. Ab Mitte des 13. Jahrhunderts prügeln sich Leute die Seele aus dem Leib, um Buße zu tun für die Beleidigung Gottes durch den Sündenfall. Sie heißen Flagellanten oder auch Geißler. Dass sie mit der Idee, sich so lange selbst zu verhauen, bis Gott ein Einsehen hat, scheinbar auf dem richtigen Weg sind, glaubt man daran ablesen zu können, dass Mitte des 14. Jahrhunderts in Europa die Pest wütet. Vereinfacht gesagt, lautete die Theorie, dass Gott mit seiner Bestrafung wohl noch mal nachgelegt habe, um unmissverständlich klarzumachen, wie schwer ihn die Apfel-Affäre getroffen habe.

Das Flagellantentum erreicht Mitte des 14. Jahrhunderts seinen Höhepunkt, danach sieht man irgendwie ein, dass

Gott auch dadurch nicht abschließend zu beeindrucken ist, dass man sich regelmäßig selbst verprügelt. Ist ja auch eine komische Idee, aber die Zeit war eben voll von komischen Ideen. Bewaffnete Pilger, auch Kreuzfahrer genannt, versuchten gewaltsam Andersgläubigen das Heilige Land zu entreißen. Später veranstaltete man auch Razzien in den eigenen Reihen, um Abtrünnige aufzuspüren und unschädlich zu machen; die Aktion wird unter dem Namen »Heilige Inquisition« in die Geschichte eingehen.

Die Kirche versucht also, mit Gewalt ans Paradies zu kommen. Ihre Macht ist sagenhaft. Sie gebietet über Kriege und Könige, um eine gottgefällige Welt zu erschaffen. Dabei kontrolliert der Klerus praktisch alle Bereiche des täglichen Lebens, nicht zuletzt das Intimleben, die Gedankenwelt und – als direkter Ausdruck derselben – die Sprache. Latein ist die gemeinsame Kultur- und Bildungssprache. Verbalinjurien aller Art, also Flüche, Gotteslästerungen, Beleidigungen und Verunglimpfungen gelten gemäß mittelalterlichen Traktaten und Predigerhandbüchern als derart verdorben, dass sie die Dimension einer Todsünde annehmen können. Der Dominikanermönch Guilelmus Peraldus ergänzt Mitte des 13. Jahrhunderts in einem für Prediger geschriebenen Werk die Darstellung der sieben Todsünden durch ein achtes Kapitel »De peccato linguae« und nennt darin nicht weniger als 24 Zungensünden.

Die Angst der Kirche vor verbaler Eskalation ist nicht ganz unbegründet. Ein Mensch, der schimpft, zetert und beleidigt, der auf diese Weise seinem Herzen Luft macht, tut nicht nur seine wahren Gefühle kund, er vollzieht auch einen Akt der Freiheit. Im für die Kirche schlimmsten Fall befreit er sich womöglich nicht nur vom Joch der klerikalen Gesetze, sondern am Ende von Gott selbst. Die Strafen für verbale Entgleisungen gegenüber Kirche und Gott waren demgemäß hart, wobei man gerne das involvierte Körperteil eindrucksvoll in Szene setzte. So wurden bis Mitte des 18. Jahrhunderts Gotteslästerern die Zungen abgeschnitten oder durchstochen. Manchmal nagelte man auch kurzerhand Delinquenten an ihren Zungen an den Pranger.

Die blutige Abrechnung der Kirche mit Andersdenkenden hat ideengeschichtlich ihren Ursprung in der Antike. Johannes Chrysostomos, Patriarch von Konstantinopel, formulierte schon im 5. Jahrhundert, wie mit Ungläubigen zu verfahren sei: »Solltet Ihr einigen dieser unverschämten Gotteslästerer, die Gottes Namen beleidigen, irgendwo auf der Straße oder auf einem öffentlichen Platz begegnen, so nähert Euch Ihnen, macht ihnen die heftigsten Vorwürfe, schreckt nicht davor zurück, sie zu schlagen, wenn es nötig ist. Ja, züchtigt sie in aller Öffentlichkeit, bestraft diese frevlerische Zunge.«

Augustinus, Zeitgenosse des Johannes Chrysostomos, lieferte mit seinem Versuch, Verteidigungskriege moralisch zu legitimieren die Steilvorlage für Thomas von Aquins Theorie des »bellum iustum«, des gerechten Krieges. Damit verabschiedete sich die Kirche im Mittelalter von der streng pazifistischen Weltanschauung der Frühchristen. Thomas von Aquin rechtfertigte mit seiner Philosophie Militäraktionen im Namen Gottes, die Kirche setzte die Idee mittels der Kreuzzüge in die Praxis um. Der Kirchenlehrer stellte außerdem den Papst in Fragen der Sitte und des Glaubens über den König und sprach sich in seinen »Summa Theologiae« für die Hinrichtung von Herätikern aus. Damit schuf Thomas von Aquin ebenfalls eine der theoretischen Grundlagen der Inquisition. Fleißiger Mann, also.

Noch bis ins 18. Jahrhundert ist die Beleidigung gleichgestellt mit den Gewaltverbrechen. In Paris ging die Zahl der Beleidigungsklagen nach 1760 drastisch zurück. Der Grund war ein Paradigmenwechsel in der Justizpolitik. Man entschied sich dafür, den Fokus der Strafverfolgung auf Diebstahldelikte zu richten, also dem Schutz des Eigentums eine höhere Bedeutung als dem Schutz der Ehre einzuräumen.

Erst mit der Aufklärung beginnt sukzessive die kategorische Trennung von sprachlicher und physischer Gewalt, wohl auch, weil mit dem neuen Zeitalter Rationalität und Redekunst eine derart exponierte Stellung beziehen, dass man diese Waffen des Geistes von schnöden Handgreiflichkeiten getrennt wissen will. Die bis dato geltende emotionale Identität von verbalen und physischen Attacken war vermutlich Ergebnis simpler Beobachtung. Gewalt und Geschrei gehörten zusammen, keine Prügelei ohne vorherige Beleidigung, keine Schlacht ohne Wutgeheul, kein Krieg ohne Provokation.

In der frühesten abendländischen Dichtung, Homers »Ilias«, finden wir fast alle Ingredienzen. Auslöser des Trojanischen Krieges ist der Raub der schönen Helena, was von ihrem Gatten, dem Spartanerkönig Menelaos, als schreckliche Beleidigung empfunden wurde: »Ihr unmenschlichen Troer, des schrecklichen Streits unersättlich! / Auch noch anderer Schmach und Beleidigung nimmer ermangelnd: / Wie ihr schändlichen Hunde mich schmähtet, und nicht geachtet/Zeus' schwertreffenden Zorn, des Donnerers, welcher das Gastrecht/heiliget, und zerstören euch wird die erhabenen Feste!/Die ihr mein jugendlich Weib und viel der reichen Besitzung/frech mir von dannen geführt, nachdem sie euch freundlich bewirtet!« Also in etwa: »Ihr Trojaner seid selbstherrliche Wichser, hoffentlich zieht Zeus Euch alle an den Eiern durch den Hades.«

Menelaos' Ärger ist verständlich. Stellen Sie sich vor, jemand wird zu einer Party eingeladen und zum Dank dafür klaut er Geld und Silberbesteck und brennt mit der Gastgeberin durch. Da würden wohl selbst dem kultiviertesten Gastgeber ein paar Begriffe rausrutschen, die er sich unter normalen Umständen verkniffen hätte.

Auch dem biblischen Duell von David und Goliath geht eine Beleidigung voraus. Im Buch Samuel wird eingehend beschrieben, wie der Philister Goliath die Israeliten verhöhnt, bevor er von David mit der Steinschleuder zur Strecke gebracht wird. Interessant übrigens, die Bibel betont, dass es nicht zu dem erwarteten Waffengang mit Schwertern kommt: »So überwand David den Philister mit Schleuder und Stein und traf und tötete ihn. David aber hatte kein Schwert in der Hand.« Einerseits wird damit Davids heldenhafter Mut betont, andererseits hat die Wahl der Waffen aber auch metaphorische Qualität. Der eine schleudert Beleidigungen, der andere einen Stein – beides kann in gleichem Maße verletzend sein.

So unfair der Kampf zwischen David und Goliath auf den ersten Blick auch erscheinen mag, sein Ausgang zeigt, dass mit Duellen die Chancengleichheit der Gegner gewährleistet wird – zumindest prinzipiell. Die Tatsache, dass selbst krasse Außenseiter den Sieg davontragen können, scheint dies zu bestätigen, wenngleich niemand ernsthaft daran glauben kann, dass zwei Duellanten tatsächlich mit den gleichen Voraussetzungen in eine Konfrontation gehen. Trotzdem, je stärker Duelle ritualisiert sind, desto mehr werden die Vor- und Nachteile der Kontrahenten nivelliert.

Ist das Duell ideengeschichtlich zunächst eine Ableitung des uralten Kampfes zwischen Gut und Böse und wird es im Zuge dessen von den Göttern auf die Halbgötter, also die Heroen, und schließlich auf menschliche Helden transzendiert, so schlägt die Popkultur mit der Erfindung des Superhelden wieder den Bogen zurück zum ursprünglichen mythologischen Kontext. Spiderman oder Batman sind also im antiken Sinne olympische Helden, weil sie nicht allein Schurken jagen, sondern letztlich gegen das Böse auf der Welt kämpfen.

Kulturgeschichtlich wurzelt das Duell tief. Die Germanen kannten das Gottesurteil in Form eines vom Gericht autorisierten Waffengangs, bei den Römern gab es den streng ritualisierten Gladiatorenkampf, im Mittelalter die ritterliche Fehde, in der Neuzeit das Duell unter Edelleuten, welches als Pistolenduell selbst nach Amerika exportiert wurde, wo es später zum festen Bestandteil des Mythos vom »Wilden Westen« wurde.

Noch heute kennen wir Wortgefechte auch unter dem Begriff »Rededuell« und selbst staatsübergreifende Konflikte und kriegerische Auseinandersetzungen werden gewöhnlich mit Personen assoziiert – quasi den eigentlichen Duellanten. Intendiert ist damit latent auch immer die Idee, dass Staatsmänner ihre persönlichen Konflikte auf den Rücken ihrer Völker austragen – eine Ansicht, die gar nicht so falsch ist.

Das Duell als Folge einer Beleidigung ist die Reaktion auf eine Ehrverletzung. Erneut stellt sich die Frage, wann wohl die »Ehre« erstmals in der Menschheitsgeschichte auftauchte. Auch dieser Begriff setzt ja ein Bewusstsein und einen Identitätsbegriff voraus. Mutmaßlich leitet sich der Ehrbegriff ursprünglich von der »Verehrung« ab, also der einem anderen Wesen gegenüber bekundeten Wertschätzung. Man kann nur darüber spekulieren, ob Höhlenmenschen beispielsweise ihre Beutetiere oder aber ein höheres Wesen, vielleicht einen Jagdgott, verehrten. Irgendwann in der Entwicklungsgeschichte wurde die Verehrung eines anderen jedenfalls als prinzipiell auch auf die eigene Person anwendbar begriffen.

Das war zwar noch kein Ehrbegriff in unserer heutigen Bedeutung, aber eine taugliche Vorform. Die frühzivilisatorischen Bezugssysteme dürften den unseren nicht völlig unähnlich gewesen sein. Leistung, etwa besonderes Geschick bei der Jagd oder besondere handwerkliche Fähigkeiten, waren ebenso Indikatoren für Anerkennung wie Besitz und die damit einhergehende Macht, einen relativen Überfluss nach Gutdünken verteilen zu können. Die frühe Form der Anerkennung, nennen wir sie einmal »Ruhm« – nicht umsonst werden auch heute noch Ruhm und Ehre gerne in einem Atemzug genannt –, markierte also ein Machtgefälle, jenes nämlich zwischen Menschen, die über ein Gut verfügten und Menschen, die selbiges nicht besaßen und bei Tauschgeschäften lediglich ihre Wertschätzung für den Spender in die Waagschale werfen konnten.

Was also zuvor im Verhältnis zu den Göttern erlernt worden war, nämlich die Verwendung der Verehrung als Tauschobjekt für schönes Wetter, eine gute Ernte oder eine erfolgreiche Jagd, wurde nun auf den zwischenmenschlichen Bereich übertragen. Ehrenmenschen schlossen damit die Kluft zwischen Göttern und Normalsterblichen.

Hinsichtlich weiterer Ausgestaltungsmöglichkeiten erwies sich das Modell als ungemein flexibel. Da die Menschen schon bei den Göttern die Erfahrung gemacht hatten, dass Verehrung allein nicht vor Seuchen, Hungersnöten oder Wirbelstürmen schützt, waren sie bereit, ihr Denken und Handeln in Bezug auf die Ehrenmenschen anzupassen, um das Ergebnis zu optimieren. Solange die persönliche Bilanz stimmte, solange also die Hütten beheizt und die Vorratskammern gefüllt waren, interessierte es die Normalsterblichen nicht, dass die Ehrenmenschen Mittel und Wege suchten, ihre Ehre und die damit verbundene Macht dauerhaft zu sichern.

Mit den frühen Hochkulturen beginnt die Institutionalisierung der Ehre. Sie ist nun nicht länger an eine Person gebunden, sondern gilt auch für den Clan oder die Familie, im übertragenen Sinne sogar für alle dem Ehrenmenschen unterstehenden Normalsterblichen, wobei diesen allerdings Ehre nur nach Maßgabe ihres Herrschers zukommt. Später wird sich aus diesem Ehrbegriff das Standesbewusstsein entwickeln. Außerdem kann die Ehre unter Ehrenmenschen nun vererbt werden, und sie impliziert eine direkt von Gott autorisierte umfassende Handlungsvollmacht. Mit diesen Maßnahmen ist die Weltbühne nun offen für geisteskranke Kaiser und schwachsinnige

Adelige, die mit den ursprünglich verehrten prähistorischen Leistungsträgern praktisch nichts mehr gemein haben.

Irgendwo auf dem Weg durch die Jahrhunderte ist auch den Normalsterblichen aufgefallen, dass Ehre ein probates Mittel ist, um Klassenunterschiede deutlich zu machen. Es entstehen Sub-Ehren wie die Handwerkerehre, die Offiziersehre oder die Soldatenehre. Je nach Epoche kann man sich damit von ehrlosen Menschen abgrenzen, etwa Sklaven, Gauklern, Barbaren, Huren, Henkern und Ganoven. Später wird es selbst hierfür in einigen Fällen Sub-Ehren geben, etwa die Ganovenehre. Außerdem wird Ehre von Menschen auf Taten übertragbar sein, womit selbst ehrlose Menschen die Chance haben, etwas Ehrenwertes zu tun. Dieses machtorientierte Splitting der Ehre wird Niccolò Machiavelli Anfang des 16. Jahrhunderts im dritten Buch seiner »Discorsi« folgendermaßen auf den Punkt bringen: »Ein Machthaber darf seinen Günstlingen nur so viel Ansehen geben, dass zwischen diesen und ihm immer noch ein Abstand und immer noch etwas Begehrenswertes liegt.«

Als zunächst abstraktes Insignium von Macht wird die Ehre historisch visualisiert, indem Ehrverletzungen konkrete und reale Strafen nach sich ziehen. Ehre wird also zu einer quasi physikalischen Größe, sie wird mess- und fühlbar. Wurden drakonische Strafen für Beleidigungen in den frühen Hochkulturen noch damit legitimiert, dass mit einem Herrscher auch Gott selbst beleidigt wurde, so zogen die Mächtigen bald die Rechtfertigung dafür allein aus ihrem weltlichen Status. In Rom war das Majestätsgesetz – vermutlich initiiert von Julius Cäsar, übernommen und womöglich weiterentwickelt von Augustus – ursprünglich ein Instrument, um tätliche Angriffe auf den Herrscher zu ahnden. Unter Tiberius wurde es großzügiger ausgelegt, womit nun auch Verbalattacken mit dem Tode bestraft werden konnten. Eigentlich hatte Tiberius das Gesetz verschärft, um sich unliebsamer Nebenbuhler entledigen zu können, aber das römische Volk machte von der Möglichkeit, Konkurrenten zu diffamieren ebenfalls derart regen Gebrauch, dass es unter der Regentschaft von Tiberius zu einer Prozesswelle kam. Die Angeklagten wurden dabei meist nicht wegen Majestätsbeleidigung hingerichtet, sondern wegen anderer Vergehen, die bei Verhören von Familie oder Leibeigenen zutage kamen. Ein mutmaßlicher Verstoß gegen das Majestätsgesetz berechtigte die Justiz nämlich, den Hausstand des Angeklagten nach belastendem Material zu durchstöbern. Da Sklaven auch mittels Folter zur Aussage gebracht werden durften, gestanden diese praktisch alles, was die Peiniger hören wollten.

Im Mittelalter wurde dieses Verfahren perfektioniert, weil man sich die umständliche Methode, Dritte heranzuziehen, um ein Geständnis zu erpressen, ersparte, sondern die Angeklagten selbst auf die Streckbank band. Entweder sie starben unter der Folter oder sie starben bei der oft nicht minder langwierigen und brutalen Hinrichtung. Die Logik der mittelalterlichen Rechtsprechung basierte auf der Annahme, dass Abschreckung die beste Form der Verbrechensprophylaxe sei. Demgemäß wurden für vergleichsweise kleine Delikte drakonische Strafen verhängt.

Majestätsbeleidigung, aufgrund der engen mittelalterlichen Verflechtung von Kirche und Staat gleichzusetzen mit Blasphemie, kostete im Normalfall das Leben. Es galt bereits als Strafmilderung, wenn ein Delinquent das Privileg bekam, bewusstlos geschlagen zu werden, bevor man ihm mit dem Rad alle Knochen im Leib brach.

Majestätsbeleidigung wird bis zum heutigen Tage in einigen Ländern mit schweren Strafen belegt. Anfang 2007 wurde ein seit mehreren Jahren in Thailand lebender Schweizer zu zehn Jahren Haft verurteilt, weil er in betrunkenem Zustand Porträts des Königs Bhumibol Adulyadej mit Farbe besprüht hatte. Die Höchststrafe von 75 Jahren Haft wurde nicht verhängt, weil der Schweizer geständig war. Später begnadigte der thailändische König den Mann, der Übeltäter wurde allerdings des Landes verwiesen.

Als der letzte deutsche Kaiser, Wilhelm II., im November 1918 ins niederländische Exil ging, verschwand mit ihm auch das Delikt der Majestätsbeleidigung aus Deutschland. Seit der Märzrevolution 1848/49 waren es vornehmlich kritische Intellektuelle, etwa die Vordenker der Arbeiterbewegung und die Wegbereiter des Sozialismus, die mit der Obrigkeit in Konflikt gerieten. Paul Löbe und Wilhelm Hasenclever wurden ebenso wegen Majestätsbeleidigung belangt wie August Bebel, der 1872 zu Festungshaft verdonnert wurde, Otto Braun, der 1882 für zwei Monate im Gefängnis landete und Rosa Luxemburg, die 1904 eine von mehreren Haftstrafen antrat. Wilhelm Liebknecht entging im Alter von fast 70 Jahren nur knapp einem Verfahren wegen Majestätsbeleidigung. Als am 6. Dezember 1894 die Parlamentarier im Plenarsaal des neuen Reichstagsgebäudes tagten, verzichteten die Sozialdemokraten, unter ihnen der altehrwürdige Liebknecht, darauf, sich beim dreifachen »Kaiser Hoch!« von ihren Plätzen zu erheben. Reichskanzler Fürst von Hohenlohe beantragte daraufhin die Einleitung eines Verfahrens wegen Majestätsbeleidigung gegen Liebknecht, der Reichstag verweigerte jedoch die Aufhebung der Immunität. Im Rahmen der Anerkennung der vormals »vaterlandslosen Gesellen« durch den Kaiser wurde das »Kaiser Hoch!« rund 20 Jahre später in ein »Hoch auf Kaiser, Volk und Vaterland« geändert, was dann auch die Sozialdemokraten dazu bewog, sich von ihren Plätzen zu erheben.

Abseits unliebsamer juristischer Folgen, konnte Majestätsbeleidigung im Einzelfall durchaus zum Vorteil des Beleidigenden sein. Der Journalist Frank Wedekind wurde aufgrund eines Gedichts im »Simplicissimus« 1899 zu mehreren Monaten Haft wegen Majestätsbeleidigung verurteilt. Als er vorzeitig entlassen wurde, war nicht nur Wedekind durch den Angriff auf Kaiser Wilhelm populär geworden, auch der »Simplicissimus« verzeichnete steigende Leserzahlen.

War die Ehre im ausgehenden Mittelalter wesentlich eine Angelegenheit des Adels, so führt das Erstarken des Bürgertums seit der Renaissance zu neuen gesellschaftlichen Klassen mit eigenen Ehrbegriffen, etwa dem Großbürgertum oder dem Bildungsbürgertum. Der Grund dafür ist eine Art früher Globalisierungswelle. Entdeckungen und Erfindungen begünstigten einerseits die wirtschaftliche Entwicklung, insbesondere den Handel, andererseits die Schaffung eines für breitere Bevölkerungsschichten zugänglichen Bildungswesens. Damit begann auch der gesellschaftliche und politische Niedergang des Adels. Allerdings hatte die bürgerliche Elite Begriffe und Verhaltensweisen übernommen, die dem Adel entstammten, sich also quasi selbst geadelt, was sich in Begriffen wie »Geldadel« oder »Gesinnungsadel« niederschlägt. So wurden im 19. Jahrhundert neben Offizieren, Studenten und Adeligen, also jenen, die das Recht hatten, Waffen zu tragen, auch Bürgerliche satisfaktionsfähig, was heißt, sie konnten ihre Ehre mit Waffengewalt verteidigen, etwa in Duellen.

Der Arbeiterführer Ferdinand Lassalle, ein Mann, der sich in Preußen für freie Wahlen und die Gründung einer Arbeiterpartei einsetzte, forderte 1864 – ganz im Stile der alten Zeit – den Diplomaten Wilhelm von Dönniges zum Duell. Von Dönniges hatte die Beziehung seiner Tochter Helene zu dem Sozialisten Lassalle unterbunden. Statt des Diplomaten stellte sich der ehemalige Verlobte Helenes, ein rumänischer Adeliger, zum Duell – und erschoss Lassalle. Friedrich Engels kommentierte Lassalles Tod mit den Worten: »Welcher Jubel wird unter den Fabrikanten und unter den Fortschrittsschweinehunden herrschen, L[assalle] war doch der Einzige in Deutschland selbst, vor dem sie Angst hatten.«

Am Ende des 19. Jahrhunderts kreiert Edmond Rostand in seinem Theaterstück »Cyrano de Bergerac« den Idealtypus des modernen Edelmannes – erstaunlicherweise, indem der Dramatiker auf die Biografie eines Mannes aus dem 17. Jahrhundert zurückgriff. Cyrano, ein Draufgänger mit Tiefgang, belesen, empfindsam, freiheitsliebend und poetisch, aber eben auch rüpelhaft, verletzend, unwirsch und starrsinnig, ist als aufgeklärter Romantiker ebenso wenig in seiner Welt zu Hause wie der Mensch am Vorabend des 20. Jahrhunderts in seiner. Die gewaltigen

Veränderungen, die die Industrialisierung noch mit sich bringen wird, sind absehbar, und je deutlicher sie sich abzeichnen, desto drängender stellt sich die Frage, ob die neue Welt wirklich besser werden wird, als es die alte war.

Auch Cyrano ist ein Reformer, er kämpft gegen Unrecht und Doppelmoral, gegen »Feigheit und Vorurteil«. Aber er ist kein Aktivist, sondern ein Individualist, der sich statt nach Anerkennung und Macht, nach Unabhängigkeit sehnt – und nach der Liebe einer Frau, die für ihn unerreichbar scheint.

Denn Cyrano ist hässlich, eine übergroße Nase macht ihn, wie er glaubt, zur Witzfigur. Kein strahlender Held also, sondern ein ziemlich verkorkster. Aber eben auch ein Mann, der als fortschrittlicher Denker im 17. Jahrhundert aus der Perspektive des ausgehenden 19. Jahrhunderts die gute, alte Zeit verkörperte.

Bevor Anfang des 20. Jahrhunderts das Duell aus der Mode kommt, liefert Rostand noch einmal die dramatische Glanzversion. Derweil Cyrano zu Beginn des Dramas einen Ehrenhändel ausficht, dichtet er aus dem Stegreif Schmähverse: »Ballade, welche das Duell betrifft / Das Herr von Bergerac ausfocht mit einem Wicht.« Den sprachlichen Sticheleien lässt Cyrano am Ende jeder Strophe die Androhung eines veritablen Degenhiebes folgen: »Denn beim letzten Verse stech ich.« Am Ende scheitert Cyrano. Verarmt, gesellschaftlich geächtet und immer noch unglücklich verliebt, wird er Opfer eines Attentates und stirbt, wie er gelebt hat, dichtend, fechtend, schimpfend – und erhobenen Hauptes.

Die Französische Revolution gilt gemeinhin als der Beginn des Untergangs des europäischen Hochadels. Was mit der Aufklärung als gesellschaftlichem Emanzipationsprozess begann und gemäß den Initiatoren eine auf Vernunft und Sachlichkeit gründende Bewegung hätte werden sollen, verwandelte sich mit dem Sturm auf die Bastille in einen politischen Flächenbrand. Schon zuvor hatten die Herrschenden die Gefahr der neuen Gedanken erahnt und versucht, sich mit traditionellen Methoden der sprachmächtigen Wortführer der Aufklärung zu entledigen. Voltaire, neben Rousseau und Diderot der wichtigste französische Aufklärungstheoretiker, verbrachte 1717 wegen einer ihm zugeschriebenen Satire elf Monate in der Bastille. 1726 wurde er wegen einer Beleidigung des Chevalier de Rohan aus Paris verbannt und emigrierte nach Großbritannien, wo er die »Philosophischen Briefe« verfasste, deren Veröffentlichung 1734 ihm wiederum in Frankreich einen Haftbefehl bescherte. Voltaire floh deshalb nach Lothringen. 1745 kehrte er nach Frankreich zurück, wo er von der königlichen Mätresse Madame de Pompadour protegiert wurde. Als er dort 1747 am Spieltisch eine unpassende Bemerkung machte, fiel er beim König in Ungnade und musste erneut das Land verlassen. Erst kurz vor seinem Tode wurde der Philosoph rehabilitiert.

Als er starb, regierte der 23-jährige Louis XVI. und man schrieb das Jahr 1778. Die Stimmung am Hofe Ludwigs XVI., der 15 Jahre später zuerst den Thron und als »Bürger Capet« dann auch seinen Kopf verlieren wird, erzählt Patrice Leconte in seinem Film »Ridicule«. Es ist die Geschichte des armen Landadeligen Grégoire Ponceludon de Malavoy, der nach Versaille reist, um die finanzielle Hilfe des Königs bei der Trockenlegung der Sümpfe der Dombes, Malavoys Heimat, zu erbitten, denn das Sumpffieber rafft weite Teile der Bevölkerung dahin. Die Beamten Ludwigs XIV. lassen den Landadeligen abblitzen. Die Kassen sind leer, das Schicksal einiger Bauern in der Provinz interessiert in Paris sowieso niemanden. Malavoy will aber so schnell nicht aufgeben und versucht nun, den König direkt zu kontaktieren, indem er sich in die feine französische Gesellschaft begibt, weil er dort Fürsprecher zu finden hofft.

Die bei Hofe herrschenden Spielregeln erklärt ihm sein Freund, Förderer und späterer Schwiegervater Marquis de Bellegarde: »Ernste Themen langweilen bei Hofe nur und sind deshalb absolut zu vermeiden. Behalten Sie Ihre Leichtigkeit. Ein witziger Ausfall hier, eine kleine Bosheit dort, nur damit können Sie Ihrer Heimat einen Dienst erweisen. Und bitte keine Kalauer, so etwas schätzt man nicht in Versailles. Der Kalauer ist tödlich für den Esprit.« An Geist, Witz und Schlagfertigkeit mangelt es Malavoy nicht. Als der karrierebewusste Abbée de Vilecourt ihn nach dem Grund seines Aufenthaltes in Versaille fragt, antwortet Malavoy, dass er das Sterben der Bauern in der Dombes beenden will. Die Dombes sei ein Paradies für Mücken, die Bauern dort würden bereits mit 35 Jahren ins Grab sinken. Vilecourt winkt ab, die Bauern würden schon dadurch langweilen, dass man sie bloß erwähne. Malavoy kontert: »Bedenken Sie, Monsieur, die Bauern ernähren nicht nur die Mücken, sie ernähren auch die Aristokraten« und erntet anerkennende Blicke. Ein Höfling beugt sich daraufhin zu seiner Tischdame herüber und sagt: »So dumm wie er aussieht, ist er gar nicht.«

Malavoy entgegnet ungerührt: »Darin unterscheiden wir uns, Monsieur.«

Die Kunst der Beleidigung ist in dieser filmischen Darstellung des Hofes Ludwigs XVI. eine Art Gesellschaftsspiel. »Ein gutes Bonmot öffnet alle Türen«, erklärt Bellegarde seinem Günstling Malavoy. Aber ein Bonmot kann eben auch Karrieren ruinieren und manche Menschen sogar in den Tod treiben. Der Abbée de Vilecourt fällt beim König in Ungnade, weil er am Ende eines Vortrages, in dem er die Existenz Gottes logisch bewiesen hat, übermütig behauptet, wenn es gewünscht wäre, könnte er morgen auch das Gegenteil beweisen. Mit steinerner Miene verlässt der König den Saal. Selbst Vilecourts Fürsprecherin und Geliebte, Madame de Blayac, kann nun nichts mehr für den Abbée tun: »Sie waren nicht brillant, Vilecourt, sie waren vermessen.«

Baron de Guéret, ein verarmter Adeliger, der schon seit Monaten vergeblich auf eine Audienz beim König hofft, weil davon indirekt eine für den Baron finanziell ungemein wichtige Berufung an die Académie française abhängt, verliert nach einer neuerlichen Demütigung seinen Lebensmut. Der wenig eloquente und deshalb oft verhöhnte Guéret setzt seinem Leben durch den Strick ein Ende.

Auch Malavoy scheitert mit seinem Vorhaben. Zwar gelingt es ihm, beim König eine Privataudienz zu bekommen, diese wird jedoch auf unbestimmte Zeit verschoben, als Malavoy in einem Duell einen königlichen Offizier tötet. Der hatte den Adeligen einen »Hinterlader« genannt.

Als Malavoy bei einem Maskenball stürzt, entlädt sich

der Spott der feinen Gesellschaft über ihn, und er hat plötzlich genug vom höfischen Affentheater. Er zieht die Maske vom Gesicht. Das Spiel ist vorbei. Malavoy wird in die Dombes zurückkehren und auf eigene Faust versuchen, die Sümpfe trockenzulegen, allerdings nicht ohne den Umstehenden ein letztes Mal zu beweisen, dass er eine ganze besondere Form von »esprit« besitzt: »Ihre Lächerlichkeit tötet. Aber nicht mich, sie tötet die Kinder, die bei mir Zuhause unnötig am Fieber sterben. Sie beneiden Voltaire um seinen erbarmungslosen Esprit. Doch er hätte Tränen vergossen – wie lächerlich – aus Mitleid mit dem Elend der Menschen. Wer wird ihr nächstes Opfer sein? Wer empfängt den nächsten Schlag mit einem Satz, der so witzig ist, dass er ganze Familien ins Unglück stürzt?«

Dem »tödlichen Witz« hat die britische Komikertruppe »Monty Python« mit einem inzwischen als Klassiker geltenden Sketch ein Denkmal gesetzt. Erzählt wird in der fiktiven Minidokumentation die Geschichte eines kriegsentscheidenden Witzes, der im britischen Finchley erfunden worden sein soll. Im Winter 1943 habe die britische Armee in »witzgeschützten Anlagen« an einer deutschen Version des Witzes gearbeitet, wobei die Übersetzer wegen der tödlichen Wirkung des Witzes aus Sicherheitsgründen jeweils nur ein Wort übersetzt hätten. Einer der Mitarbeiter an dem Projekt habe einmal versehentlich zwei Worte des Witzes zu Gesicht bekommen und deshalb mehrere Wochen im Lazarett verbracht.

Am 8. Juli 1944 sei der Witz erstmals in den Ardennen erzählt worden, mit verheerenden Folgen. »Die Verluste waren furchtbar«, so der Sprecherkommentar, während

Bilder vom Schlachtfeld und aus einem Lazarett gezeigt werden – hier wie dort lachen sich deutsche Soldaten kaputt.

Möglicherweise spielten die Komiker von Monty Pythons auf den sogenannten »Flüsterwitz« an, ein hinter vorgehaltener Hand erzählter, meist politischer Gag, der in Nazi-Deutschland Erzähler wie Zuhörer das Leben kosten konnte.

Ein Beispiel für einen solchen Flüsterwitz ist die Geschichte der Familie Meier, die Nachwuchs bekommen hat, einen Sohn. Eine gute Fee erscheint und erklärt, die Familie dürfe sich für ihr Kind etwas wünschen. »Mein Sohn soll intelligent sein, ehrlich und ein Nationalsozialist!«, entgegnet der Vater.

Die Fee schüttelt nach kurzem Nachdenken bedauernd den Kopf, dann sagt sie: »Also, in diesem Falle kann ich nur zwei Wünsche zugleich erfüllen. Entweder, der Junge ist ehrlich und ein Nazi, dann ist er aber nicht intelligent, oder er ist intelligent und ein Nazi, dann ist er aber nicht ehrlich, oder aber er ist ehrlich und intelligent, dann ist er aber kein Nazi.«

Die möglichen Konsequenzen eines solchen Witzes beschreibt ein anderer Flüsterwitz, der den Inhalt eines Briefes ins Ausland zitiert: »Uns geht es gut. Hitler führt uns einer besseren Zukunft entgegen. Fritz, der das Gegenteil behauptet hat, wird morgen beerdigt.«

Der Kabarettist Werner Finck soll einmal einem mitstenografierenden Gestapo-Mann von der Bühne aus zugerufen haben: »Spreche ich zu schnell? Kommen Sie mit? – Oder muss ich mitkommen?« Finck erklärte sein Glück, die Nazi-Diktatur überlebt zu haben, später damit, dass er sich in der schrecklichen Zeit des Dritten Reiches angewöhnt habe, abgehackte Sätze zu sprechen. Einem Gauleiter gegenüber habe Finck erst mal einen halben Satz formuliert, um dessen Reaktion abzuwarten, denn damit habe er Gelegenheit gehabt, das Ende des Satzes noch zu reparieren. Der Kabarettist erhielt mehrfach Arbeits- und Auftrittsverbot, außerdem wurde er 1935 verhaftet und ins KZ Esterwegen gebracht. Seine Entlassung erfolgte auf Anordnung Görings, der damit wohl Goebbels, dem Finck ein Dorn im Auge war, eins auswischen wollte.

Die Nazis erließen mehrere Gesetze, um sich unliebsamer Kritiker auf juristischem Wege entledigen zu können. Am 20. Dezember 1934 trat das Ausnahmegesetz »gegen heimtückische Angriffe auf Staat und Partei und zum Schutz der Uniformen« in Kraft. Die unklaren und weit gefassten Tatbestände erlaubten es den Nazis, jede kritische Bemerkung als Beleidigung von Staat und Partei aufzufassen. Nochmals verschärft wurde diese Verschärfung der Einschränkung der freien Meinungsäußerung mit der am 17. August 1938 erlassenen »Kriegssonderstrafrechtsverordnung« – besser bekannt als die Verordnung gegen Wehrkraftzersetzung. Vereinfacht gesagt, waren beim »Heimtückegesetz« Gefängnisstrafen an der Tagesordnung, die Kriegssonderstrafrechtsverordnung sah jedoch grundsätzlich die Todesstrafe vor, nur in minderschweren Fällen waren Freiheitsstrafen möglich.

Dass die Nazis selbst witzigen Provokationen nichts abgewinnen konnten, zeigt ein von Rudolph Herzog in seiner ARD-Dokumentation über Humor unterm Hakenkreuz geschilderter Fall. Der Paderborner Schauspieler Traubert Petter, ein Sozialdemokrat, hatte einem dressierten Affen beigebracht, beim Anblick eines Uniformierten die rechte Hand zu heben. Die Nazis erließen daraufhin eine Verordnung, die allen Affen den »Deutschen Gruß« untersagte. Bei Verstoß drohte die »Abschlachtung« des Tieres.

Die Nazi-Diktatur endete mit der bedingungslosen Kapitulation der deutschen Truppen im Mai 1945. Geschätzte 50 Millionen Menschen hatten während des Zweiten Weltkriegs den Tod gefunden, zehn Millionen wurden von den Nazis allein in den Konzentrationslagern systematisch getötet.

Immerhin überlebten auch Hohn und Spott für den Wahnsinn des Nationalsozialismus den Krieg. Ein Witz, möglicherweise der erste seit vielen Jahren, der nicht geflüstert werden musste, lautete kurz nach Kriegsende: »Das ging aber schnell. Sind die tausend Jahre etwa schon rum?«

In »Menschliches, Allzumenschliches« schreibt Friedrich Nietzsche über beleidigen und beleidigt werden: »Es ist weit angenehmer, zu beleidigen und später um Verzeihung zu bitten, als beleidigt zu werden und Verzeihung zu gewähren. Der, welcher das erste tut, gibt ein Zeichen von Macht und nachher von Güte des Charakters. Der andre, wenn er nicht als inhuman gelten will, *muss* schon verzeihen; der Genuss an der Demütigung des anderen ist dieser Nötigung wegen gering.« Nietzsche erklärt damit, warum Spott und Häme in der Geschichte oft mit unverhältnismäßig harten Strafen belegt wurden. Beleidigende Äußerungen können nicht nur Mächtige bis ins Mark treffen, sie können wie etwa im Falle der Französischen Revolution dabei helfen, ganze Gesellschaftssysteme zum Einsturz zu bringen. Weil treffende Beleidigungen zudem immer eine Wahrheit transportieren, sind sie als Systemkritik in ihrer Wirkung nur schwer einschätzbar – ein Grund, warum Herrschende ihren schärfsten Kritiker entweder zu Todfeinden erklären oder aber zu wichtigen Stützen der Gesellschaft.

Der kultivierte Akt der Entschuldigung rehabilitiert den Beleidigenden, ohne jedoch die Beleidigung gänzlich aus der Welt zu schaffen. Was wir also von berühmten Spöttern lernen können, ist der strategische Umgang mit der Beleidigung. Die Faustformel lautet: Man kann ruhig mal draufhauen, entschuldigen kann man sich ja immer noch.

Ein Beispiel dafür hat Heinrich Heine gegeben. In seinem Testament schreibt er: »Wenn ich unwissentlich die guten Sitten und die Moral beleidigt habe, welche das wahre Wesen aller monotheistischen Glaubenslehren ist, so bitte ich Gott und die Menschen um Verzeihung.«

Auf die Frage eines Freundes an seinem Totenbett, ob er sich denn mit Gott versöhnt habe, soll Heine lächelnd geantwortet haben: »Beruhigen Sie sich, Gott wird mir verzeihen, denn das ist sein Handwerk.«

Von den Menschen war an diese Stelle keine Rede mehr.

Ratten, Richter, Rechtsverdreher

Juristische Aspekte der Beleidigung, oder: was kostet es eigentlich, Idioten Idioten zu nennen?

»Ich las kürzlich, dass man jetzt Anwälte statt Ratten bei wissenschaftlichen Experimenten verwendet. Man tut das aus zwei Gründen. Erstens: Die Wissenschaftler empfinden weniger Mitleid bei Anwälten. Zweitens: Es gibt Dinge, die nicht mal Ratten tun würden.«

Peter Banning (Robin Williams) in HOOK

Ist Provokation ein legitimes rhetorisches Mittel? Kommt auf den Standpunkt an.

Wer die Rhetorik moralischen Grundsätzen verpflichtet sieht, wird die Frage mit dem Argument verneinen, dass die Provokation zu den manipulativen rhetorischen Mitteln gehört und damit moralisch nicht einwandfrei ist. Diese Haltung entspräche der klassischen griechischen Schule, dergemäß die Rhetorik im Dienste der Wahrheit zu stehen habe. Ein Rhetor dieser Schule, ob in der Politik oder vor Gericht, war also somit immer der Redlichkeit verpflichtet.

Wer hingegen die Ansicht vertritt, dass die Redekunst lediglich ein Instrument der Überzeugung ist, dass also rhetorische Werkzeuge moralisch gesehen neutral sind, der wird jedes rhetorische Mittel für legitim halten, also auch die Provokation. In der Antike nannte man solche Leute Sophisten. Da sie inzwischen die Weltherrschaft an sich gerissen haben, ist ihr Name etwas in Vergessenheit geraten. Ein Sophist also würde erklären, dass es sich mit rhetorischen Mitteln ähnlich verhält wie mit Gegenständen des täglichen Gebrauchs. Nehmen wir beispielsweise ein Messer. Man kann es verwenden, um Essen damit zuzubereiten, man kann damit aber auch einen Menschen töten. Wer aber würde deshalb gleich das Messer prophylaktisch aus dem Bereich der Alltagsgegenstände verbannen und zu den gefährlichen Waffen rechnen?

Ähnlich kann man auch mit Blick auf die Provokation argumentieren. Wenn man damit nicht Kriege entfachen, sondern nur Vollidioten bloßstellen will, ist sie als rhetorische Figur doch akzeptabel. Oder?

Im Prinzip hat der Sophist Recht.

Wenn man allerdings das erwähnte Messer als moralisch neutrales Instrument ansieht, dann könnte man mit der gleichen Argumentation auch Handfeuerwaffen zu neutralen Instrumenten erklären. Sie dienen schließlich nicht nur dazu, Menschen anzugreifen, man kann damit auch Menschen beschützen. Auf dieser Vorstellung der Selbstverteidigung fußt wesentlich das amerikanische Waffengesetz.

Folgt man der Argumentation, dann ist aber eigentlich auch nichts einzuwenden gegen Panzer, Raketen, Jagdflugzeuge, überhaupt Massenvernichtungswaffen in den Händen aufgeklärter Bürger. So weit will man dann aber selbst in den waffenliberalen USA nicht gehen, denn die Möglichkeit, dass ein geistig verwirrter Junkie seine frei erworbene Stinger-Rakete versehentlich mitten in Manhattan zünden könnte, widerspräche dann doch dem Sicherheitsargument hinsichtlich der freien Benutzung von Handfeuerwaffen. Trotzdem ist es in den USA prinzipiell möglich, schweres Kriegsgerät privat zu nutzen. Der Schauspieler Tom Cruise beispielsweise ist im Besitz eines Jagdflugzeuges – immerhin unbewaffnet.

Bezogen auf das Beispiel Provokation, wäre die Konsequenz aus obigem Eskalationsmodell, dass alle moralisch fragwürdigen rhetorischen Instrumente in die heiligen Hallen der Rhetorik einziehen dürften: die Lüge, die Beleidigung, die üble Nachrede, der Rufmord, die Einschüchterung – und noch ein paar weitere ungeliebte Verwandte.

Selbstredend haben die genannten sprachlichen Mittel bereits jetzt ihre Separées im Haus der Rhetorik, aber niemand würde sie am Haupteingang begrüßen wollen. Einige von ihnen sind schließlich bekannte Kriminelle, und auch wenn die Rhetorik sich heute einerseits nur bedingt zur Moral bekennen kann und will, so mag sie andererseits dennoch nicht zugeben amoralisch zu sein, also ein bloßer Instrumentenkasten, den Humanisten wie Diktatoren, Philantrophen wie Mafiosi, Idealisten wie Krawallbrüder gleichermaßen für ihre jeweiligen Zwecke nutzen können. Kein Wunder jedenfalls, dass angesichts dieser Situation die Sophisten die Oberhand gewinnen konnten.

Ängstliche Moralisten versuchen die klassische Rhetorik reinzuwaschen, indem sie problematische Elemente absprengen und sie in Sub-Rhetoriken zusammenfassen. Die heißen dann beispielsweise »Propaganda« und haben mit moralischer Rhetorik, also quasi der höfischen Variante, nichts mehr gemein.

Dieses Modell versucht man übrigens in den USA auch

in der Ethik umzusetzen. Das führt zu »good guys« auf der einen und »bad guys« auf der anderen Seite und erspart einem die Integration schlechter menschlicher Eigenschaften in ein umfassendes Menschenbild. Der Versuch ist löblich, zumal er zeigt, wie viel Zeit offenbar im Alten Europa mit der Aufklärung verplempert wurde. Da hätte man ja auch früher drauf kommen können: »Good guys«, »bad guys«. Das ist nicht nur einleuchtend, das kann sich auch jeder gut merken.

Jedenfalls hatten einige Sophisten die Idee, die Moral selbst als Mittel der Rhetorik zu benutzen. Die Moral ist nämlich ideal, unehrenhafte Absichten ehrenhaft aussehen zu lassen. Die Moralisten folgerten im Umkehrschluss, einen unmoralischen Menschen könne man an seiner unmoralischen Rhetorik erkennen – und disqualifizierten damit manipulative rhetorische Mittel.

Leider. Denn einige rhetorische Instrumente wurden zu Unrecht geächtet. Die Provokation beispielsweise hat eigentlich eine ehrenvolle Geschichte. Sie geht zurück auf das Provokationsrecht im alten Rom. Demgemäß durfte jeder römische Bürger, der sich von staatlicher Seite gegängelt fühlte, die Volksversammlung aufrufen (lat. provocare) und verlangen, dass sein Fall erneut unter die Lupe genommen werde. Mit anderen Worten: Er durfte sich gegen staatliche Willkür zur Wehr setzen. Während der Begriff heute einen eher aggressiven Ton hat und gewöhnlich im Zusammenhang mit einem Angriff verwendet wird, war die Provokation also ursprünglich ein Mittel der Selbstverteidigung.

Die Beleidigung, also die ruppige Schwester der Provokation, war hingegen schon immer ein Angriffsinstrument, somit gefährlicher und gewöhnlich auch härter in der Wirkung. Sie zählt von jeher zu den unehrenhaften rhetorischen Instrumenten. Als oftmals destruktives Kommunikationselement scheidet sie als ein Instrument der Wahrheitssuche aus, zumindest nach gängiger Ansicht. Vielleicht war deswegen für die Beleidigung der Weg ins Strafgesetzbuch vorgezeichnet. Hinsichtlich der juristisch verbrieften Gefahrenlage kann es kaum eine andere rhetorische Figur mit der Beleidigung aufnehmen. Die Lüge als »falsche uneidliche Aussage und Meineid« wird ähnlich eingestuft wie die Beleidigung, aber das war's dann auch schon mit der kurzen Liste der kriminellen rhetorischen Mittel. Danach geht's sofort in den Bereich der Tätlichkeiten. Bemerkenswert ist das insofern, als Lüge und Beleidigung offenbar die Speerspitze verbaler Brutalität bilden.

Der amerikanische Schauspieler Richard Widmark hat einmal gesagt: »Nichts macht einen Menschen so unverträglich wie das Bewusstsein, genug Geld für einen guten Rechtsanwalt zu haben.« Ein wichtiger Satz für jeden, der Beleidigungen als rhetorisches Instrument nutzen will. Zwar ist die Wahrscheinlichkeit, in Deutschland aufgrund einer Beleidigung im Gefängnis zu landen eher gering, aber man sollte damit rechnen, für eine Verbalinjurie einen empfindlichen finanziellen Verlust hinnehmen zu müssen. Abgerechnet wird in Deutschland nach Tagessätzen. Die richten sich nach dem verfügbaren Einkommen, also gewöhnlich nach dem monatlichen Nettogehalt, geteilt durch 30. Hat jemand ein Nettoeinkommen von 1500 Euro, so beträgt der Tagessatz 50 Euro.

Der Tagessatz darf einen Euro nicht unter- und 5000

nicht überschreiten, selbst ein Milliardär käme für eine grobe Beleidigung mit einem Tagessatz von 5000 Euro davon, allerdings könnte er, zumindest theoretisch, das Höchstmaß von 360 Tagessätzen als Strafe kassieren, immerhin 1,8 Millionen. Dieses Verfahren soll sicherstellen, dass dem Wohlhabenderen für die gleiche Tat ein in gleicher Weise spürbarer Verlust wie dem Minderbemittelten zugefügt wird. Das nennt sich »Grundsatz der Opfergleichheit«, wobei hier mit »Opfer« das vom Täter zu erbringende finanzielle Opfer gemeint ist.

Das heißt, auch Zeitungsmeldungen, denen zufolge Prominente hohe fünfstellige, manchmal gar sechsstellige Beträge für eine Beleidigung zahlen müssen, sind angesichts des Einkommens der in der Regel betuchten prominenten Täter relativ zu sehen. Würde man jeweils die der Strafe zugrunde liegenden Tagessätze betrachten, wäre rasch deutlich, das die verhängten Strafen im Verhältnis zum Vermögen der Verurteilten nicht so außergewöhnlich sind. Allerdings kommt es bei Prominenten häufiger vor, dass auch Schadensersatz Gegenstand einer Klage ist. Die Begründung lautet meistens, dass die mediale Präsenz des Prominenten den Ruf des Opfers großflächig beschädigt hat. Wir werden später, im Kapitel über die öffentliche Beleidigung, noch auf dieses Phänomen eingehen.

Das Verfahren des Tagessatzes erklärt auch, warum man keine Pauschalpreise für Beleidigungen nennen kann. Gewöhnlich sind 15 bis 50 Tagessätze möglich. Ein halbes bis zwei Monatsnettogehälter muss man also für eine saftige Beleidigung, die vor Gericht verhandelt wird, einkalkulieren.

Wer davor zurückschreckt, unter diesen Umständen auf einer Anklagebank zu landen, der sollte mit Beleidigungen sehr, sehr vorsichtig sein. Wer allerdings das Abenteuer eines Strafprozesses nicht scheut, für den gibt es auch ein paar gute Nachrichten. Zum einen nämlich ist die Rechtsprechung in Sachen Beleidigung Ansichtssache. Die Juristen sprechen in einem solchen Fall gerne von »Gummiparagrafen«, was heißt, keiner weiß, wie der Prozess ausgeht. Deshalb kann man auch Glück haben und mit einem blauen Auge oder gänzlich unversehrt davonkommen. Dazu ist es hilfreich, die wesentlichen Gesetze zu kennen, die man beim Beleidigen brechen kann.

Also zu den Fakten: Beleidigungsvergehen sind im Strafgesetzbuch (StGB) geregelt. Das Strafrecht ist in der juristischen Hierarchie ein selbstständiger Teil des öffentlichen Rechts, welches wiederum die Rechte des Staates umfasst. Im Vergleich zum Privatrecht, zu dem etwa die bürgerlichen Rechte gehören, ist es einem Bürger in Strafrechtssachen nicht möglich, einen anderen zu verklagen. Vielmehr muss er Strafanzeige erstatten, damit dann ein Staatsanwalt entscheidet, ob das angezeigte Vergehen überhaupt prozessrelevant ist. Ist es das, muss der Anzeigende damit rechnen, als Zeuge geladen zu werden. Kläger ist also, anders als beim Streit um Nachbars Apfelbaum, nicht der Anzeigende, sondern der Staat.

Viele Leute verlieren schon an dieser Stelle den Spaß, sich juristisch gegen eine Beleidigung zur Wehr zu setzen. Einerseits mag mancher im Gang zur Polizei etwas Denunziatorisches sehen, andererseits ist mit der Anzeige der Vorgang zunächst einmal erledigt. Während Privatrechtsstreitigkeiten also große Abwechslung bieten, weil man sich beispielsweise mit seinem Anwalt treffen, gegnerische Schriftsätze beurteilen oder Akten aufarbeiten kann, ist der Strafantrag ein kurzes Vergnügen.

Erfolgt dennoch eine Anzeige, dann wird geprüft, ob die angezeigte Beleidigung geeignet war, gegen den 14. Abschnitt des Strafgesetzbuches, also den Abschnitt zum Thema Beleidigung, zu verstoßen. Dazu ist es notwendig, dass der Beleidigende ein Gut verletzt hat, welches durch die entsprechenden Gesetze geschützt werden soll. Die Juristen sprechen von einem »Rechtsgut«. Im Falle der Gesetze zum Thema Beleidigung ist dieses Rechtsgut die Ehre. Beleidigungen sind also Angriffe auf die Ehre anderer. Klingt einfach, ist es aber gar nicht, denn: Was ist Ehre?

Die Juristen unterscheiden den inneren Wert des Menschen, also seine Würde (geschützt durch Artikel 1 des Grundgesetzes), und die äußere Ehre, die wohl am besten umschrieben werden kann mit der Bedeutung eines Menschen für die Gesellschaft, also mit seiner Geltung oder seinem Ruf. Menschliche Würde besitzt gemäß Grundgesetz jeder – und alle besitzen sie gleichermaßen. Wie aber kann man Status und Bedeutung eines Menschen für die Gesellschaft messen? Hat außerdem jeder Mensch eine realistische Vorstellung davon, wie wichtig oder unwichtig er für die Gesellschaft ist?

Wohl nicht.

Der soziale Wert ist aber dennoch ein Faktor für die Beurteilung, weil es durchaus ein Unterschied ist, ob ich einen hochrangigen katholischen Geistlichen oder einen bekennenden Kaffeehausmarxisten als »gottlosen Gesellen« bezeichne. Umgekehrt ist eine falsche Vorstellung vom eigenen sozialen Wert für die Beurteilung ebenso relevant. Einen Hausmeister, der beleidigt reagiert, weil er als »Hausmeister« bezeichnet wird, obwohl er lieber »Facility Manager« gerufen würde, würde man wohl erklären, dass die alternative Bezeichnung den sozialen Status nicht verändert, er also de facto Hausmeister ist und insofern auch nicht beleidigt sein darf, wenn man ihn als solchen bezeichnet.

Im Grunde ist unser Hausmeister ja auch nicht darüber beleidigt, mit einem unehrenhaften Titel angesprochen zu werden, sondern weil ihm eine Wertschätzung nicht zuteilwird, von der er glaubt, dass sie ihm zustünde. Der Irrtum liegt somit in einer falschen Wahrnehmung des eigenen Wertes. Unser Hausmeister kann ja schließlich auch nicht sauer sein, weil er im Flur nicht mit »königliche Hoheit« oder »Eure Heiligkeit« angesprochen wird – während einige gekrönte Häupter und der Papst in diesem Fall zurecht indigniert reagieren könnten.

Grundsätzlich gilt, dass im Falle einer Beleidigung nur die Einzelpersönlichkeit geschützt ist. Es gibt insofern für die Rechtsprechung beispielsweise keine Familienehre. Die Begründung lautet im Juristendeutsch: »Die Familie ist kein kooperativer Verband, der als Subjekt mit einheitlicher Willensbildung nach außen handelnd hervortritt.« In diesem Satz ist schon die Ausnahme von der Regel angedeutet. Wenn eine Gruppe von Menschen einen einheitlichen Willen bilden kann (etwa Vereine, Verbände oder auch Firmen), dann können auch Gruppen beleidigt werden. Eher akademisch ist in diesem Zusammenhang die Frage, ob im Einzelfall entweder eine Gruppe insgesamt oder jedes einzelne Mitglied der Gruppe beleidigt worden ist. Der Satz »Die Müllers aus dem Erdgeschoss sind eine einzige Bande von Schwachköpfen und Vollidioten« ist selbstverständlich eine Beleidigung. Wobei es hier um den Spezialfall »üble Nachrede« geht, auf den wir später noch zu sprechen kommen. Jedenfalls soll deutlich gemacht werden, dass eine Familie durchaus beleidigt werden kann, auch wenn es den Begriff der Familienehre de jure nicht gibt.

Neben der Missachtung kann auch die Nichtachtung beleidigend sein. Will also ein Kellner seinem Gast nicht ins Gesicht sagen, dass er sich beim letzten Besuch wie ein Arschloch benommen hat, dann ist es keine Lösung, ihn mit Nichtachtung zu strafen, denn der Gast könnte das – zurecht – als Beleidigung auffassen. Und de facto ist das Verhalten des Kellners ja auch so gemeint, er wählt halt nur den stillen Weg.

Ob und wie ein Beleidigter Kenntnis von seiner Beleidigung erhält, ist übrigens ein hochinteressantes Thema. Die juristische Theorie lautet: »Die Kundgabe der Miss- oder Nichtachtung muss sich gegen einen anderen richten, der sie als Beleidigung auffasst.«

Der Normalfall ist klar: Ein Mensch wirft einem anderen eine Beleidigung an den Kopf. Was aber, wenn einer das Tagebuch des anderen findet, unbefugt darin blättert und erfährt, dass der Schreiber ihn für einen »intriganten Widerling« hält? Was, wenn ein Chef seiner Sekretärin einen Brief an einen Geschäftsfreund diktiert, in dem er die Sekretärin als »faule Schlampe« bezeichnet? Was, wenn jemand seiner Schwester erzählt, dass er die Frau des Bruders für »strohdoof, potthässlich und rasend geldgeil« hält? Allgemein kann man sagen, wenn Vorkehrungen getroffen werden, damit der potenziell Beleidigte nicht erfährt, was der potenziell Beleidigende von ihm hält, dann stehen die Chancen gut, dass ein Gericht den potenziell Beleidigenden freispricht.

Im Fall des Tagebuches ist ein Freispruch wahrscheinlich, weil man nicht davon ausgehen kann, dass jemand derart indiskret ist wie der potenziell Beleidigte. Man könnte sogar sagen: geschieht ihm recht. Bei der Sekretärin liegt der Fall schon anders. Offenbar hoffte ihr Chef, sie auf diesem Wege straffrei beleidigen zu können. Sein Manöver ist allerdings durchsichtig, sodass klar sein dürfte, dass die Mitarbeiterin zurecht beleidigt ist – und es ist wahrscheinlich, dass das auch ein Gericht so sieht. Bei vertraulichen Äußerungen im Familienkreis, also dem dritten Beispiel, geht man in der Regel davon aus, dass sie nicht beleidigend sind. Das liegt daran, dass Familienmitgliedern eine Intimität im Umgang unterstellt wird, die auch Beleidigungen als mögliches Mittel der Kommunikation umfasst. Anders gesagt, würde der Umgangston mancher Paare nach den Buchstaben des Gesetzes beurteilt, dann müssten viele Beziehungen im Gerichtssaal geführt werden.

Da jeder Mensch beleidigungsfähig ist, also auch Kinder und Geisteskranke, will der Gesetzgeber durch das besondere Verständnis potenzieller familieninterner Beleidigungen zudem erreichen, dass nicht ein 9-Jähriger seinen Vater vor den Kadi zerrt, weil der ihn als »aufsässigen Dreikäsehoch« bezeichnet hat.

Wo wir gerade dabei sind festzustellen, wen oder was man überhaupt beleidigen kann, die Juristen nennen das »Beleidigungsfähigkeit«, gilt es e[illegible] Besonderheit zu erwähnen. Jene nämlich, dass Tote nur in begrenztem Umfang beleidigungsfähig sind. Der Artikel über die »Verunglimpfung des Andenkens Verstorbener« regelt diesen Sonderfall. Aus juristischer Sicht ist es klar, dass ein Toter nicht beleidigt werden kann, weil er ja keine Kenntnis davon erhält, wer ihn wie bezeichnet. Dennoch kann man sich über Tote derart abfällig äußern, dass im schlimmsten Fall eine Freiheitsstrafe droht. Die Sachlage ist meist eine Mischung aus Beleidigung und übler Nachrede, also etwa, indem man einem Angehörigen gegenüber solche Sätze äußert wie: »Gut, dass der miese Geizkragen endlich ins Gras gebissen hat.«

Wird übrigens jemand beleidigt, den der Beleidigende irrtümlich für tot hält, so gelten ebenfalls die Paragrafen hinsichtlich des Andenkens Verstorbener. Hübsche Variante, um jemanden ungestraft zu beleidigen, könnte man meinen, aber das Strafmaß muss bei diesem Sonderfall nicht notwendigerweise geringer ausfallen. Außerdem gibt es für jemanden, dem man draufkommt, dass er nur vorgetäuscht hat, den anderen irrtümlich für tot gehalten zu haben, eine gute Chance, noch obendrein wegen Falschaussage oder Meineids verknackt zu werden.

Grundsätzlich gilt, jeder Versuch, eine vorsätzliche Beleidigung durch Tricks abzuschwächen, geht meistens schief. Auf der sicheren Seite wäre man nur, wenn man anonym beleidigte und sich dabei nicht erwischen ließe. Das widerspricht aber der Psychologie der Beleidigung, denn man möchte ja nicht einfach nur sicherstellen, dass der andere von der Beleidigung Kenntnis erhält, man möchte auch, dass er weiß, wer ihn beleidigt hat. Am liebsten schleuderte man seinem Gegner die Beleidigung ja direkt ins Gesicht. Das wissen selbstverständlich auch die Juristen, weshalb wesentliche Möglichkeiten der Verschleierung einer Beleidigungstat im Gesetz, beziehungsweise in den Kommentaren erfasst sind. Eine Beleidigung durch einen Mittelsmann, also quasi über Bande (»Du kannst dem Müller ruhig sagen, dass ich ihn für eine Pissnelke halte.«) ist deshalb strafrelevant, wobei der Mittelsmann sich womöglich als Mittäter verantworten muss.

Selbst der Fall, dass als Mittelsmann ein geistig Behinderter eingesetzt wird, ist in der Literatur zu finden, womit klar sein dürfte, dass die Juristen an fast alles gedacht haben. Hier ist es übrigens so, dass der geistig Behinderte nicht belangt wird, der Aufraggeber hingegen muss sich als Ersttäter verantworten. In diesem Fall wäre es also sinnvoller gewesen, Müller direkt ins Gesicht zu sagen, dass man ihn für eine Pissnelke hält.

Fordert man den Mittelsmann nicht auf, die Beleidigung weiterzutragen, bewegen wir uns im Bereich der »üblen Nachrede«. Der »üblen Nachrede« ist, ebenso wie der sachverwandten »Verleumdung«, ein eigener Gesetzesparagraf gewidmet. Gemein ist den Delikten, dass die Beleidigung nicht mehr direkt adressiert wird. Vielmehr äußert man Dritten gegenüber, was man von diesem oder jenem Zeitgenossen hält, ohne zu bekunden, dass man sich wünscht, es möge beim Beleidigten ankommen. Womöglich behauptet man sogar das Gegenteil, bittet also den Gesprächspartner um absolute Verschwiegenheit.

Während bei einer üblen Nachrede eine Person verächtlich gemacht und in der öffentlichen Meinung herabgewürdigt wird, geht die Verleumdung in ihrer Wirkung noch weiter. Hier wird nämlich das öffentliche Ansehen einer Person derart beschädigt, dass ihre Kreditwürdigkeit infrage gestellt werden könnte. Etwas verkürzt kann man sagen, dass eine Verleumdung eine besondere Form der üblen Nachrede ist, die die materielle Existenzgrundlage eines Menschen gefährdet. Auch hier gibt es einen Sonderfall, nämlich das Gesetz gegen »üble Nachrede und Verleumdung gegen Personen des politischen Lebens«. Mit dem soll sichergestellt werden, dass Politiker nicht durch unwahre oder verleumderische Behauptungen, insbesondere seitens der Medien, an ihren Aufgaben gehindert werden. Ob man die besondere Schützenswürdigkeit von Menschen des politischen Lebens derart betonen muss, ist Geschmackssache. Da man grundsätzlich niemanden verleumden oder ihm übel nachreden darf, gilt das ja eigentlich automatisch auch für Politiker. Wenn man den 14. Abschnitt des Strafgesetzbuches im Zusammenhang liest, klingt der besagte Paragraf deshalb wie eine ironische Spitze: Kein Mensch darf verleumdet werden – und, aufgepasst, das gilt auch für Politiker!

Aber zurück zu den Normalsterblichen. Üble Nachrede und Verleumdung sind nur bedingt rhetorische Mittel. Eigentlich gehören sie bereits zu den taktischen Waffen, das heißt in den Bereich der Politik – womit der gerade erwähnte Paragraf doch wieder einen eigenen Sinn bekäme.

Bei übler Nachrede ist der Tatbestand der Beleidigung eher nebensächlich, hier geht es wesentlich darum, ob eine Aussage wahr oder falsch ist. Eine Beleidigung kann es außerdem sein, aber sie ist nicht entscheidend für die Frage, ob ein Fall von übler Nachrede vorliegt, oder nicht. Beispiel. Die Aussage »Schon gehört? Der Leiter vom

Einkauf hat ein Verhältnis mit der Chefsekretärin.« ist üble Nachrede, wenn die beiden keine Affäre haben. Haben sie eine, dann ist es vielleicht nicht sonderlich diskret, dies einer anderen Person auf die Nase zu binden, aber immerhin gesetzeskonform.

Die Wahrhaftigkeit einer Aussage schützt aber nicht in jedem Fall vor Repressalien. Mag ja sein, dass der Einkaufsleiter gelegentlich sexuell mit der Chefsekretärin verkehrt, das würde aber nicht die Aussage »Schon gehört? Der notgeile Stümper vom Einkauf vögelt die kleine Nutte aus der Chefetage.« rechtfertigen. In diesem Fall sind abseits der Frage, ob es sich um üble Nachrede handelt, zwei Strafanzeigen zu erwarten, eine nämlich von der kleinen Nutte, die andere vom notgeilen Stümper.

Prinzipiell darf man also zwar die Wahrheit sagen, aber wie so oft macht der Ton die Musik. Hier kommt dann wieder die Frage ins Spiel, ob jemand vorsätzlich handelt oder nicht. Wer lediglich kundtut, dass zwei Arbeitskollegen eine Verhältnis haben, der ist vielleicht ein Klatschmaul, aber nicht automatisch bösartig. Wer hingegen wie im besagten Beispiel nicht nur den Tatbestand wiedergibt, sondern die Beteiligten mit derartigen Kraftausdrücken belegt, der will sie offenbar bewusst diskreditieren. Da hilft es dann auch nicht, dass die aufgestellte Behauptung im Grunde wahr ist. Dabei gibt es im Gesetz sogar den »Wahrheitsbeweis durch Strafurteil«, was heißt, dass ein rechtskräftig Verurteilter sich gefallen lassen muss, wenn ein anderer ihn so tituliert, wie es das Urteil hergibt. Prinzipiell darf man also einen Dieb einen Dieb nennen. Trotzdem kommt es immer auch darauf an, ob eine Aussage geeignet ist, einen Menschen verächtlich zu machen – was nicht einmal ein verurteilter Straftäter erdulden muss.

Wenn also jemand rechtskräftig wegen Fahrens unter Alkoholeinwirkung verurteilt worden ist, so gibt das einem seiner Kollegen nicht das Recht, in der Mittagspause vor versammelter Mannschaft quer durch die Kantine zu brüllen: »Mensch Uwe, alte Schnapsnase, komm doch rüber und setz dich an unseren Tisch.« Selbst wenn das als Witz gemeint ist, könnte Uwe beleidigt reagieren und wahrscheinlich würde ein Gericht ihm Recht geben. Die Tatsache, dass er angetrunken am Steuer erwischt wurde, macht ihn ja noch nicht automatisch zu einer »Schnapsnase«, was man zudem so verstehen kann, als würde der Kollege unterstellen, Uwe wäre Alkoholiker.

Perfide wird die Geschichte von Uwe, wenn dessen Alkoholfahrt und Verurteilung für den Kollegen Herrschaftswissen darstellt. Dann könnte besagter Kollege nämlich ausplaudern, dass Uwe schon mal betrunken am Steuer erwischt wurde, um dann genüsslich abzuwarten, bis die Geschichte die Runde gemacht und Uwe ein gutes Stück seines Ansehens verloren hat. Es läge keine Beleidigung vor, weil nur der Sachverhalt wiedergegeben wird, außerdem keine üble Nachrede, weil ja keine Unwahrheiten verbreitet werden. Solche gezielten Veröffentlichungen von Wahrheiten, die der Betroffene lieber geheim gehalten hätte, gehen oftmals mit Heuchelei einher. Da der Initiator ahnt, dass man seinen wenig ehrenvollen Plan erkennen könnte, verpackt er seine Boshaftigkeiten in vorgespielter Fürsorge: »Ich mach mir Gedanken um den Uwe. Seit dieser Sache damals ist der irgendwie verändert.« »Was denn für 'ne Sache?« »Was? Das weißt du gar nicht? Na gut, ich erzähl's dir. Aber das bleibt unter uns, ja?« Das Gesetz kann solche Formen von Diskreditierung nicht verhindern, denn Intrigen haben nun einmal die Eigenheit, fein gesponnen zu sein. Zumindest, wenn sie gut sind.

Es bleibt zu hoffen, dass Uwe die Nerven behält und seinen Kollegen nicht vor anderen Mitarbeitern als »intrigante Dreckschleuder« beschimpft, denn das könnte Uwe nicht nur weiteres Ansehen bei den Kollegen, sondern auch ein paar Tagessätze kosten. Je nach intellektueller Gewichtsklasse des Gegners wäre es für Uwe eher sinnvoll, seinen Rivalen entweder direkt zur Rede zu stellen oder aber eine Gegenintrige zu spinnen. Das ist dann aber wieder eine andere Kunst.

Während der Vorwurf der üblen Nachrede damit steht und fällt, ob die gemachte Behauptung wahr oder falsch ist, setzt eine Verleumdung voraus, dass wissentlich die Unwahrheit verbreitet wird, um jemanden nicht nur ideell, also hinsichtlich seines Ansehens, sondern auch materiell, also hinsichtlich seiner Kreditwürdigkeit, zu schädigen. Hier ist das Rechtsgut nicht die Ehre, sondern das Vermögen. Deshalb muss eine Verleumdung auch nicht beleidigend sein. Umgangssprachlich wird der Begriff zwar auch synonym für einerseits eine Beleidigung und andererseits einen Rufmord benutzt, die Juristen verstehen unter einer Verleumdung aber einen Angriff auf das Vermögen des Verleumdeten und eben nicht auf dessen Ehre. Insofern ist das Delikt Verleumdung auch eher im Geschäftsleben relevant und weniger unter Privatpersonen.

Zwar wäre es womöglich auch eine Verleumdung, wenn

über einen Zechkumpanen verbreitet wird, dass er pleite ist und selbiger deshalb in der Stammkneipe nicht mehr anschreiben lassen kann. Aber für gewöhnlich ist diese Form des Verlusts der Kreditwürdigkeit nicht existenzbedrohend, in diesem Falle vielleicht sogar gesundheitsfördernd. Wäre aber nun unser Zechkumpan keineswegs pleite und würde das in die Welt getragene Gerücht, er sei es doch, nicht nur den Stammwirt dazu veranlassen, keinen Kredit mehr zu gewähren, sondern würde nun auch die Hausbank des Betroffenen erwägen, seinen Dispositionskredit zu streichen, dann wäre der Tatbestand der Verleumdung gegeben. In diesem Fall müsste die Hausbank nicht einmal konkret reagieren, weil eine Verleumdung auch dann erfolgt sein kann, wenn lediglich die Gefahr besteht, dass die Kreditwürdigkeit eines Menschen erlischt.

Obwohl im Abschnitt »Beleidigung« aufgeführt, sind die Verleumdung und die üble Nachrede nicht zwangsläufig beleidigend. Auch die Verleumdung kann aber mit einer Beleidigung einhergehen: »Klar ist der pleite. Hat das Geld mit vollen Händen zum Fenster rausgeworfen, die alte Koksnase.« »Alte Koksnase« könnte in diesem Fall ein Monatsgehalt kosten.

Da eine Verleumdung im Gegensatz zur üblen Nachrede immer mit einer Unwahrheit einhergeht, ist es eine interessante juristische Frage, ob eine wahre Aussage, die nicht bekannt ist, aber dem Betroffenen dennoch seine Kreditwürdigkeit nimmt, eine Verleumdung sein kann. Da verhält es sich dann ähnlich wie mit dem Herrschaftswissen des Kollegen von Uwe. Die Verbreitung von Tatsachen, die geeignet sind, einen Menschen nicht nur gesellschaftlich, sondern auch finanziell zu ruinieren, ist also im Grunde gesetzeskonform. Ob in solchen Fällen unabhängig vom Gesetz das moralische Recht besteht, einem Menschen derart massiv zu schaden, ist wohl eine Frage des Einzelfalles – und in erheblichem Maße davon abhängig, ob das Vergehen dieses Menschen ein so schweres Geschütz moralisch erlaubt. So wie auch die Kunst der Beleidigung darin bestehen kann, gegebenenfalls auf eine denkbare Beleidigung zu verzichten, so muss man auch im Falle des Einsatzes anderer taktischer Mittel erwägen, ob sie angemessen sind.

Wann und wen darf man denn nun beleidigen? Darüber klärt der § 193 StGB, »Wahrnehmung berechtigter Interessen«, auf. Hier geht es um die Ausnahmen von der Regel, um jene Fälle also, in denen Beleidigungen straffrei bleiben. Leider ist auch dieser Abschnitt ein Gummiparagraf. Das bleibt aber insofern nicht aus, als der Gesetzgeber hier versucht, den schmalen Grat zwischen Beleidigung und freier Meinungsäußerung zu definieren. Es geht also in § 193 StGB nicht um die üble Nachrede oder die Verleumdung, allenfalls insofern, als diese beiden Delikte auch den Tatbestand der Beleidigung erfüllen. Der Grund ist, dass es sich im Falle der üblen Nachrede um eine unwahre Behauptung handelt, die einer Person schadet, ihr im Falle der Verleumdung obendrein womöglich die Existenzgrundlage entzieht. Beides ist nicht durch die freie Meinungsäußerung gedeckt. Wenn es aber, wie eben erwähnt, erlaubt sein muss, einen Dieb einen Dieb zu nennen, dann stellt sich im Sinne der freien Meinungsäußerung die Frage, ob man nicht beispielsweise auch einen Schmierenkomödianten einen Schmierenkomödianten nennen darf, selbst wenn selbiger an einem renommierten Theater den »Lear« gibt – und insofern über diese Kritik erhaben sein müsste.

Grundsätzlich gilt: Man darf sich »tadelnd« äußern, und zwar nicht nur im Theater, sondern auch in der Universität, im Geschäftsleben und insbesondere vor Gericht. Diese Äußerungen sind laut Gesetz »nur insofern strafbar, als das Vorhandensein einer Beleidigung aus der Form der Äußerung oder aus den Umständen, unter welchen sie geschah, hervorgeht«.

Das heißt nun auch wieder alles und nichts. Darf ich jetzt meinen Uni-Professor einen »Fachidioten« schimpfen? Darf ich meinen Kollegen aus der Buchhaltung als »Rohrkrepierer« bezeichnen? Darf ich bei einer Vernissage dem einladenden Künstler »zwei linke Hände« bescheinigen?

Ja – und nein. Je derber eine Beleidigung ausfällt, desto größer ist die Wahrscheinlichkeit, dass sie als reines Mittel zum Zweck, also als pure Effekthascherei angesehen wird. In einem Rechtstreit etwa, wo man sich quasi in einem Ausnahmezustand befindet, den die Juristen »Kampf ums Recht« nennen, kann man stärker auftrumpfen als im täglichen Leben. Trotzdem ist es sehr wahrscheinlich, dass selbst vor Gericht die Betroffenen zur Ordnung gerufen werden, wenn sie unqualifiziert beleidigen, also quasi an der Sache vorbei, was auch heißt, in einem Maße, das der Brisanz des Themas nicht mehr gerecht wird.

Liege ich beispielsweise wegen angeblich ungerechtfertigter Forderungen im Streit mit meinem Vermieter, so mag es noch angehen, dass ich ihn vor Gericht als »Kapitalisten« oder »Geldsack« beschimpfe. Vielleicht lässt der Vorsitzende im äußersten Notfall sogar die Begriffe »Halsabschneider« und »Miethai« zu. »Drecksau« und »Fickgesicht« dürften aber zu Ordnungsrufen oder Ordnungsgeldern führen, da sie einerseits nicht nur unverhältnismäßig hart sind, sondern andererseits auch den Kontext der Auseinandersetzung nicht mehr widerspiegeln.

Die freie Meinungsäußerung, die mit dem § 193 StGB geschützt werden soll, bedarf also einer kontextbezogenen Äußerung. Die kann dann im Einzelfall womöglich auch etwas härter ausfallen, ohne gleich strafrelevant zu werden, insbesondere dann, wenn die Äußerung satirisch überhöht ist.

Trotzdem soll auch in diesen Fällen die Ehre des Betroffenen geschützt werden. Man darf also einen Regisseur in personam nicht wahllos beleidigen, während das von ihm inszenierte Stück hart und womöglich auch vermeintlich beleidigend kritisiert werden darf, sofern die Kritik nicht wiederum auf die Persönlichkeit des Regisseurs referiert. Meist ist das eine Gratwanderung.

Da das Recht zur freien Meinungsäußerung in allen Bereichen des zwischenmenschlichen Miteinander Gültigkeit hat, kann sie sowohl die Universitätsprofessorin und ihren Studenten, den Filialleiter und seine Angestellte, den Autor und seine Lektorin, den Busfahrer und seinen Fahrgast oder den Steiger und seinen Hilfsarbeiter betreffen. Allerdings wird das Gericht immer auch in Betracht ziehen, welcher Umgangston das jeweilige soziale Umfeld bestimmt. Das heißt, wenn ein Steiger seinen Hilfsarbeiter wegen fortgesetzten Zuspätkommens mit den Worten ermahnt, der Hilfsarbeiter solle »morgens nicht immer so lange auf seinen Eiern liegen«, dann wird das wahrscheinlich anders gewertet, als wenn es eine Universitätsprofessorin zu einem Studenten sagt.

Grundsätzlich gilt auch, es gibt das »Recht zum Gegenschlag«. Das heißt, niemand muss eine Beleidigung klaglos hinnehmen. Man darf im Gegenteil sogar seinerseits eine Beleidigung abfeuern, wenn man beleidigt wird. Das kann im Zweifelsfall zu zwei Strafen führen, gewöhnlich geht aber ein solcher Prozess wie das Hornberger Schießen aus. Voraussetzung ist hier, dass der Beleidigte die »Angemessenheit des Mittels« wahrt, das bedeutet, er muss die »schonendste« Beleidigung wählen, die ihm »nach den Umständen zuzumuten ist«. Das heißt, wird jemand als »Blödmann« tituliert, dann darf er sein Gegenüber nicht automatisch einen »schwanzgesteuerten Vollidioten mit dem Intellekt eines geistig behinderten Pavians« nennen. Wird man aber von einem Kollegen vor Publikum bei der Weihnachtsfeier als »promiskuitiver, notgeiler Sack, der alles vögelt, was nicht schnell genug auf den Bäumen ist«, bezeichnet, dann darf man erwidern: »Ach? Deine Frau hat es dir also inzwischen erzählt?«

Im Grunde bemüht sich der Gesetzgeber um eine kultivierte Form des verbalen Schlagabtauschs. Kein Mensch hat etwas einzuwenden gegen eine witzige, treffende und einigermaßen stilsichere Beleidigung. Es gibt aber, zu Recht, einen gewissen Vorbehalt gegen Kraftausdrücke, wohl weil diese bereits die Demarkationslinie zur physischen Gewalt markieren. Und es gibt Vorbehalte gegen jegliche Art diffamierender Beleidigungen, weil diese im krassen Gegensatz zum Grundgesetz stehen.

All das ist einsichtig.

Und dazwischen ist genug Platz für die Kunst der Beleidigung. Dabei ist es nicht automatisch nötig, sich immer auf intellektuell höchstem Niveau zu bewegen. Man kann auch mit einer gewissen Bauernschläue an das Thema herangehen. Der Fall betrifft einen Verwandten von mir, der inzwischen verstorben ist, zudem trug sich das Ereignis vor mehr als 30 Jahren zu, man darf es also mittlerweile erzählen: Der besagte Verwandte bezeichnete einen Mann als »Nackedei« und wurde deshalb von diesem Mann angezeigt. Das Gericht konnte aufgrund des beharrlichen Schweigens meines Verwandten nicht feststellen, in welchem Kontext dieser offensichtlich als Metapher gebrauchte Begriff zu verstehen war. Allein, mein Verwandter blieb dabei. Das Gericht verurteilte ihn schließlich zur Zahlung einer Spende an eine wohltätige Organisation. Den Betrag, damals etwa ein Wochenlohn, zahlte mein Verwandter, um anschließend jedem, der es hören wollte, von dem Prozess erzählen zu können. Da er dabei nur die Fakten wiedergab, konnte er den Beleidigten in der Erzählung weiterhin als »Nackedei« bezeichnen, ohne sich der üblen Nachrede schuldig zu machen. Wie er den Begriff abschließend gemeint hat, hat er übrigens mit ins Grab genommen.

Der Fall zeigt auch, dass ein Beleidigter, der gegen eine Beleidigung strafrechtlich vorzugehen versucht, durchaus das Nachsehen haben kann. Im schlimmsten Fall muss er damit rechnen, dass die Beleidigung lange mit seiner Person assoziiert wird, weil er selbst den Vorfall an die große Glocke gehängt hat. Auch das ist ein Grund, warum man den strafrechtlichen Aspekt von Beleidigungen nicht überbewerten sollte. Eine Anzeige ist auch deshalb nicht der Normalfall, weil sie als Ultima Ratio des Beleidigten auch dessen Ohnmacht dokumentiert.

Und die möchte sich niemand gerne eingestehen.

Der Vollständigkeit halber sei noch erwähnt, dass Beleidigungen auch körperlicher Art sein können. Ein Klassiker ist beispielsweise das Anspucken. Man kann aber auch jemanden beleidigen, indem man ihm die Barthaare abrasiert, dieser Fall taucht in der Literatur tatsächlich auf. Da aber alle körperlichen Formen der Beleidigung, so amüsant sie im Einzelfall auch sein mögen, nichts mit unserem Thema zu tun haben, sparen wir sie hier aus.

Wir können also zusammenfassend festhalten:

1. Prinzipiell ist jeder Mensch beleidigungsfähig. Das ist zwar schon als moralischer Grundsatz einsichtig, wird aber eben auch juristisch untermauert und ist insofern einklagbar.

2. Die Beleidigung braucht einen Vorsatz, wobei ein bedingter genügt. Bedingt heißt, dass die Beleidigung spontan erfolgen kann, und sich der Beleidigende im Moment der Beleidigung nicht über die Tragweite seiner Äußerung völlig im Klaren sein muss. Das heißt auch, man muss nicht unbedingt tagelang an einer druckreifen Beleidigung herumbasteln, damit diese strafrelevant ist. Es reicht völlig, wenn man die Nerven verliert, was bei praktisch allen Beamtenbeleidigungen der Fall ist.

3. Der Beleidigende muss Kenntnis von der Beleidigung erhalten. Wie er von der Beleidigung erfährt, ist dabei

weniger relevant. Da es aber im Interesse des Absenders liegt, dass der Adressat erfährt, wer ihn beleidigt hat, ist jede Verschleierung des Kommunikationsweges eher kontraproduktiv. Die Spur führt praktisch automatisch zum Absender.

4. Eine Beleidigung in unwahre Behauptungen zu verpacken, nennen die Juristen »üble Nachrede« oder »Verleumdung«. Das bringt im Zweifelsfall also nicht minder schwere Strafen, manchmal sogar höhere, und der Beleidigende bringt sich um das Moment der direkten Konfrontation.

Was heißt all das nun für die Kunst der Beleidigung?

Juristisch gesehen ist eine Beleidigung vergleichbar mit einem Ladendiebstahl ohne Vermummung und vor laufenden Überwachungskameras. Während nämlich andere Delikte auf ein Objekt zielen, das mit dem Delikt direkt nichts zu tun hat, oft geht es bei Straftaten ja um Spielarten materieller Bereicherung, ist im Falle der Beleidigung das Delikt selbst Objekt der Begierde. Der Täter, also der Beleidigende, hat ein Interesse daran, dass sein Opfer, also der Beleidigte, die Tat und den Täter zur Kenntnis nimmt.

Weil aber der Täter nicht zur Verantwortung gezogen werden möchte, versucht er mittels diverser Verschleierungsmaßnahmen seine Tat in juristischer Hinsicht zu relativieren, während die Tat, also die Beleidigung, gleichzeitig faktisch möglichst effizient sein soll. Idealerweise möchte man jemanden einerseits persönlich mit einer Äußerung ins Mark treffen, andererseits aber dafür nicht zur Verantwortung gezogen werden.

Das ist nicht ungewöhnlich, denn jeder Straftäter hofft darauf, ungestraft davonzukommen. Relevant ist gewöhnlich die Frage, ob das Risiko im Verhältnis zum möglichen Ertrag steht. Ein Bankräuber wird also vielleicht abwägen, ob die Perspektive, zehn Jahre im Gefängnis zu verbringen, im Verhältnis steht zu der Aussicht, fortan ein sorgenfreies Leben in der Karibik zu führen.

Wie aber sieht eine solche Abwägung im Falle einer Beleidigung aus? Die Antwort lautet: Es gibt gewöhnlich keine Abwägung. Beleidigungen sind in den meisten Fällen spontane Reaktionen, im Nachhinein werden sie als Ausrutscher gewertet, die man sich selbst schneller verzeiht, als es der Beleidigte tut. Dass jemand unter diesen Umständen straffrei ausgehen möchte, ist verständlich. Niemand will seinen Jahresurlaub absagen, weil das Ersparte für den Begriff »Idiot«, geäußert gegenüber einem Verkehrspolizisten, draufzugehen droht. Außerdem hat man für sich selbst die Äußerung wahrscheinlich bereits als Lappalie abgetan. Das mag übrigens auch der Grund sein, warum es im Falle spontaner Beleidigungen meist nicht zu Entschuldigungen kommt, was in vielen Fällen wahrscheinlich einen strafmindernden Effekt hätte.

Die Beleidigung setzt eine gezielte Aktion voraus. Sie ist ein Frontalangriff, bei dem der Täter von Beginn an wissen muss, dass kein Fluchtweg existiert. Und wenn eine Beleidigung in der Welt ist, dann besteht eben unter bestimmten Voraussetzungen auch die Möglichkeit, dafür jurististisch zur Verantwortung gezogen zu werden.

Unter diesem Aspekt ist es nun nicht nur eine Frage der Taktik, sondern auch eine Frage des Stils, ob eine Beleidigung, so sie denn zu einem Prozess führt, vom Beleidigenden relativiert werden sollte, oder ob nicht das bewusste Aufrechterhalten der Beleidigung und das Inkaufnehmen einer Strafe die bessere Alternative ist. An dieser Stelle schließt sich nun der Kreis zu den Sophisten und ihrem Verständnis vom Werkzeugkasten der Rhetorik.

Analog zu unserem Beispiel vom Küchenmesser, welches sowohl als Haushaltsgerät als auch als Waffe benutzt werden kann, ist auch die Sprache wahlweise ein Instrument der Liebe oder des Hasses. Wird sie konfrontativ eingesetzt, womöglich beleidigend, ist das aber nicht automatisch ein Zeichen von schlechtem Stil oder mangelnder Kommunikationsfähigkeit. Zudem ist eine Äußerung nicht notwendigerweise falsch, wenn sie zu einem Prozess oder gar zu einer Verurteilung desjenigen führt, von dem sie stammt. Man darf sicher nicht Starrsinnigkeit mit Geradlinigkeit verwechseln, aber eine gut überlegte Beleidigung muss selbstredend auch darüber erhaben sein, dass sie nicht gesetzeskonform ist. Erstaunlicherweise gehören außerdem eine ganze Reihe von Tugenden dazu, zu einer Beleidigung, also einem vermeintlich unmoralischen Akt, zu stehen.

Was also die Kunst der Beleidigung unter juristischen Aspekten betrifft, so können wir zur Kenntnis nehmen, dass die Anwendung dieses rhetorischen Instruments im schlimmsten Fall zu Geld- oder Freiheitsstrafen führen kann. Und das können wir dann auch gleich wieder vergessen. Sicherheitshalber würde ich aber ein bisschen Geld zurücklegen, falls irgendeine Pappnase Sie doch mal vor den Kadi zerren sollte.

Medienmenschen und andere Maulhuren

Talkshow-Krakeeler, Profi-Provokateure und Society-Rambos: ein Zappening

»Erzähl keinen Scheiß, du mieser Dreckssack!
Was denkst du, mit wem du redest? Mit 'nem
zurückgebliebenen Talkshowgastgeber?«

Lucy (Judy Davis)
in HARRY AUSSER SICH

Ob am Arbeitsplatz, im Schützenverein oder beim Gemüsehändler, eine öffentliche Beleidigung ist immer mit einem gewissen Risiko verbunden. Je größer das Publikum, desto mehr Mut brauchen die meisten, das Feld der sachlichen Argumentation zu verlassen und sich ins Dickicht der Verbalinjurie zu begeben. Dabei ist man nie davor gefeit, dass aus unbeteiligten Zuschauern plötzlich Gegner werden. Und es ist nicht unwahrscheinlich, dass ein paar talentierte Zwischenrufer in der Nähe sind.

Deshalb kann aus einem Beleidigenden rasch ein Beleidigter werden. Sie können das gerne selbst einmal ausprobieren, indem Sie in eine wildfremde Kneipe gehen, ein Bier trinken und dann den Wirt anpöbeln. Wahrscheinlich werden Sie entweder rausgeworfen oder aber von den anwesenden Stammgästen in Grund und Boden gefrotzelt, denn die werden ihrem Stammwirt bis zum letzten Tropfen beistehen.

Sollte man in Gesellschaft also lieber die Klappe halten? Keineswegs, es gilt nur ein paar Regeln zu beachten.

Öffentliche Beleidigungen brauchen nicht nur einen geeigneten Adressaten und ein geeignetes Sujet, was heißt, sie müssen den Kern des Ärgernisses treffen und auch den letztlich für dieses Ärgernis Verantwortlichen, sondern auch eine Pointe, also einen hohen Unterhaltungswert. Kommen alle drei Dinge zusammen, wird Ihnen niemand widersprechen, gleichgültig, wie groß Ihr Publikum ist. Übersehen Sie aber ein wichtiges Detail, wandeln Sie auf dünnem Eis.

Wenn Sie zum Beispiel eine unschuldige Aushilfskraft an der Käsetheke mit Blick auf die mangelnde Qualität der Produkte verbal attackieren, dann mag ihre Bemerkung pointiert sein und den Kern der Sache treffen, weil der Käse tatsächlich alles andere als toll ist, es steht aber zu befürchten, dass einer der Umstehenden Mitleid mit der Verkäuferin hat, da diese nichts dafür kann, dass der Einkäufer des Supermarktes »Gruyère« für einen Renaissance-Maler hält. In diesem Fall geschieht es Ihnen ganz recht, dass jemand das Maul aufmacht und Sie verbal attackiert. Die Käseverkäuferin ist nämlich ebenso wenig für die mittelmäßige Produktpalette in Ihrem Supermarkt zu belangen wie ein Dorfpolizist für die Vorfahrtsregeln oder eine Mitarbeiterin des Einwohnermeldeamtes für die Anmeldegebühren. Vielleicht sind sogar alle drei mit Ihnen einer Meinung, wenn Sie sich über schlechten Käse, idiotische Ampelschaltungen oder behördliche Abzocke mokieren. In jedem Fall aber setzen Sie sich ins Unrecht, wenn Sie Leute verunglimpfen, die mit Ihrem Problem im Grunde nichts zu tun haben.

Ganz nebenbei sollten Sie auch immer mit der Schlagfertigkeit Ihres Gegenübers rechnen. Und Sie sollten nicht dem Irrtum aufsitzen, dass Schlagfertigkeit etwas mit Bildung zu tun hat. Es kann durchaus sein, dass Sie beispielsweise an der Käsetheke nicht nur diverse andere Kunden gegen sich aufbringen, sondern auch die kleine Verkäuferin, der man nicht ansieht, dass sie in der Lage ist, Ihnen mit einer gepfefferten Replik Paroli zu bieten. Zumindest müssen Sie darauf vorbereitet sein, bei Ihrem nächsten Einkauf sehr, sehr zuvorkommend aufzutreten, wenn Sie nicht aus Scham sowieso den Supermarkt wechseln.

In der Medienbranche, wo hohe Quoten und entsprechende Werbeeinnahmen das Überleben sichern, haben Beleidigungen mehrere Funktionen. Die wohl wichtigste ist, Unterhaltungskünstler und ihre Sendungen bekanntzumachen und ihnen ein bestimmtes Image zu verleihen. Je größer die Konkurrenz und je größer die Bereitschaft der Konkurrenten, sich mittels Beleidigungen zu profilieren, desto härter ist also auch der Ton auf dem Medienmarkt.

Das amerikanische Showgeschäft, das als vorbildliche Unterhaltungsmaschine gilt, hat hinsichtlich solcher Provokations-PR ein paar extreme Erscheinungen hervorgebracht. »Shock Jocks« nennt man in den USA Radiomoderatoren, die prinzipiell über die Stränge schlagen und alle und jeden beleidigen. Howard Stern ist der wahrscheinlich bekannteste Vertreter dieser Gattung, nicht zuletzt aufgrund seiner 1993 erschienen Autobiografie »Private Parts«, die 1997 auch verfilmt wurde. Stern gilt als bestverdienender Radiomoderator der Welt. 2004 wechselte er zum Satelliten-Radio-Sender »Sirius Satellite Radio«, um sich nicht länger von der »Federal Communications Commission«, also der amerikanischen Medienaufsichtsbehörde, gängeln lassen zu müssen, denn die sorgte dafür, dass sein voriger Arbeitgeber, die »Clear Channel Communications«, rund 1,75 Millionen Dollar Strafgelder für Sterns Beleidigungen zahlen musste. Bei »Sirius Satellite Radio« bewegt sich Stern einerseits im rechtsfreien Raum, andererseits kassiert er für einen Fünfjahresvertrag über 500 Millionen Dollar, Bonuszahlungen, wie jene aus dem Jahr 2007, in Höhe von 83 Millionen Dollar nicht mitgerechnet.

Sterns Konkurrent Don Ismus, der beispielsweise einmal die Basketballer der New York Knicks als »brusttrommelnde Zuhälter« bezeichnete, erlebte Anfang 2007 sein berufliches Waterloo, weil er das überwiegend schwarze Basketball-Damenteam der »Rutgers University« als »kräuselhaarige Huren« (Nappy-Headed Hos) beschimpft hatte. Zunächst forderten schwarze Bürgerrechtler Satisfaktion. Ismus entschuldigte sich rasch für seine Äußerung, doch inzwischen hatten auch andere Lobbyisten den »Shock Jock« ins Visier genommen. Als die Werbekunden absprangen und sich Millionenverluste abzeichneten, reagierten Ismus' Auftraggeber und entließen ihn fristlos.

Stern, der von sich behauptet, dem Publikum lediglich das zu liefern, was es wolle, hat sich vor allem durch seine unverblümte Sprache, gerne in Interviews, bei denen es um Sex geht, einen Namen gemacht. Er lädt Porno-Stars zu sich in die Show, diskutiert über Selbstbefriedigung oder Sex im Alter. Die ehemalige Miss Universum, Oxana Fjodorowa, legte gar ihr Amt als Miss nieder, nachdem Stern sie in seiner Sendung mit Fragen zu Anal- und Oralverkehr geschockt hatte. Jetzt wirbt die St. Petersburgerin in ihrem Heimatland für familiäre Werte.

In Deutschland wurde Sex im Privatfernsehen zunächst einerseits von Erotikmagazinen wie »Peep«, »Liebe Sünde« und »Wahre Liebe« thematisiert, wobei diese sich allerdings ein seriöses Image zu geben versuchten, andererseits befassten sich ab Anfang der 90er Jahre die Daily-Talkshows mit so ziemlich allen Facetten zwischenmenschlicher Beziehungen, allerdings ohne in Beschreibung und Wortwahl allzu explizit zu werden, der meist nachmittägliche Sendeplatz erlaubte es nicht.

Der Medienkritiker Oliver Kalkofe fasst in seiner Satire »Kalkofes Mattscheibe« die Geschichte der Talkshow folgendermaßen zusammen: »Was einst als farb- und harmlose Fernsehplauderei unter Prominenten begann, wuchs schnell zu wöchentlich nervenden Labermarathons heran und mutierte letztendlich zum täglich unerträglichen Tummelplatz der Vollarschgeigen, die sich auf den Bildschirm drängten, um die Sinnlosigkeit ihres Lebens mit uns zu teilen.«

Als Mutter aller Talkshows gilt »Je später der Abend«. Die erste Ausstrahlung der Sendung am 18. März 1973 eröffnete der Moderator Dietmar Schönherr mit den Worten: »Wir machen heute eine sogenannte Talkshow. Was sie ist, das wissen Sie nicht – und wir auch nicht so genau.«

Bis zum Beginn des Privatfernsehens in Deutschland war Provokation in Talkshows tabu. Vergleichsweise harmlose Zwischenfälle avancierten bereits zum Skandal.

Etwa Inge Meysels Bekenntnis, erst mit 21 Jahren entjungfert worden zu sein oder Romy Schneiders offensichtliche Sympathie für den Ex-Bankräuber Burkhardt Driest. Tagelang spekulierte die Presse, ob »Sissi und der Bankräuber« wohl ein Verhältnis hätten.

Rund 20 Jahre später gehörten Gespräche über Liebe, Sex und Leidenschaft ganz selbstverständlich zum Fernsehalltag, wobei sich nicht nur die Themen verschärften, auch das Vokabular wurde expliziter. Hatte Inge Meysel sich noch vornehm als »Spätzünderin« bezeichnet, so wimmelte es in den späteren Daily Talks, besonders in emotional aufgeladenen Momenten, nur so von Kraftausdrücken. Aus Gründen des Jugendschutzes wurden die schlimmsten zwar »weggebeept«, also akustisch unkenntlich gemacht, aber als Zuschauer glaubte man manchmal, an den Gesichtern der Moderatoren ablesen zu können, wie hart es im Studio gerade wirklich zur Sache ging.

Im Vergleich dazu hatten die Talkshows der frühen Jahre die sprachliche Brisanz von Bibelstunden. In der Sendung »Kölner Treff« versuchte Alfred Biolek bei der Vorstellung eines Playmates gar alle vermeintlich anzüglichen Begriffe zu umgehen und verfummelte sich zu dem Satz: »Sie waren ja auch Spielgefährtin des Jahres in einem großen deutschen Herrenmagazin.«

Erst die Privatsender entdeckten die Provokation als Marketinginstrument. Die Fernsehmacher der späten 80er Jahre machten Grenzüberschreitungen zur PR-Waffe. Hugo Egon Balder ließ Kandidaten in »Tutti Frutti« Stripperinnen die Klamotten vom Leib quizzen, und Ulrich Meyer moderierte »Der heiße Stuhl«, eine infernalisch laute Diskussionsrunde, bei der ein Kandidat eine möglichst gewagte These gegen mehrere Kontrahenten zu verteidigen hatte. Berüchtigt wurde jene Episode, in der Rosa von Praunheim 1991 die nicht anwesenden Prominenten Hape Kerkeling und Alfred Biolek als homosexuell outete. Das Feuilleton sprach damals ebenso angewidert wie fasziniert von »Krawallfernsehen«, das deutsche Publikum fand barbusige Früchtchen und krakeelende Streithähne jedoch »erfrischend anders«, wie ein früher Slogan von RTL lautete.

Die Idee, Menschen mit unvereinbaren und idealerweise auch unhaltbaren Argumenten aufeinanderzuhetzen, setzte sich in den Talkshows fort, wobei die Gespräche mehr und mehr an die Lebenswelt der Fernsehzuschauer anknüpften, während die Macher zudem nach Skurrilitäten aller Art Ausschau hielten.

In der Blüte des trivialen Daily Talk, also in der zweiten Hälfte der 90er, buhlten etwa zwei Dutzend Moderatoren um die Gunst des Publikums. Getreu dem Motto »Let's Talk About Everything«, gesungen von Ricky Harris im Vorspann zu seiner Talkshow »Ricky!«, wurden praktisch alle denkbaren und auch einige weniger denkbare Themen verhandelt. Ob Brustpiercing, Zahn- und Körperhygiene, Essstörungen, Mode- und Stylingfragen, Kindererziehung oder Karriereplanung, am Nachmittag sprach man darüber, und zwar auf fast allen Kanälen.

Daily Talker entzweiten Familien oder brachten lange getrennte Verwandte wieder zusammen, sie stifteten Ehen oder sorgten für die Trennung vermeintlich nicht füreinander bestimmter Paare. Mit Lügendetektor und DNA-Analyse versuchte man Klarheit in oft krude emotionale und sexuelle Verhältnisse zu bringen. Ob Magersucht oder erektile Dysfunktion, ob Fettleibigkeit oder sexuelle Hyperaktivität, mit wachsender Begeisterung offenbarten Menschen ihre intimsten Geheimnisse vor einem Millionenpublikum. Stripperinnen, Hobbyentertainer, Bodybuilder und Playboys bekamen ebenso ein Forum wie Obdachlose, sexuelle Exoten, Busenwunder und Krawallbrüder.

Für die einen war all das nichts weiter als eine mediale Form des Jahrmarkts, eine Freak Show auf Kosten der beteiligten Gäste. Andere sahen in der täglichen Rederei einen demokratischen Akt. »Die Talk-Show am Nachmittag ist besser als ihr Ruf«, verkündete Barbara Sichtermann 1996 in der »Zeit« und lobte den medialen Diskurs als »Schule der Toleranz«. Sichtermann glaubte, eine neue Generation auszumachen, die vor und hinter den Kulissen mit Reizthemen gelassener umgehe, als die vom öffentlich-rechtlichen Fernsehen geprägte: »Wie respektabel ist doch die Konfliktfähigkeit, mit der Menschen in den Nachmittags-Talks die absonderlichsten Passionen durchbuchstabieren und, fallweise belehrt durch die Moderatoren, zu ahnen beginnen, dass Leute mit entgegengesetzten Neigungen auch ihre Gründe haben.«

Das Fernsehen, eine moralische Anstalt?

Mit sinkenden Quoten sinkt spätestens Anfang des neuen Jahrtausends auch die Bereitschaft der Sender, sich um die demokratische Sprecherziehung des Volkes zu kümmern. Die Schulen der Toleranz werden, bis auf wenige Ausnahmen, geschlossen.

Was übrig bleibt sind ein paar komödiantische Clip-Shows, die die witzigsten, peinlichsten und berührendsten Momente der Talkshowgeschichte in leicht verdaulichen

Häppchen präsentieren. »Talk Talk Talk« bedient sich des ProSieben/Sat1-Archivs, »Voll total« kramt in den Beständen von RTL. Ab und an kommt der Zuschauer auch in den Genuss amerikanischer Schnipsel, etwa aus der »Jerry-Springer-Show«, bei der es häufig zu offenbar inszenierten Prügeleien kommt, in die sich dann vermutlich von Laien dargestellte Bodyguards einmischen.

Sonya Kraus und Dirk Penkwitz, die Moderatoren besagter Clipshows, präsentieren die Höhe- und Tiefpunkte der Talkshowgeschichte als fluffige Comedyprogramme. »Deutschlands mieseste Möchtegern-Stars« oder »Deutschlands massigste Mamas« heißen die Themen bei »Voll total«. Da hat man sie dann jeweils im Halbstundentakt geballt beisammen: die Fettsäcke, die Nichtskönner, die Knallköpfe. Willkommen in der Schule der Toleranz.

Zumindest kann sich jetzt niemand mehr einreden, dass ihnen wirklich jemals mit Respekt begegnet worden wäre, diesen Menschen, die ihre kleinen und großen Probleme im Fernsehen diskutierten und sich damit schon vor Jahren einen Platz in der Galerie von Deutschlands größten Trotteln sicherten.

Machen wir uns also nichts vor, in erster Linie waren sie ein Stück Unterhaltung. Die Dicken und die Dummen, die Hurenböcke und die Mauerblümchen, die Hornochsen und die Zimtzicken waren Realsatire. Wir haben uns über ihre Unfähigkeit selbst winzigste Probleme in den Griff zu bekommen ebenso amüsiert, wie über ihr krampfhaftes Festhalten an völlig abstrusen Beziehungen, über ihre kruden Weltanschauungen oder über ihre lächerlichen Versuche, mit Silikonbrüsten, Nasenringen oder Tattoos so etwas wie Aufsehen zu erregen.

Irgendwann allerdings ist uns das Lachen vergangen, denn wenn die Welt aus lauter Deppen zu bestehen scheint, dann kommt man zwangsläufig auf die Idee, dass vielleicht alle anderen vernünftig und man selbst irre sein könnte. Oliver Kalkofe formuliert das so: »Als Zuschauer sitzt man doch da und fragt sich: Was ist bei mir falsch? Ich habe kein Piercing im Gesicht und kein Tattoo, ich habe nichts künstlich operieren lassen, mein Stiefvater hat mich nicht vergewaltigt. Ich glaube, ich muss zum Arzt.« Nikolaus von Festenberg konstatierte Anfang 2001 im »Spiegel« unter der Überschrift »Tyrannei der Lachsäcke«, dass es nun Zeit sei für einen »Aufstand der Humorlosen«. Der Artikel, laut Autor »ein offener Brief eines über 15-Jährigen«, befasste sich mit der ersten Liga der deutschen Profi-Provokateure und macht die Talkshow als Wegbereiter medialer Pöbeleien aus: »Vielleicht war es ein Fehler, die Graue-Panther-Faust nur in der Tasche zu ballen, als die Bärbels, Ilonas und Ranschmeiss-Flieges am Nachmittag ihre Talkbuden eröffneten.« Kommunikation und Meinungsaustausch seien im Zuge der Talkshow-Ära zum »Herausblöken allenfalls bühnentauglicher Ego-Kompositionen« verkommen: »Ich bin fett und finde Blondinen zum Kotzen, na und?« Vom Amateurschimpf zur kalkulierten professionellen Pöbelei ist es also nur ein kleiner, ein obendrein logischer Schritt: »Hinter den Tutti-Fruttis kamen die Brutalos die Showtreppe herunter [...] gnadenlose Rampensäue, die um der Pointe willen Gäste schlecht behandelten [...] Diese bösen Jungs wie Karl Dall, Hape Kerkeling, Harald Schmidt und Stefan Raab haben die freundlich-harmlosen Spielleiter der großen Samstagabendunterhaltung wie Rudi Carrell, Frank Elstner und Kurt Felix verdrängt. Nur Thomas Gottschalk behauptet seine ›Wetten, dass …?‹-Insel.«

Der Ausgangspunkt für von Festenbergs Ritt durch Mediengeschäft und -geschichte ist die zum damaligen Zeitpunkt von wöchentlich auf vier Mal wöchentlich erweiterte Sendung »TV total« von Stefan Raab. Damit erreiche das Fernsehen einen neuen Tiefpunkt, so der Autor. Von Festenberg wirbt deshalb dafür, sich Raabs Pennälerwitzen zu verweigern: »Noch einen Komiker durch die Pubertät zu bringen, stehen wir nicht durch.« Als bereits vom Publikum erfolgreich durch die Adoleszenz gehievt wähnte von Festenberg übrigens Harald Schmidt.

Ein gutes halbes Jahrzehnt später hat der Spiegel-Mann Recht behalten – und auch wieder nicht. Denn Raabs Humor besteht immer noch zu einem wesentlichen Teil aus »Zottel-Zoten« im Festenbergschen Sinne. Die traditionelle Eröffnung der »TV-total«-Silvestergalas mit dem Gag »Heute Abend freuen sich alle aufs Knallen, nur die Frauen denken ans Feuerwerk.« mag von Festenberg darin bestätigen, dass er mit seinen damaligen Befürchtungen richtig lag.

Andererseits aber ist das System Raab inzwischen ausgereifter, als zu Beginn des Jahrtausends. Man mag über seine diversen Wettbewerbe unter dem Label von »TV total«, etwa Stockcar-Rennen oder Wok-Weltmeisterschaften, unterschiedlicher Meinung sein, mit »Schlag den Raab« hat der Entertainer sich immerhin nicht nur in die große Samstagabendunterhaltung eingemischt, das Format kam als »Beat Your Host« auch zu internationalen Ehren. Selbst in den USA soll es produziert werden, was für ein deutsches Produkt außergewöhnlich ist.

Ist also von Festenbergs Lausejunge nun doch erwachsen geworden? Na ja, geht so. Inzwischen ist Raab zwar Träger des zutiefst seriösen Adolf-Grimme-Preises, aber zutiefst seriös will der Entertainer deshalb wohl nicht gleich werden. Raabs Spaß an der Provokation äußerte sich etwa in einer alternativen Veranstaltung zu RTLs »DSDS«, »Deutschland sucht den Superstar«. Unter dem Titel »SSDSGPS«, der Abkürzung für »Stefan sucht den Super-Grand-Prix-Star«, launchte Raab einen Musik-Wettbewerb, was später zur Teilnahme Max Mutzkes am »Eurovison Song Contest 2004« führte und die Karriere des Sängers begründete.

Als RTL sich Anfang 2007 dagegen aussprach, den »DSDS«-Kandidaten Max Buskohl in Raabs Sendung auftreten zu lassen, präsentierte Raab ein Konterfei des Interpreten in seiner Sendung mit der Aufschrift: »Gefangener von RTL«. Die Fotomontage erinnerte an Bilder der Schleyer-Entführung 1977, weshalb die »Bild« titelte: »Raab verhöhnt RAF-Opfer.« Der Gescholtene reagierte kurz und knapp. Die Vorwürfe seien »absurd«. Er habe nicht die RAF-Opfer diffamiert, er kritisiere lediglich die Knebelverträge von RTL.

Als Alternative zu »DSDS« rief Raab in seiner Sendung am 30. April 2007 zu einer von ihm initiierten Castingshow auf mit dem Titel »Stefan sucht den Superstar, der singen soll, was er möchte und gerne auch bei RTL auftreten darf«, abgekürzt: »SSDSDSSWEMUGABRTLAD«. Raab kündigte bereits an, man werde die Abkürzung vermutlich noch abkürzen.

»DSDS«, von Oliver Kalkofe als »ultimative Knallchargen-Freakshow der Superstar-Azubis« tituliert, ist für den

Mediensatiriker eindeutig eine unbotmäßige Belastung des Zuschauers: »Früher, da bekam man wenigstens noch professionelle Sänger und Entertainer geboten, die man dann scheiße finden konnte. Heute hingegen muss das ganze Land sich seine nervenden Superstars sogar noch selber suchen. Hey, was sollen wir eigentlich noch alles machen?«

Stimmt. Außerdem sind die Bemühungen des Publikums meist umsonst, denn kaum einer der Castingstars hat es bislang zu mehr als einem One-Hit-Wonder gebracht. Der »Spiegel« sieht »DSDS« deshalb auch weniger als Karriereplattform und mehr als »musikalisch verpackte Soap-Opera«.

Im Mittelpunkt des Spektakels stehen also Emotionen, vornehmlich ausgelöst durch die Jury, die in der ersten Runde anhand mehrsekündiger Darbietungen entscheidet, ob jemand das Zeug zum Superstar hat oder nicht. Häufiger Interessensmittelpunkt der Jury ist Pop-Titan Dieter Bohlen, weil der mit seinen Äußerungen gerne mal Teenagerträume in den Staub tritt. Das nennt sich dann »Meine Hammersprüche« und ist sogar als Buch erhältlich. Bohlens Verbalattacken erinnern an Schulhoffrotzeleien der ausgehenden 70er. Insofern wären seine Hammersprüche für die meisten Castingteilnehmer sogar zielgruppenaffin, wenn diese nicht knapp 30 Jahre zu jung wären, beziehungsweise Bohlens Sprüche knapp 30 Jahre zu alt.

Kennzeichnend für viele seiner Bemerkungen sind gedrechselte Vergleiche und schiefe Metaphern. Das führt dann zu papiernen Pöbeleien wie: »Wenn du bei mir im Keller singst, würden die Kartoffeln freiwillig geschält nach oben kommen.« Wobei hier nochmal einen Lektor hätte drübergehen können. Konjunktivmäßig, quasi.

Musikalische Vorträge der Bewerber hören sich für den Pop-Titanen wahlweise an wie »das Anlassergeräusch vom Golf Diesel«, wie »eine kaputte Klospülung« oder wie »meine Oma mit Blähungen«, alternativ: »Mein letzter Bronchialkartarrh klang besser.« Außerdem singen manche Leute laut Bohlen »wie Robbie Williams, wenn er auf dem Pott sitzt«, »wie ein besoffener Buntspecht« oder schlicht »scheiße«. Manchmal neigt Bohlen auch zu Wortspielen, aber das erspare ich Ihnen, weil man ja schließlich nicht alles können kann. Bohlen spielt ja schon erfolgreich Klavier und Gitarre, da muss er nun nicht auch noch erfolgreich mit Worten spielen.

Erstaunlich an der Eröffnungsrunde der »DSDS«-Castings ist übrigens die Eindimensionalität der Beurteilungen. Obwohl die Teilnehmer in späteren Runden eingepaukt bekommen, dass man Einfühlungsvermögen, Durchsetzungsfähigkeit, Teamgeist, Fehlertoleranz und noch ein paar Dutzend andere Qualitäten braucht, um Superstar werden zu können, interessiert das in der ersten Runde kein Schwein. Das ist aber auch tröstlich für jene Teilnehmer, die es nicht schaffen, denn die können sich ja immerhin einreden, Opfer eines ungerechten Systems geworden zu sein. Und deshalb werden Bohlens Sprüche auch weniger als wortwörtliche Kritik und mehr als Zugeständnis an den Unterhaltungswert des Formats verstanden. Wer sich in die Castinghöhle begibt, muss eben auch damit rechnen, dem Löwen zu begegnen. Als PR-Konzept ist das schon ziemlich schlüssig. Menschenverachtend vielleicht auch. Aber in erster Linie schlüssig.

Ob Verona Pooth, mehrwöchige Ehefrau von Dieter Bohlen, ihr PR-Handwerk beim Pop-Titanen erlernt hat, ist fraglich, dass aber auch sie es ausnehmend gut beherrscht, mutmaßten viele, als sie 2001 in einem Gespräch mit Johannes B. Kerner über die ihr in der Ehe mit Dieter Bohlen zugefügten Kränkungen in Tränen ausbrach. In »Kalkofes Mattscheibe« wurde ihr dafür »besonderes schmierendarstellerisches Talent« bescheinigt, außerdem verlieh die Satiresendung ihr den »Oscar«. In der Begründung hieß es: »Die Jury beglückwünscht Frau Feldbusch zu ihrer höchst professionellen Kaltschnäuzigkeit, für eine gelungene PR selbst in die allertiefste Schublade der emotionalen Selbstdarstellung zu greifen. Besonderes Lob gilt an dieser Stelle außerdem ihrem begabten Nebendarsteller Johannes Baptist Kerner, dem es trotz aller Absurdität gerade noch gelang, ein Lachen zu unterdrücken und seine Rolle vertragsgemäß zu Ende zu spielen. Die Jury bedankt sich für eines der beeindruckendsten und unverfrorensten Medienschauspiele des neues Jahrtausends.«

Harald Schmidt würde wohl erwidern: »Man kann alles machen, es muss nur unterhaltsam sein.« Das zumindest sagte er 1996 in einem Interview, konfrontiert mit der Tatsache, dass er die WDR-Moderatorin Bettina Böttinger beleidigt hatte.

Schmidt hatte zuvor in seiner Show im Rahmen eines »Fotoquiz« die Frage gestellt, was eine Ausgabe der Zeitschrift »Emma«, eine Flasche Eierlikör, eine Klobrille und Bettina Böttinger gemeinsam hätten, um dann die Antwort zu geben: »Die würde kein Mann freiwillig anfassen.«

Einen »Brachialwitz« nannte das der Entertainer in

besagtem Interview, konstatierte aber auch, Frau Böttinger sei darauf »sehr medienwirksam eingestiegen«. Schmidt wäre aber wohl nicht Schmidt, wenn er bei gleicher Gelegenheit nicht noch einen kleinen Nachschlag für Böttinger parat gehabt hätte. Auf die Frage, mit welchen Gästen er mehr Quote machen könne, antwortete »Dirty Harry«: »Es hat sich herausgestellt: Wir brauchen attraktive Frauen und Gäste, mit denen man über attraktive Frauen reden könnte. Wie mit Frau Böttinger.«

Die Schläge, die Schmidt zu Beginn seiner Late Night Show einstecken musste, haben ihn nach eigenem Bekunden »200-prozentig motiviert«. Ein paar Jahre später sind dann auch nicht nur die kritischen Stimmen verstummt, Schmidt ist im Gegenteil nun offiziell im Olymp der deutschen Fernsehunterhaltung angekommen. Ab 1997 wird er mit Preisen überschüttet, darunter mehrmals der Adolf-Grimme-Preis und der Deutsche Fernsehpreis. Als er 2003 ein Sabbatical ankündigt, ist das fürs Feuilleton und die Fernsehnation das Ende einer Ära. Roger Willemsen dichtete: »Jedenfalls verliert der deutsche Journalismus sein Idol, die Intelligenzija ihren Konsens-Helden, den richtbildlichen Spötter. Nicht auszudenken, wie jetzt mit Niveauverdacht gelacht werden soll.«

Dem Phänomen Schmidt auf die Spur zu kommen haben zahlreiche Buchautoren und Feuilletonisten versucht, ich werde mich nicht auch noch daran verheben. Zitiert sei lediglich Schmidts Selbstauskunft, die er in einem Interview der »Zeit« gab: »Wissen Sie, ich habe eine wirkliche Begabung: Ich merke sehr schnell, was jemanden echt verletzt. Das kann ich, das ist ja auch mein Beruf. Das ist ein unglaubliches Gefühl, wenn einem sozusagen in einem Bruchteil einer Sekunde der Satz einfällt, der den anderen trifft bis ans Ende.«

Apropos Preis: Karl Dall glaubt, der »Grimme-Preis ist doch nur der Anfang vom Ende«. Konsequenterweise hat er ihn nie bekommen. Dall, der mit »Insterburg & Co.« Popstar-Status erreichte, empfahl sich mit Beginn der Ära des Privatfernsehens für die Rolle des medialen Misanthropen, der Publikum, Kollegen und nicht zuletzt den gesamten Medienbetrieb gleichermaßen verachtet. Der »Rolling Stone« nannte den Entertainer einmal »die unter Umständen größte Krach-, Lach- und Sachfigur des deutschen Showgeschäfts«, der »Spiegel« titulierte ihn schlicht als »Dienstleistungs-Sadist«. Dall selbst ist der Ansicht: »Sympathisch gefunden zu werden ist das Schlimmste, was einem passieren kann.«

Ob Hape Kerkeling im Festenbergschen Sinne jemals zu den »Brutalos« des Showgeschäfts gehört hat, ist zumindest diskutabel. Anders als die erwähnten Kollegen, will Kerkeling nämlich nicht bewusst polarisieren. In einem Interview mit der »Zeit« antwortete der Entertainer auf die Frage, ob es ihn ehre, dass seine Methode vielfach kopiert werde: »Nein. Weil ich, auch wenn das jetzt so gutmenschenmäßig klingt, wirklich versucht habe, niemanden zu beschädigen, seien es Prominente oder normale Zeitgenossen. Das ist mir nicht immer gelungen. Wenn es aber zum Prinzip wird, durch diese Methode Leute zu beschädigen, und das ist sehr einfach, fühle ich mich dadurch nicht geehrt, sondern denke: Um Gottes willen, was habe ich da nur angerichtet. Manchmal dachte ich wirklich: Oha, wenn ich das gewusst hätte, hätte ich es nicht gemacht.«

Mir scheint, dass dieser defensive Umgang mit Provokation kein Ergebnis von Kerkelings Pilgerreise ist, sondern auch schon zuvor sein künstlerisches Schaffen bestimmt hat. Insgesamt aber zeigt sich, das ein offensiver Umgang mit Beleidigungen keineswegs karriereschädlich ist. Die vor gut einem halben Jahrzehnt deswegen gescholtenen Schmidt, Raab, Dall und Kerkeling haben ihre jeweiligen Erfolgsgeschichten fortgeschrieben und gehören heute zur ersten Garde der deutschen Fernsehunterhaltung, auch wenn Karl Dall damit kokettiert, dass es in seinem Fall anders ist.

Kein Wunder also, dass die Jungen von den Alten lernen. Oliver Pocher etwa beleidigte in einer »Wetten, dass …?«-Sendung die 29-jährige Dana Gottschalk mit den Worten »Du siehst ganz schön alt aus für dein Alter«, anschließend empfahl er ihr eine Schönheitsoperation. Das Landgericht Hannover verurteilte den Comedian deshalb zur Zahlung von 6000 Euro Schmerzensgeld an die junge Frau. Interessant übrigens, dass es in der Urteilsbegründung hieß, Pocher habe die Frau aus einer »überlegenen Position heraus grundlos und bewusst mit herabsetzenden Äußerungen überzogen«, und es sei ihm darum gegangen, »sich auf ihre Kosten vor einem Millionenpublikum zu profilieren«. Da unterstellte wohl jemand Vorsatz.

Die Geschädigte ist übrigens mit dem Moderator Gottschalk nur namensverwandt, aber wo wir gerade von »Wetten, dass …?« reden, auch Thomas Gottschalk eckt ja gelegentlich an, zum Beispiel damit, dass er Bierdosen als »Hartz-IV-Stelzen« bezeichnete. Obwohl der Moderator sich noch in der Sendung entschuldigte, kam es zu

Protesten. Allerdings kommt er gemeinhin ja glimpflich davon, wenn er ein wenig über die Stränge schlägt. Das mag einerseits daran liegen, dass speziell Gottschalk ein loses Mundwerk verziehen wird, andererseits kann er glaubhaft machen, dass er kein Motiv für Beleidigungen hat. Als Integrationsfigur und Showmaster alter Tradition will er nicht aufregen, sondern anregen.

»Meine Kritiker vergessen immer, dass ich Berufsclown bin – wenn mein Publikum staunt oder lacht, habe ich das Klassenziel erreicht«, so Gottschalk. Als fröhliche »Quotenhure«, der Begriff stammt von ihm selbst, kann man dem Entertainer also praktisch nichts übel nehmen, außer vielleicht sein Bemühen, sich dem Massengeschmack anzubiedern. Aber das ist eben so im Fernsehpuff.

Seit 2004 versuchten die Privatsender unter dem Label »Reality-Show« das Krawallfernsehen neu zu akzentuieren. Die bekanntesten Formate dieser Gattung waren das RTL-Dschungelcamp mit dem schönen Titel »Ich bin ein Star, holt mich hier raus«, die ProSieben-Produktionen »Die Alm – Promischweiß und Edelweiß« und »Die Burg – Prominent im Kettenhemd«. Ziel war, eine Gruppe mehr oder weniger prominenter, und idealerweise sozial inkompatibler, Kandidaten mit Aufgaben zu konfrontieren, die eine möglichst große Menge von Konflikten innerhalb der Gruppe provozierten. Ob das immer geklappt hat, oder ob dann trotzdem der eine oder andere Streit inszeniert werden musste, interessierte den Zuschauer nur am Rande. Hauptsache, es krachte ordentlich im Gebälk.

Karl Dall hat mal gesagt, B-Prominente seien ihm die liebsten Gäste, denn die wären noch hungrig und ließen sich gerne quälen. Dall weiß natürlich um die Brisanz der Prominentenkategorien. Nichts kann einen B-Promi so auf die Palme bringen wie eben die Einordnung als B-Promi. Wie sensibel Prominente reagieren, wenn ihnen nicht die erwartete Wertschätzung widerfährt, musste Anfang 2007 auch Götz George erfahren, der in einem Interview mit der Zeitschrift »Gong« gesagt hatte: »Wenn man zu einem Event eingeladen wird, steht man plötzlich neben Friseuren, Köchen, Telenovela-Sternen und anderen Knalltüten.« In einem offenen Brief wehrte sich daraufhin die Besetzung der ZDF-Telenovela »Wege zum Glück« gegen den »Knalltüten«-Vergleich und auch die TV-Köche Lafer, Lichter und Mälzer rügten den Schimanski-Darsteller. Johann Lafer in der »Bild«: »Was Götz George sagt, ist eine Beleidigung für uns Köche.«

Jedenfalls traten in den besagten Reality-Shows vorzugweise B-Prominente den eindrucksvollen Beweis dafür an, dass sie sich nicht nur von Karl Dall gerne quälen lassen würden, sondern auch auf alle erdenklichen anderen Arten, nämlich, indem sie in Gülle badeten, Insekten aßen, sich mit anderem Getier bewerfen ließen oder sich sonst wie lächerlich machten. Dabei schwappten, ganz nach dem Geschmack von Publikum und Produzenten, die Gefühle über. Pornounternehmerin Dolly Buster verließ nach zwei Tagen das RTL-Dschungelcamp und erklärte anschließend in einem Interview, dort würden sämtliche Grenzen des guten Geschmacks und des zivilisierten Benehmens überschritten. Das war zwar nie anders gedacht, aber Dolly Buster meinte: auch hinter den Kulissen. So habe beispielsweise vor Sendestart Isabel Varell bei Ankunft von Carsten Spengemann 20-mal in die

Kamera geschrien, »ich kenne Spengemanns Eier«, weil sie schon mal Nacktfotos des Moderators und Schauspielers gesehen habe.

Konfrontiert mit der Behauptung, die Pornobranche sei ja nun auch nicht gerade die Wiege des Anstands, erwiderte Buster, so etwas habe sie noch nie über ihre Darsteller in die Kamera gebrüllt, »wenn man das mit meinen Filmen vergleicht, bin ich gnadenlos beleidigt«. Jedenfalls schien sich die ehemalige Pornodarstellerin energisch von dem Verdacht distanzieren zu wollen, auch schon mal die Eier von Spengemann gesehen zu haben. Beleidigt war auch Schauspielerin und Moderatorin Susan Stahnke, weil ihre Kollegin Caroline Beil in einem vertraulichen Gespräch vor laufenden Kameras dem Ex-Leichtathleten Carlo Thränhardt gegenüber geäußert hatte, ihr gehe Stahnkes »fucking face« auf die Nerven.

»Almkönigin« Kader Loth geriet bei ihrem Aufenthalt auf der »Burg« gar mit Prinz Frédéric von Anhalt dermaßen aneinander, dass es zu Handgreiflichkeiten kam. Zuvor hatte der Prinz in das für Loth vorbereitete Badewasser gepinkelt. Nach der Prügelei musste sich die »Container-Beauty« stationär behandeln lassen. Den Namen erfand man übrigens, weil sie einem größeren Publikum durch einen Aufenthalt im Big-Brother-Container bekannt geworden war – und sich aus ihren Aktivitäten bis dato keine griffige Berufsbezeichnung ablesen ließ.

Jedenfalls erhitzten sich bei ProSiebens »Die Burg« die Gemüter dermaßen, dass man kurz vor Ende der Show die Einteilung der Kandidaten in »Pöbel« und »Adel« aufgab, weil befürchtet wurde, das Experiment könne außer Kontrolle geraten, und es käme womöglich zu Krawallen unter den Kandidaten. Das kann nämlich passieren, wenn man sich mit dem Pöbel anlegt.

Sie merken aber schon anhand der genannten Beispiele, Beleidigungen, und zwar auch solche, die gegen den guten Geschmack verstoßen, müssen keineswegs nur negative Folgen haben. Bevor Sie sich also für »Penthouse« ausziehen, um Karriere zu machen, so hat übrigens Kader Loth angefangen, überlegen Sie lieber, ob Sie nicht mit einer kernigen Beleidigung von sich reden machen können. »Playboy« und »Penthouse« kommen dann von selbst. Aber achten Sie bitte darauf, ein prominentes Opfer zu finden, das zurückschlägt. Wenn es Ihnen nicht gelingt, der Presse ein paar Wochen lang Futter zu liefern, dann erlischt das öffentliche Interesse noch bevor sie Doppel-D-Promi-Status erreicht haben.

Die Entertainerin Désirée Nick, bekannt als »Dschungelkönigin« bei RTLs »Ich bin ein Star, holt mich hier raus«, hat sich für die Teilnahme am Dschungelcamp unter anderem durch eine Beleidigungsklage empfohlen. Zuvor war sie von Anouschka Renzi vor den Kadi geschleppt worden, weil Nick in ihrem Bühnenprogramm behauptet hatte, die Schauspielerin Renzi lasse sich »ihr Hinterteil zum Abenteuerspielplatz umbauen« und habe »in mehr Hotelzimmern gelegen als die Bibel« oder »mehr Zeit auf Knien verbracht als Mutter Teresa«. Insgesamt sechs solcher Äußerungen waren Nick auf Intervention Renzis per einstweiliger Verfügung verboten worden. In einem weiteren Prozess bot Nick an, die vermeintlichen Beleidigungen künftig zwar weiterhin zu äußern, sie allerdings auf ihre eigene Person zu beziehen. Das Verfahren endete mit einem Vergleich.

Anfang 2007 stellte die streitbare Nick ihr Buch »Eva go home« der Öffentlichkeit vor. Die »Streitschrift« setzt sich mit »Das Eva Prinzip«, einem umstrittenen Plädoyer »für eine neue Weiblichkeit«, geschrieben von der Fernsehmoderatorin Eva Herman, auseinander. Obwohl Nick die Autorin als »Missionarin der Mütterlichkeit«, »Kalenderblattphilosophin« und »Teilzeithobbywissenschaftlerin« bezeichnete und über das Werk selbst urteilte »das ist kein Buch, das ist eine Kette von Falschmeldungen«, zeigte Eva Herman kein Interesse an einer öffentlichen Schlammschlacht. Vielleicht war das Timing schuld, denn Nicks Abrechnung erschien rund ein halbes Jahr nach Hermans Buch. Vor 200 Jahren wäre das eine relativ kurze Reaktionszeit gewesen, im medialen Zeitalter gehört der letzte Sommer aber bereits zur Jungsteinzeit.

Beleidigungen können nicht nur im Showgeschäft spielentscheidend sein, sondern auch in der Welt des Sports. Fans genießen praktisch Narrenfreiheit. Harald Schmidt hat darüber den Witz gemacht: »Offiziell heißt es jetzt ›Schiedsrichter-Assistent‹. Sie können aber als Fan weiterhin rufen ›Hey, du blinde Sau!‹. Das heißt, für Sie ändert sich nichts.«

Während man sich also, je nach Sportart, in der Fankurve nach Lust und Laune in wüstesten Beschimpfungen ergehen kann, sind professionelle Beobachter, also Sportkommentatoren, instruiert, sich vornehm zurückzuhalten. Als der NDR-Reporter Bernd von Geldern über den Wolfsburger Spielmacher Marcelhino sagte: »Er hat wohl auch kein Geld mehr, wie man hört, alles versoffen«, wurde der Journalist vom Dienst suspendiert. Der Verein beschwerte sich beim Sender, Trainer Klaus Augenthaler kommentierte: »Das ist eine Frechheit.«

Härter als selbst in der Fankurve geht es gelegentlich auf dem Spielfeld zu. Zinédine Zidanes Kopfstoß gegen Marco Materazzi im Finale der WM 2006 wurde durch mehrere Beleidigungen des Italieners provoziert. Was der Italiener gesagt hat, versuchte man später mithilfe von Lippenlesern herauszufinden, allerdings ohne sonderlichen Erfolg. Es könnte so was gewesen sein wie »Sohn einer Terroristen-Hure«. Zidane entschuldigte sich später für seinen Kopfstoß, erklärte aber auch, der Schuldige sei nicht er, sondern Materazzi, denn »ohne die Provokation vorher hätte es die Reaktion nicht gegeben«. Derweil schüttete Roberto Calderoli, Spitzenpolitiker der rechtspopulistischen »Lega Nord«, fröhlich Öl ins Feuer und behauptete, Frankreich hätte im Weltmeisterschaftsendspiel ohne eigene Identität gespielt, mit »Negern, Muslimen und Kommunisten«.

Die Italiener hingegen hätten eine Mannschaft präsentiert, »die sich aus Lombarden, Kampaniern, Venetiern und Kalabresen zusammensetzt«. Das sei, so Calderoli, »ein Sieg für unsere Identität«. Besonders gesessen haben muss diese Provokation, weil Zidane 1998 ein Team zum WM-Titel geführt hatte, das in seiner Heimat als »Black, Blanc, Beur« (Schwarz, Weiß, Nordafrikanisch) gerühmt wurde und als Symbol für ein multikulturelles Frankreich galt. Aber die Franzosen nahmen Calderolis Beleidigung gelassen. Der Provokateur brachte es in der französischen Presse nur auf ein paar Randnotizen.

»Trash Talk« nennen die Amerikaner die Provokation sportlicher Gegner mittels verbaler Attacken. Das müssen nicht wie im Falle von Zidane und Materazzi zwangsläufig Beleidigungen sein. Es kann sich auch um Sticheleien, Wortspiele, schlicht um verbale Ablenkungsmanöver handeln, sofern sie nur den Gegner aus dem Konzept bringen. John McEnroes Wutausbrüche auf dem Tenniscourt gehören also auch zum Trash Talk, obwohl er meistens mit sich selbst schimpfte, denn dahinter stand die Taktik, den Kontrahenten aus seinem Rhythmus zu bringen, was im Falle McEnroes ja auch oft genug funktionierte.

Erfunden wurde der Trash Talk von unterprivilegierten amerikanischen Jugendlichen. Beim Street-Basketball gehört verbales Imponiergehabe zum Spiel. Mit den ersten Ghetto-Kids, die in der NBA landeten, kam auch der Trash Talk in die Basketball-Profiliga. Eine dort immer wieder gerne genommene Stichelei lautet: »Du spielst genauso hässlich, wie deine Freundin aussieht.«

Bei einem Spiel der »Utah Jazz« gegen die »Chicago Bulls«, an einem Sonntag, verschenkte Karl Malone im entscheidenden Moment zwei Freiwürfe, weil ein Gegenspieler ihn provoziert hatte. Malone, der den Spitznamen »Mailman« trägt, weil er seine Punkte so zuverlässig liefert wie ein Briefträger die Post, wurde kurz vor seinen Würfen von Scottie Pippen der Satz zugeraunt: »Der Postbote liefert nicht am Sonntag.«

Je härter die Sportart, desto härter auch der Trash Talk. Boxer beschimpfen sich schon beim Wiegen. Manchmal prügeln sie sich auch vor dem Kampf wie Lennox Lewis und Mike Tyson. Muhammad Ali beschimpfte Sonny Liston als Analphabeten und erklärte zudem, Listen sei »zu alt, um gegen mich zu gewinnen«. Als Ali Listen beim Rückkampf in Maine bereits in der ersten Runde auf die

Bretter geschickt hatte, herrschte er ihn an: »Get up, you bum!« – »Komm hoch, du Penner!«

In der nordamerikanischen Eishockey-Profiliga werden Spieler eigens dafür abgestellt, den Gegner zu provozieren. Weil diese »Goons« (»Schläger«) dabei oftmals verbal unter die Gürtellinie zielen, hat die Liga inzwischen harte Strafen für rassistische Äußerungen verhängt.

Solch wuchtiger Trash Talk kommt übrigens durchaus auch in Deutschland vor. Der Fußballer Abderrahim Ouakili berichtete einmal über ein Wortgefecht mit Kollege Mario Basler, das in der Beleidigung »scheißmarokkanisches Arschloch« gipfelte. Entspannter Kommentar Ouakilis: »Arschloch allein hätte auch gereicht.« So jedenfalls begegnet man professionell und stilvoll einem verbalen Foulspiel.

Eine andere Variante ist die zu schweigen und die Abrechnung auf den sportlichen Sektor zu verlegen. Vor dem Finale des 13. Superbowl im Jahre 1979 feixte der Football-Spieler Hollywood Henderson über den gegnerischen Quaterback Terry Bradshaw: »Er ist so dumm, er kann noch nicht einmal ›Cat‹ buchstabieren, selbst wenn man ihm ein C und ein A vorgibt.« Bradshaw schwieg und führte seine »Pittsburgh Steelers« mit vier Touchdowns zum Sieg.

Das heißt also, mit einer großen Schnauze allein kommt man nicht immer ans Ziel, aber eine Provokation zum richtigen Zeitpunkt kann vorteilhaft sein. Selbst ein Überschreiten der Grenzen des guten Geschmacks ist möglicherweise ein geeignetes Mittel, um seine gesteckten Ziele zu erreichen. Ich persönlich würde dabei von rassistischen oder sexistischen, überhaupt juristisch problematischen Äußerungen absehen, wobei es selbst hier Ausnahmen gibt, wir kommen in einem späteren Kapitel noch darauf zurück.

Was wir uns von der Medien-Popkultur abschauen können ist ein einerseits kreativer und andererseits toleranter Umgang mit dem Begriff Niveau. Zwar behauptet wohl jeder Mensch von sich, ein gewisses Niveau und einen bestimmten Stil zu haben, aber diese Eigenschaften sind wesentlich weniger bestimmt, als wir das selbst glauben. Den meisten von uns gelingt es jedenfalls, unter dem eigenen Niveau durchzutauchen, wir wollen uns das nur nicht so gerne eingestehen. Erschreckend obendrein, dass es nicht viel braucht, um das eigene Niveau zu senken. Manchmal reichen ein paar Gläser Wein und eigentlich ganz vernünftige Leute grölen plötzlich Lieder, für deren Texte sie sich in nüchternem Zustand schämen würden. Da es aber keinen Menschen ohne Schwächen gibt, müssen wir uns damit abfinden, dass Niveau nicht nur allgemein, sondern auch im persönlichen Sinne ein sehr dehnbarer Begriff ist.

Die Medien bestärken uns in dieser Auffassung und machen aus der Not sogar eine Tugend. Warum muss man sich, also seine Person und sein Image, denn auch in Stein meißeln, wenn man sich doch jeden Tag neu erfinden kann? Im übertragenen Sinne gilt das auch für einen kunstvollen Umgang mit Beleidigungen. Warum immer konstruktiv bleiben, wenn man sich in einer Diskussion nicht wahrgenommen fühlt? Warum immer freundlich lächelnd nicken, wenn man eigentlich lieber provozieren würde? Warum überhaupt immer nett sein, wenn man gerade im Moment seinem Gegenüber eigentlich die Pest an den Hals wünscht?

Zum kunstvollen Umgang mit der Beleidigung gehört also auch das Gespür für den richtigen Moment, das Timing. Das gilt sowohl für den Mikrokosmos der Situation, als auch für den Makrokosmos Ihres Leben, beziehungsweise der Lebensphase, in der Sie sich gerade befinden.

Für die konkrete Situation gilt, wenn Sie den entscheidenden Moment verpasst haben, müssen Sie die Beleidigung vergessen, und zwar für alle Zeiten, denn sonst ist es mehr als wahrscheinlich, dass Sie beim nächsten Mal übers Ziel hinausschießen und sich bei dem Versuch, eine versäumte Beleidigung nachzuholen, tatsächlich selbst schaden.

Was Ihr Leben betrifft, so müssen Sie sich fragen, ob das brandneue Instrument Beleidigung in Ihrem rhetorischen Werkzeugkasten zu Ihrem Selbstverständnis passt.

Wenn ja, dann nutzen Sie es auch.

Der übervorsichtige Umgang mit Beleidigungen fußt auf der Angst, man könnte sein Image beschädigen. Dabei gilt die Vermutung, dass Verbalinjurien zum Beispiel im Beruf ähnlich Image schädigend sind wie ein Alkoholexzess bei der Weihnachtsfeier oder ständige Unpünktlichkeit. Das ist aber ein Irrtum, denn wie eben geschildert, können Beleidigungen im Gegenteil sogar Karriere fördernd sein. Immerhin beweisen sie, dass jemand Konfliktfähigkeit und Mut besitzt. Beides braucht man, um sich gegen die verdammten Bastarde durchzusetzen, die einem ans Leder wollen.

Viel Spaß dabei.

Arschloch, akademisch gesehen

Von gebräuchlichen und längst vergessenen Schimpfworten: eine kleine Etymologie der Beleidigung

»Whitey Black ist ein Idiot. Ich bin nicht mal sicher, ob er gegenüberstehende Daumen hat.«

Drum Eatenton (Tom Skerritt) in MAGNOLIEN AUS STAHL

Ich möchte mich dafür entschuldigen, wenn in diesem Kapitel Begriffe fallen, die womöglich das Zartempfinden mancher Leser verletzen. Das tue ich weniger, um gute Manieren zu beweisen und mehr, damit Sie sich nachher nicht beschweren können, dass es hier und da verbal drastisch zuging – kurzum, Sie sind jetzt gewarnt, und ich kann loslegen.

Etymologie, ein Zweig der historischen Linguistik, befasst sich mit der Geschichte und Herkunft von Begriffen sowie mit ihrer Bedeutungsentwicklung. Eines der etymologischen Standardwerke ist »Der Kluge«. Sucht man dort nach der Wortherkunft von »beleidigen«, so erfährt man, dass wahrscheinlich der Ursprung in der Wendung »jemandem ein Leid antun« liegt.

Man muss den Etymologen zugutehalten, dass sie tapfer einen undankbaren Job erledigen, der obendrein nicht besonders gewürdigt wird. Viele Menschen interessieren sich für Paläontologie, weil sie Geschichten von blutrünstigen Raubsauriern spannend finden, ob aber das

Wort »Reptil« nun aus dem Französischen oder aus dem Lateinischen stammt, geht den allermeisten herzlich am Arsch vorbei. Wer sein Leben also der historischen Linguistik widmet, tut dies aus idealistischen Gründen, er wird damit in aller Regel weder reich noch berühmt werden – eigentlich kann er von Glück sagen, wenn er noch zu Partys eingeladen wird.

Es liegt in der Natur der Sache, dass das Forschen nach den Bedeutungsursprüngen von Wörtern mitunter eine sehr spekulative Angelegenheit ist. Warum Sprache sich verändert, warum Begriffe eine neue oder erweiterte Bedeutung erhalten, ist nicht automatisch mit der großen Geschichte verknüpft. Zwar lassen sich sprachliche Veränderungen oft mit religiösen, politischen und kulturellen Umbrüchen in einem Land oder einer Region erklären, aber es ist sehr wahrscheinlich, dass eine Vielzahl von Faktoren, die zu Wortneuschöpfungen oder Bedeutungsvariationen geführt haben, für immer im Dunkeln bleiben. Denkbar, dass ein paar unbekannte umherziehende Prostituierte mehr für die sprachliche Entwicklung einer Region getan haben, als alle ihnen vorangegangenen Kriegsherren. Oder dass singuläre Ereignisse, vielleicht Hochzeiten, Todesfälle oder Skandale und Skandälchen, von denen wir heute keine Kenntnis mehr haben, für Wortneuschöpfungen verantwortlich waren.

Als Anfang der 80er Jahre ein Vietnam-Veteran namens John Rambo über die Leinwand fegte und Horden von Verfolgern zur Strecke brachte, da ahnte wohl noch niemand, dass der Name dieser Filmfigur einmal ein Schimpfwort für rüpelhaftes Benehmen werden würde. Heute spricht man von »Rambo-Mentalität«, wenn jemand partout mit dem Kopf durch die Wand will und bei Multiplayer-Spielen im Internet werden Leute, die im Alleingang möglichst viele Frags zu erspielen versuchen und damit ihr Team gefährden, »Rambos« genannt. »Frags« sind übrigens, vereinfacht gesagt, die virtuellen Leichen, die den Weg des Spielers pflastern – je mehr Frags, desto höher der Rang.

Rambo inspirierte offenbar auch die Macher der Zeichentrickserie »South Park« zu dem Begriff »ausramboen«. Ursprünglich wurde damit eine besondere Art der Auseinandersetzung beschrieben, bei der sich die beiden Kontrahenten so lange wechselseitig in die Weichteile treten, bis einer umfällt, eine Art Slapstick-Wrestling. Inzwischen wird »ausramboen« synonym für einen Kampf bis aufs Messer gesetzt, allerdings meist scherzhaft.

Beleidigende Begriffe bereiten unter etymologischen Aspekten besondere Schwierigkeiten, denn sie sind Moden unterworfen und können deshalb unmotiviert ihre Bedeutung verändern. Der Begriff »Fick dich ins Knie« ist heute Synonym für »Leck mich am Arsch«, quasi eine moderne, aggressivere Variante.

Ursprünglich war diese Beschimpfung Geizhälsen vorbehalten, der Begriff entwickelte sich aus dem »Kniefiez« zum »Kniefix« und später zum »Kniefìcker«. Metaphorisch war gemeint, dass der Beschimpfte eher in der Lage wäre, sein Knie zu penetrieren, als etwas von seinem Besitz abzugeben. Der »Kniefìcker« war also wahlweise ein »Geizkragen«, ein »Knauser«, ein »Knicker« oder ein »Geldschneider«, wie man Leute nannte, denen man zutraute, Münzen an den Rändern anzuschneiden, um sich am Materialwert zu bereichern.

So klar der Kontext in diesem Fall ist, so unklar ist die Herkunft des Begriffs »ficken«. Hier kann man sich aussuchen, ob das Wort von alten Begriffen für »reiben« herrührt, ob es dem »Necken« näher liegt, die lautmalerische Nähe zu »foppen« spielt hier eine Rolle, oder ob es von dem alten Begriff »fucken« für »stoßen«, »stechen« oder »eindringen« kommt. Von »fucken« und »Fuck« leitet sich übrigens die »Faust« ab, mit der ja in früheren Zeiten Stichwaffen geführt wurden.

Wie das Wort »ficken« so sind praktisch alle deutschen Begriffe für Intimverkehr derart negativ konnotiert, dass sie schlecht dazu taugen, ein entsprechendes Angebot seriös vorzutragen. Außerdem klingen sie oft gewalttätig wie »rammeln« und »bumsen«. Eine Ausnahme bildet vielleicht das Wort »vögeln«, gewöhnlich behelfen wir uns aber im erotischen Kontext sicherheitshalber mit angelsächsischen Begriffen, vielleicht auch, weil Intimverkehr dann weltläufiger klingt. »Petting« und »Necking« hören sich eben weniger bieder an als »Fummeln« und »Knutschen«, außerdem haben wir sowieso lieber »Sex« als »Geschlechtsverkehr«, weil Letzteres doch ein bisschen so klingt, als müsste man zuvor noch ein paar Formulare ausfüllen.

Andererseits entlehnen wir auch Kraftausdrücke aus dem Amerikanischen und Englischen, obwohl wir ja offenbar selbst genug davon haben. »Fuck you« und »fuck off« etwa, außerdem »Motherfucker«, was sich zwar cooler anhört als »Mutterschänder«, aber das deutsche Wort erschließt den ödipalen Kontext doch wesentlich brachialer, als es die amerikanische Variante vermag.

Sie merken jedenfalls, das Thema duldet kein Pardon. Wir kommen deshalb auch ohne Umschweife zur »Fotze«, denn es hilft ja nichts, wer über Beleidigungen reden will, kann über die »Fotze« nicht schweigen. Der Begriff ist natürlich zu Recht verpönt, weil er nicht nur inhaltlich, sondern auch onomatopoetisch unter aller Sau ist. Etymologisch rührt er her von Begriffen für »Hintern« oder »Hinterteil«. Mit »futt« oder »fott« war also zunächst der Allerwerteste gemeint, erst später bezeichnete das Wort ebenfalls die Vulva. Verkompliziert wird die Angelegenheit dadurch, dass die weiblichen Geschlechtsorgane linguistisch gesehen eine enge Verbindung zum Mund haben. Im Deutschen erkennt man das an der Namensähnlichkeit von »Lippen« und »Schamlippen«. Im Italienischen heißt die Scheide »potta«, im Südfranzösischen bezeichnet man mit »poto« eine dicke Lippe, »faire la potte« heißt »maulen«, also eine dicke Lippe riskieren.

Wie es übrigens mutmaßlich von »futt« oder »fott« zu »Fotze« kam, erklärt der Etymologe so: »Wegen der schlechten Bezeugung lässt sich nicht festlegen, ob das -tz- von Fotze aus einer expressiven Geminate mit Lautverschiebung stammt oder aus einer s-Bildung.« In etwa heißt das: Wir wissen nicht so genau, wer da wann im falschen Moment genuschelt hat.

Kurzum, die Etymologie kann uns zwar erklären, dass das Wort »doof« wahrscheinlich auf den Begriff »taub« zurückgeht und die Bezeichnung »dumm« ihren Ursprung mutmaßlich in dem Wort »tumb« hat, aber die eigentlich interessanten Referenzen findet man da, wo nicht linguistische, sondern kulturelle Faktoren die wesentliche Rolle spielen. So ist der »Flegel« auf den Dreschflegel zurückzuführen, der als wichtiges Arbeitsgerät des Bauern zum Synonym für dessen Grobschlächtigkeit wurde.

Und das Wort »Idiot« geht zurück auf einen juristischen Terminus, der im 18. Jahrhundert im angelsächsischen Raum geprägt wurde. Man bezeichnete damit Menschen, die nicht im Vollbesitz ihrer geistigen Kräfte waren und sich deshalb vor Gericht nicht selbst verteidigen konnten. Ursprünglich war »Idiot« also eine wertneutrale Bezeichnung, vielleicht vergleichbar mit dem heute gängigen Begriff »strafunmündig«. Das »Wechselbalg«, ein nicht leibliches Kind, das mutmaßlich bei der Geburt vertauscht wurde, geht zurück auf einen germanischen Aberglauben, demgemäß hübsche Kinder nächtens von Unholden durch hässliche Kinder ausgetauscht wurden.

Sprachliche Anleihen bei anderen Völkern sind keine Seltenheit, manchmal entstanden sie aufgrund freundschaftlicher Beziehungen, manchmal sind sie ein Relikt kriegerischer Auseinandersetzungen. Die wechselvolle Geschichte von Deutschland und Frankreich hat zum Beispiel dazu geführt, dass wir Deutschen eine gewisse linguistische Frankophilie entwickelt haben. Während die Franzosen einen verzweifelten Kampf gegen die Amerikanisierung ihrer Sprache führen, zücken wir ganz selbstverständlich unser »Portemonnaie«, besuchen »Vernissagen« und »Soirées«, kaufen »Parfum«, trinken »Champagner« und »Eau de Vie« und lassen uns überhaupt gern mal beim Franzosen an der Ecke sehen, um ein vorzügliches Mahl zu »goutieren«, mit »Aperitif« und »Digestiv« und allem Drum und Dran.

Zu verdanken haben wir das wohl der Französischen Revolution und Napoléon Bonaparte, der ja freundlicherweise nicht nur den »Code civil«, zwischenzeitlich auch bekannt als »Code Napoléon«, also das französische

Zivilrecht, nach Deutschland brachte, sondern auch eine beträchtliche Anzahl Soldaten, die bei ihrem Abzug neben einigen unehelichen Kindern, ein paar Regeln zum Savoir-vivre und Rezepten für leckere Gerichte auch einige Schimpfwörter zurückließen.

Gebräuchlich sind heute noch der »Kretin«, der »Claqueur« oder die »Kanaille«. Letzteres stammt vom französischen Wort »Canaille« für »Gesindel«, welches wiederum vom italienischen »canaglia« für »Hundepack« herrührt.

Der deutsche Begriff »Gesindel« geht übrigens zurück auf das althochdeutsche »gisindi«, womit man das fürstliche Gefolge bezeichnete, beziehungsweise auf »gesindelin«, dem kleinen Gefolge, also der Bezeichnung für die Dienerschaft, die dann ja noch bis ins 20. Jahrhundert hinein »Gesinde« genannt wurde.

Das Gefolge des napoleonischen Heeres nannte man »Bagage«, sie bestand gewöhnlich aus Prostituierten, Spielern und halbseidenen Geschäftsleuten, die versuchten, den Soldaten das Geld aus der Tasche zu ziehen. In früheren Zeiten war die »Bagage« also eine Ansammlung ziemlich übler Gestalten, während wir den Begriff heute ja eher scherzhaft und eben keineswegs beleidigend verwenden, etwa dann, wenn die liebe Familie anreist und man die ganze »Bagage« mit Kaffee und Kuchen versorgen muss.

Wo wir aber gerade im Bereich der Prekariats-Beschimpfungen sind, vielleicht noch ein paar Sätze zu Gaunern, Halunken, Gesocks, Abschaum und überhaupt dem ganzen Lumpenpack. Der Begriff »Gauner« geht zurück auf das Wort »junen«, womit man im 15. Jahrhundert »falschspielen« meinte.

Der »Halunke« war ursprünglich lediglich ein armer Schlucker. Das aus dem Tschechischen entlehnte »holomek« bezeichnete einen Bettler. Aus dem »holomek« wurde der »Holunke« und später dann der »Halunke«, inzwischen nicht mehr nur mittellos, sondern auch verschlagen und gefährlich.

Eher metaphorisch zu verstehen sind die Begriffe »Gesocks«, »Abschaum« und »Lumpenpack«. Das »Gesocks« scheint in der Tat von dem Wort »Socke« entlehnt zu sein. Möglicherweise ist damit ein Leisetreter gemeint. Ich denke aber, es könnte sich auch um eine Bezeichnung für arme Leute gehandelt haben, die sich kein festes Schuhwerk leisten konnten. Angesichts der etymologischen Herleitung hätte mal jemand auf dic Idee kommen können, den Begriff »Tennis-Gesocks« zu erfinden, als Bezeichnung für den modischen Fauxpas mancher Männer, weiße Sportsocken außerhalb des Tennisplatzes zu tragen.

Der »Abschaum« rührt her von dem sich beim Schmelzen und Sieden bildenden, unreinen Schaum. »Abschaum der Menschheit« scheint eine Variante des »Auswurfs der Menschheit« im Korintherbrief zu sein.

Das »Lumpenpack« schließlich ist wortwörtlich zu nehmen, nämlich als einen Packen Lumpen, den es zu transportieren gilt. Er wurde synonym gesetzt mit jenen Menschen, die ihren kargen Lebensunterhalt damit verdienten, Lumpen zu sammeln.

Aber nochmal zurück zu unseren französischen Freunden. Sie haben uns auch ein paar Schimpfwörter geschenkt, die zwischenzeitlich in Vergessenheit geraten sind, leider, muss man sagen, denn wie es die französische

Sprache so mit sich bringt, hören sich allesamt sehr elegant an.

Da gibt es etwa den »Causeur«, also den oberflächlichen Schwätzer, abgeleitete von »causer«, was so viel wie »plaudern« heißt. Vermutlich ist der Begriff deshalb unter die Räder gekommen, weil oberflächliches Geschwätz unter der neudeutschen Bezeichnung »Small Talk« inzwischen zur Kunstform erhoben wurde.

Außerdem wäre da noch der »Phraseur«, abgleitet vom Wort »phrase« für »Satz«. Der Phraseur ist ein Schönredner, jemand, der einem das Blaue vom Himmel verspricht. Eine deutsche Entsprechung wäre wohl am ehesten »Blender«, wobei mir die französische Variante besser gefällt.

Der »Faiseur«, der »Angeber«, vom französischen »faire« für »machen« und der »Poseur«, der »Wichtigtuer«, vom französischen »poser«, das wir im Deutschen in den Begriffen »Pose« und »posieren« wiederfinden, sind wohl beide abgelöst worden durch den englischen Begriff »Poser«. Der beinhaltet nicht nur, dass es sich beim Adressaten um einen Angeber und Wichtigtuer handelt, der »Poser« ist vielmehr eine Art Gesamtkunstwerk, also ein Mensch, der sich in allen Lebensbereichen mehr oder minder diskret in den Vordergrund spielt. Eine Differenzierung erfolgt hier übrigens mittels Objekten, jemand hat also beispielsweise »Poser-Klamotten«, eine »Poser-Wohnung« oder ein »Poser-Auto«. Der »Loser«, wo wir gerade über englische Begriffe sprechen, also die Bezeichnung für einen »Verlierer«, fälschlicherweise manchmal »Looser« geschrieben, weil er sich mit einem langen »o« spricht, ist als Variante des adäquaten deutschen Begriffs nicht so recht einzusehen, weil beide die gleiche Bedeutung haben. Im Deutschen gibt es außerdem viele andere Möglichkeiten, jemandem zu sagen, dass man ihn ungefähr so wertschätzt wie einen Beutel Küchenabfälle: »Niete«, »Null«, »Nichtskönner«, »Nichtsnutz«, »Versager« oder »Rohrkrepierer«. Allerdings ist die vom »Loser« hergeleitete Form »ablosen« stärker als der deutsche Begriff »verlieren«. Wer »ablost«, der hat sich bis auf die Knochen blamiert, was beim Verlieren ja nicht automatisch der Fall ist, verlieren kann man schließlich auch mit Anstand.

Wenn wir über Beleidigungen reden, kommen wir nicht umhin, uns der Flora und insbesondere der Fauna zuzuwenden. Hier zeigt sich nicht nur eindrucksvoll die metaphorische Beschaffenheit von Beleidigungen, es wird auch deutlich, welche ungeheure Kreativität Menschen entwickeln, wenn sie anderen Menschen die Pest an den Hals wünschen. Botanische Beleidigungen sind eher die Ausnahme. Wir kennen zwar die »Bohnenstange«, die »Mimose« und die »Primel« oder Leute, die »Tomaten auf den Augen« haben, die Flora liefert aber insgesamt wenig Material für Beleidigungen. Das hängt wohl einerseits mit der Naturverklärung der Romantiker zusammen, andererseits sind Tiere als Projektionsflächen für menschliche Eigenschaften und Eigenarten wesentlich dankbarer als Baum und Blume.

Ein Sonderfall der botanischen Linguistik sei kurz erwähnt, nämlich die Bezeichnung »taube Nuss«, weil etymologisch nicht ganz geklärt ist, ob mit »Nuss« nicht im übertragenen Sinne wiederum die Vulva gemeint ist. Bei einigen Tierarten wird das weibliche Geschlechtsteil

»Nuss« genannt, möglicherweise leitet sich etymologisch der Begriff »Nutte« davon ab. Im Übrigen würde ich auch nicht darauf wetten, dass jemand, der das Schimpfwort »Pflaume« verwendet, wirklich an Steinobst denkt.

Aber nun zu den Tieren. Man muss sich das vorindustrielle Deutschland als wesentlich landwirtschaftlich geprägt vorstellen. Es gab zwar die uns heute bekannten Metropolen, deren Erfahrungswelt spiegelte aber nur den Kenntnisstand eines Bruchteils der Bevölkerung wider. Insofern finden wir unter den für Beleidigungen verwendeten Tiernamen auch nur wenige Exoten, aber fast alle Nutztiere, weil, was der Bauer nicht kennt, damit beleidigt er auch nicht.

Absolute Superstars der Beleidigungsliste sind »Hund« und »Schwein«. Der Hund repräsentiert dabei nicht nur den beleidigenden Kontext, sondern fast alle menschlichen Gemütszustände und Eigenarten. Zwar gibt es den »blöden Hund«, den »verrückten Hund« und den »dummen Hund«, aber eben auch den »armen Hund«, den »faulen Hund« und den »dicken Hund«. Geschäftsleute können »harte« oder »gerissene Hunde« sein. Wir fühlen uns wahlweise »hundeelend« oder »pudelwohl«, manchmal auch »wie ein begossener Pudel« oder »wie ein geprügelter Hund«. Man passt auf »wie ein Schießhund«, kommt man »über den Hund«, dann kommt man auch »über den Schwanz«, manche Menschen sind »hündisch« ergeben, der eine oder andere ist aber auch ein »elender Hundesohn«.

Das Schwein hat es nicht zu einer solch imposanten sprachlichen Bandbreite gebracht, aber auch dem Schwein scheinen wir uns nicht nur in negativer Hinsicht verbunden. Neben der »dummen Sau« gibt es auch das »arme Schwein«, manchmal haben wir auch »Schwein gehabt«, also Glück. Außerdem sind »Schweinereien« und »Ferkeleien« nicht immer nur unwillkommen, sie können auch viel Spaß machen, dann nämlich, wenn sie erotisch konnotiert sind. Diesen Assoziationskontext hat uns wohl die Kirche beschert, weil sie die Sexualität als schmutzige Angelegenheit unfreiwillig metaphorisch mit dem Borstenvieh verknüpfte. Zum Dank dafür hat ihr vielleicht der Volksmund den »Schweinepriester« geschenkt, der unter Akademikern auch als »Charakterschwein« bekannt ist.

Abgeleiteten Begriffen wie »schweinisch« und »saumäßig« gesellt sich noch das schöne »unter aller Sau« hinzu, sowie »saugeil«, »saublöd« oder »saudumm«. Und als Komposita gibt es beispielsweise noch das »Bullenschwein«, die »Hurensau«, das »Lügenschwein« oder die »Rampensau«. Der »Schweinigel« gehört übrigens nicht in diese Aufzählung, weil es sich tatsächlich um einen Igel handelt, dessen Schnauze an die eines Schweines erinnert. Die »Schweinebacke« hingegen ist eine Steigerung von »Arsch«, weil ja nicht die Schweinewange gemeint ist, sondern die Arschbacke des Schweins. »Schweinebacke« hat aber eindeutig einen besseren sprachlichen Fluss als »Schweinearsch«, was nicht heißt, dass man Selbigen nicht auch zum Beleidigen verwenden darf.

Angesichts solch linguistischer Karrieren haben praktisch alle anderen Haus- und Nutztiere nur noch wenige Aggregatzustände, meist »dumm« oder »blöd«. Dumm sind gewöhnlich das Huhn, die Gans und die Pute, außerdem die Kuh und das Rindvieh. Der Ochse, gerne auch als »Hornochse« verwendet, trägt die Blödheit quasi schon im Namen, weshalb man sie nicht gesondert erwähnen muss, kann man aber, wenn man will. Ähnliches gilt für das Schaf, beziehungsweise den »Schafskopf«. Der Esel gilt eigentlich auch als von Natur aus dumm, aber der Begriff »dummer Esel« ist zu einer feststehenden Redewendung geronnen. Bei der »Eselei« verzichtet man hingegen auf den Zusatz.

Die Ziege gilt als störrisch, weshalb von ihr die »Zicke« abgeleitet ist, auch die »Zimtzicke«, die ihr wahres Wesen wohl dadurch zu verschleiern versucht, dass sie ihre giftigen Bemerkungen angenehm würzt.

Der Hammel hat Karriere als »Neidhammel« gemacht, wodurch der »Neidnagel« völlig in Vergessenheit geraten ist. Er bezeichnete früher eingewachsene Zehennägel, weil man mutmaßte, der Neid eines anderen wäre dafür verantwortlich.

Der Bock ist mal eigensinnig, dann tritt er auf als »sturer Bock«, mal promiskuitiv, dann ist er ein »Hurenbock« oder aber er wird zum Märtyrer, nämlich als »Sündenbock«.

Weshalb die Katze, obwohl sie doch eine tragende Rolle bei den »Bremer Stadtmusikanten« spielte, eher nicht zum Kreis jener Tiere gehört, die für Beleidigungen herhalten müssen, ist wohl damit zu erklären, dass sie als Leisetreter einerseits unauffällig ist, andererseits aber auch wenig Anlass gibt, für blöd gehalten zu werden. Da sie einen vollendeten Buckel machen kann, hat man immerhin ihr »Katzbuckeln« auf besonders unterwürfige Menschen übertragen. Ansonsten taucht sie gerne in Sprichwörtern auf, wir wollen beispielsweise nicht »die Katze im Sack kaufen« und manchmal sind Dinge, die wir tun,

»für die Katz«. Außerdem hat sie uns den »Katzenjammer« und den »Katzentisch« beschert. Ist der Katzenjammer alkoholbedingt, nennen wir ihn »Kater«, der hat allerdings nichts mit einer männlichen Katze zu tun, sondern ist wahrscheinlich eine Verballhornung des Begriffs »Katarrh«.

Mag sein, dass wir der Katze aber auch deshalb mit Respekt begegnen, weil sie ja noch ein paar wesentlich größere und furchteinflößende Verwandte hat. Die taugen nicht zur Beleidigung, haben aber trotzdem metaphorisches Potenzial. Jene Tiere bemühen wir, wenn wir jemandem etwas »abluchsen« oder den »Löwenanteil« kassieren wollen.

Unerwünschte Hausbewohner sind besonders gut als Beleidigungstiere geeignet. Der Überbegriff »Parasit« war in den 80er Jahren mal ein Schimpfwort, ist aber inzwischen nicht mehr sehr gebräuchlich. Die klassischen Parasiten, nämlich Maus und Ratte, sind weiterhin aktuell. Dabei ist die Maus aufgrund ihres niedlicheren Aussehens linguistisch gesehen ziemlich ungeschoren davongekommen. Wir sind manchmal »mucksmäuschenstill«, würden gerne mal bei jemandem »Mäuschen spielen«, also heimlich lauschen, und sprechen sogar von »Mäusen«, wenn wir Geld meinen, das ja einen ziemlich hohen Stellenwert hat. Eine Beleidigung könnte es allenfalls sein, jemandem die rhetorische Frage zu stellen, ob er »ein Mann oder eine Maus« sei, in den meisten Fällen wird das aber wahrscheinlich nicht als Verbalinjurie gewertet.

Die Ratte hingegen, wohl auch, weil sie die dumme Angewohnheit hatte, die Pest zu übertragen, erfreut sich als Schimpfwort großer Beliebtheit, und zwar in vielen

Kombinationen: »miese Ratte«, »dumme Ratte«, »elende Ratte«, »dreckige Ratte«, »verdammte Ratte« und so weiter, gerne übrigens auch in den Varianten »Beutelratte« und »Bisamratte«. Die Geschichte mit der Pest hat also einen ziemlichen Rattenschwanz nach sich gezogen, wenngleich sie im Zuge der Punkbewegung, wo ja auf jede Kutte eine Ratte gehörte, teilweise rehabilitiert wurde, nämlich durch Begriffe wie »rattenscharf« und »rattengeil«. Als die Punkbewegung ihren Zenit überschritten hatte, eroberte jedoch der Affe sukzessive die meisten dieser Begriffe wieder zurück. Heute würde man eher »affengeil« als »rattengeil« sagen, das Wort »rattig« war als Variante von »rattengeil« allerdings noch eine Weile aktuell, vielleicht wird es als Kunst-Schimpfwort überleben. Eher exotische Varianten von Schmarotzern sind der »Aasgeier«, die »Hyäne« und der »Blutsauger«, wobei letzterer Begriff wahlweise auf blutsaugende Tiere oder auf Vampirmythen zurückgeht.

Wildtiere müssen praktisch kaum für Beleidigungen herhalten. Es gibt zwar den »Hasenfuß« oder den »Frechdachs«, aber Fuchs, Wolf und Bär scheinen ansonsten metaphorisch in der Liga von Luchs und Löwe verdrahtet zu sein. Vom Bär ist, wie beim Löwen, der »Bärenanteil« abgeleitet, der Wolf hat »Hunger wie ein Wolf« und der Fuchs kann ganz schön »fuchsig« werden, da bleibt wenig Spielraum für andere metaphorische Varianten. Immerhin hat der Bär uns den »Bärendienst« beschert, vermutlich aufgrund einer Fabel von Jean de La Fontaine. Dass einem Ehemann »Hörner aufgesetzt« werden, bezieht sich übrigens nicht auf Wildtiere, sondern wiederum wahrscheinlich auf den Nutztierbereich, denn der Gehörnte wird in diesem Fall als Hornochse abgestempelt. Wahlweise kann ein Ehemann auch zum »Hahnrei« gemacht werden, also zum Kapaun, zum kastrierten Hahn, wobei sich auch hier eine metaphorische Verbindung zum Begriff »gehörnt« herstellen lässt. Der »Kapaun« war im Mittelalter jedenfalls eine Bezeichnung für Kuppler, wurde aber wohl auch als Schimpfwort für untreue Ehemänner verwendet.

Unter den Wildtieren scheinen die Vögel ein besonderer Quell der Inspiration zu sein. Mag sein, dass ihre schier grenzenlose Freiheit, die sich ja auch in dem früher für Gesetzlose verwendeten Begriff »vogelfrei« niederschlägt, ein latent kriminelles oder zumindest nicht gesellschaftskonformes Verhalten assoziierte. Neben den allgemeinen Bezeichnungen »krumme« und »schräge« Vögel kennen wir deshalb viele Spezialfälle wie »Pleitegeier«, »Schnapsdrosseln«, »Schluckspechte«, »Schmierfinken«, »Rabeneltern« und »Galgenvögel«.

Es gibt zudem ein paar Spezialfälle unter den Beleidigungstieren, etwa den janusköpfigen Hamster, der wahlweise als Kapitalist »hamstert« oder als Proletarier »im Hamsterrad« schuftet. Oder die Kröte, die man manchmal schlucken muss, vermutlich wird hier auf die Giftigkeit einiger Krötenarten angespielt, und die Schlange, die als »falsche Schlange« schon in der Bibel auftaucht. Warum es der Molch zum »Lustmolch« gebracht hat, kann ich persönlich mir nur dadurch erklären, dass er zur Ordnung der Schwanzlurche gehört.

Eine besondere Karriere als Beleidigungstier hat der Affe gemacht. Das haben wir Charles Darwin zu verdanken, der bekanntlich herausfand, dass der Affe evolutionär gesehen unser nächster Verwandter ist. Darwin musste dafür viel Kritik und Spott einstecken, wurde gar selbst in Karikaturen als Affe dargestellt. Vielleicht beflügelte das aber nur die Karriere des Affen zum Supermodel der Beleidigung.

Wir glauben jedenfalls, dass jemand sich »zum Affen macht«, werfen ihm vor, ein »Lackaffe« zu sein, dass er sich »affig« benehme oder andere »nachäffe«. Es gibt die »Affenliebe« und es gibt »Affenbeeren«, mutmaßlich lösen sie die Affenliebe aus. »Mich laust der Affe« heißt: ich glaub's einfach nicht. Manche Dinge geschehen mit einer »affenartigen Geschwindigkeit« und manchmal muss man eine »Affenschande« ertragen, also das, was selbst die schamlosen Affen als Schande empfinden würden, wenn sie das Wort in ihrem Sprachschatz hätten.

Der Affe ist wohl das einzige Tier, das auch mit seinen Unterarten Beleidigungsqualität hat. Wir nennen jemanden einen »Pavian«, gerne auch »Pavianarsch«, aufgrund des leuchtend roten Hinterteils, oder einen »Brüllaffen«, wenn er sich für unseren Geschmack entschieden zu laut äußert. Leibwächter werden als »Gorillas« bezeichnet. Manchmal glauben wir, Leuten die Physiognomie eines »Orang-Utan« anzusehen, andere benehmen sich albern und quirlig wie »Schimpansen«. Wie nah uns der Affe evolutionär und emotional tatsächlich ist, lässt sich an dem Begriff »Oberaffenarsch« ablesen. Ich finde, der hat die linguistische Grandezza von »Regierender Bürgermeister«.

Bevor wir den Bereich der Fauna verlassen, wollen wir ein paar Wasserbewohner wie den »(Miet-)Hai«, die »Qualle« und den »Polypen« nicht unerwähnt lassen. Der

Begriff »toller Hecht« zeugt in diesem Zusammenhang weniger von Bewunderung und mehr von leisem Spott, tatsächlich vermuten wir nämlich, dass es sich bei ihm nur um einen »kleinen Fisch« handelt.

Zum Schluss noch zwei Tiere, die uns in den Bereich der Mythen führen, nämlich der »Hausdrache« und die »Intelligenzbestie«. Und wo wir gerade bei der Mythologie sind, werfen wir doch rasch einen Blick auf einige Beispiele märchenhafter Beleidigungen. Die »Riesen« sind mit dem Adjektiv »riesig« in der deutschen Sprache vertreten. Es gibt aber auch »Riesenportionen«, »Riesenärger« oder »Riesenschlamassel«. Da ist es logischerweise nicht weit zu »Riesenarsch«, »Riesenarschloch« und »Riesenscheiße«. Die Zyklopen, also die einäugigen antiken Vorläufer der Riesen, spielen linguistisch wie metaphorisch keine Rolle mehr, sie wurden von den Riesen vollständig verdrängt, das heißt fast, denn im Internet ist die Beleidigung »Zyklopenfotze« zu finden. Angesichts der Zyklopen-Physiognomie hätte ich eher »Zyklopenfresse« erwartet, angesichts des nicht sehr ausgeprägten Intellekts der einäugigen Kolosse vielleicht »Zyklopenhirn«, aber man kann es sich ja nicht immer aussuchen.

Den Antipoden der Riesen, den Zwergen, haben wir den »Zwergenaufstand« oder den »Gartenzwerg«, als Ikone des Kleinbürgertums ein Symbol für Spießigkeit, zu verdanken.

Im höfischen Bereich begegnen uns selten Fabelwesen, dafür andere suspekte Gestalten, etwa »Raubritter« und »Giftmischer«, »Kurpfuscher« und »Quacksalber«, während es im Wald und auf der Flur von »Trollen«, »Gnomen« und »Hexen« nur so wimmelt, wobei die »Hexe«

womöglich bald gänzlich durch die englische »bitch« ersetzt wird.

Ein anderer Lieferant metaphorischen Materials für Beleidigungen ist der menschliche Körper. Wir fangen beim Kopf an. Den gibt es als »Birne«, speziell als »hohle Birne«, als »Rübe«, die wir manchmal »hinhalten« müssen oder als »Fresse«, linguistisch bezogen auf den Vorgang des Fressens, gerne auch genommen als »Hackfresse«. Ein Spezialfall ist das Schimpfwort »Glatze«, welches Rechtsradikalen vorbehalten ist, weil die sich Glatzen rasieren, damit man sie sofort erkennt. Den Kopf kennen wir außerdem als »Schwachkopf«, »Dummkopf«, »Wirrkopf«, »Quatschkopf« oder »Saufkopf«. Der »Eierkopf« ist, ähnlich wie die Komposita »Arschgesicht« und »Sackgesicht«, eher deskriptiv gemeint.

Das Auge kennen wir als »Glupschauge« oder »Holzauge«, Letzteres in der etwas antiquierten Wendung »Holzauge, sei wachsam«. Den Mund gibt es als »Großmaul« oder »Plappermaul«, als »Schnauze« oder »Rachen«, etwa in »halt den Rachen«, was meint »halt die Schnauze« oder auch »halt die Fresse«.

Die Nase kann eine »Schnapsnase«, eine »Koksnase«, eine »Saufnase«, eine »Ficknase«, eine »Arschnase«, eine »Doofnase« oder eine »Rotznase« sein, womit klar sein dürfte, dass wir auch in Sachen Beleidigungen gerne der Nase folgen.

Die Extremitäten haben wenig Beleidigungspotenzial. Es gibt zwar den »Stinkstiefel« und seinen Verursacher, den »Schweißfuß«, ansonsten aber sind die Beine nur »beinhart«, was sie auch sein müssen, weil sie uns ja durch die Welt tragen. An unseren Händen haben wir unter anderem den Stinkefinger, der zeigt aber eher, was er meint, als dass er es sagt. Der »Armleuchter« übrigens hat mit dem Arm nur insofern zu tun, als es sich um einen mehrarmigen Kerzenleuchter handelt.

Fündig in Sachen Beleidigungen werden wir, wer hätte es gedacht, im mittleren Teil des menschlichen Körpers. Hinten haben wir den »Arsch«, auch bekannt als »Dickarsch« oder »Fettarsch«, sowie das »Arschloch«. Vorne einerseits die »Möse« oder die »Fotze«, andererseits den »Pimmel« oder den »Schwanz« sowie den »Sack«.

Die »Möse« ist etymologisch mit der »Muschi« verwandt, die »Mutz« bezeichnet im Bayerischen eine Katze, im Schweizerdeutschen den Bären. Die Assoziation zum weiblichen Schamhaar liegt nahe. Die »Fotze« wurde ja zuvor bereits ausführlich erläutert. Der »Pimmel« ist wohl ein Lautgebilde, kommt von »Bimmeln« und assoziiert den Glockenschwengel. »Schwanz« und »Sack« bedürfen wohl keiner Erklärung.

Der Begriff »alte Schachtel« bezieht sich ebenfalls auf das weibliche Geschlechtsorgan, wobei diese Beleidigung, ähnlich wie der »dumme Esel«, praktisch nur in der feststehenden Redewendung existiert. »Dumme Schachtel« oder »blöde Schachtel« würden wir eher seltener sagen, es sei denn, dass das Wort »alt« mit verwendet wird. »Blöde, alte Schachtel« geht also wieder. Das Pendant zur alten Schachtel ist der »alte Sack«, wohl aufgrund der Annahme, dass man vom Alter des Hodensacks auf das ungefähre Aussehen seines Trägers schließen kann und vice versa.

Drei wesentliche Referenzbereiche für Beleidigungen haben wir somit bereits benannt:

1. Die Intelligenz

Sie wird dem Beleidigten abgesprochen mittels Adjektiven wie »dumm«, »blöd« oder »idiotisch«, kann aber auch durch wenig schmeichelhafte Vergleiche, etwa mit Tieren oder Körperteilen, infrage gestellt werden. Beispiele hierfür sind »Rindvieh« oder »Schwachkopf«, »Pute«, »Affe« oder »Plappermaul«, aber auch »Depp«, »Trottel« oder »Dussel«.

2. Die Phänomenologie

Als Abgrenzungsmechanismus zielt die Beleidigung prinzipiell auf das Andersartige. Das ungewöhnliche Aussehen oder Erscheinungsbild eines Menschen provoziert bei vielen anderen Menschen nicht den Wunsch, besagten Menschen zu integrieren, sondern seine Andersartigkeit zur Selbstdefinition zu missbrauchen, was gewöhnlich das Gemeinschaftsgefühl stärkt.

Beleidigungen im phänomenologischen Kontext sind deshalb häufig ungerecht und selten kulinarisch. Das fängt schon im Kindesalter an mit »Brillenschlange«, »Klumpfuß«, »Fettarsch« und »Bohnenstange« und setzt sich später schlimmstenfalls mit sexistischen oder rassistischen Äußerungen fort.

Das Problem der phänomenologischen Beleidigung ist gewöhnlich ihr sehr niedriger Abstraktionsgrad. Obwohl inzwischen bekannt sein dürfte, dass der Mensch nicht an seinem Aussehen, seiner Kleidung oder seinem Status gemessen werden darf, ist für viele Menschen die phänomenologische Beleidigung die einzig mögliche, weil damit intellektuell schon das Ende ihrer Fahnenstange erreicht ist. Wenn über dicke oder dünne Menschen, große oder kleine Brüste, lange oder kurze Beine, blond oder brünett und Jeans oder Anzug gelästert wird, dann sollte man sich deshalb dezent zurückziehen, meist wird es nämlich schnell langweilig. Alternativ dürfen Sie natürlich auch alle Anwesenden kunstvoll beleidigen und damit gegen sich aufbringen. Aber Vorsicht, je mehr eine Gesellschaftsgruppe Oberflächlichkeiten und Äußerlichkeiten zum Prinzip erhebt, desto mehr gewinnen phänomenologische Beleidigungen an Bedeutung und dann oft auch an Qualität, etwa als ironische Spitzen, bei der die Beleidigung nur subkutan transportiert wird. In diese Kategorie gehört beispielsweise die gerne von Frauen an Frauen adressierte Frage: »Sag mal, hast du eigentlich zugenommen?«, optional mit dem hinterhältigen Nachsatz: »Also ich finde ja, das steht dir gar nicht so schlecht.«

3. Die Sexualität

Bei Frauen stehen sexuelle Beleidigungen oft im Kontext der Prostitution, also »Nutte«, »Hure«, »Schlampe« und »Flittchen«, im erweiterten Sinne gehört dazu auch die sprachliche Gleichsetzung der Frau mit ihrem primären Geschlechtsorgan, Beschimpfungen wie »Möse« oder »Fotze« verstärken also die metaphorische Reduktion der Frau auf ein bloßes Sexobjekt. Die »Titte« ist als »linke Titte« eher ein Synonym für Durchtriebenheit und Hinterhältigkeit geworden.

Sexuell konnotierte Beleidigungen von Männern zielen hingegen auf den homosexuellen Assoziationskontext, etwa in Form von »Arschficker« oder »Schwanzlutscher« oder auf sexuelle Dysfunktionen, die mit Begriffen wie

»kastriert«, »impotent« oder »schwanzlos« umschrieben werden.

Im ersten Fall scheint der homosexuelle Mann eine Metapher für das Anti-Männliche zu sein, eine Art weibliche Ausgabe des heterosexuellen Mannes, was in der faktischen Konsequenz für den Beleidigten eine ähnliche Bedeutung wie das sexuelle Versagen hat. In beiden Fällen zielt die Beleidigung also darauf ab, das traditionelle Bild des Mannes als heterosexuell, potent und dominant, zu zerdeppern.

Den drei Referenzbereichen für Beleidigungen, also der Intelligenz, der Phänomenologie und der Sexualität, fügen wir nun noch einen weiteren hinzu.

4. Die Natur

Hier geht es in einem umfassenderen Sinne um das Gesetz des Werdens und Vergehens mit allen biologischen Konsequenzen und den daraus resultierenden sprachlichen Optionen. Da wünschen wir dann beispielsweise jemandem, dass er »verrotten« oder »verschimmeln« soll, vorzugsweise in der Hölle.

In Erweiterung der oben genannten Beispiele aus dem Bereich der Flora und Fauna, zählen nun also auch die Produkte natürlicher Prozesse zur Beleidigungsmetaphorik: Schmutz, Fäkalien und Müll. Das ist meist nicht sehr geschmackvoll, gehört aber leider dazu, wenn man sich einen linguistischen Überblick verschaffen will. Im Bereich der Fäkalien haben wir da beispielsweise die Varianten »in die Scheiße greifen« oder »in die Scheiße treten«, »Scheiße fressen« oder »bis zum Hals in der Scheiße stecken«. Überhaupt finden wir ziemlich viele Sachen scheiße, den Job, womöglich unser Leben, manche Kinofilme und Kollegen, obendrein mitunter in künstlichen Steigerungen wie »superscheiße« oder »megascheiße«. Manchen Zeitgenossen bescheinigen wir gar, dass sie nicht mehr sind als »ein Stück Scheiße« oder zumindest, dass sie nur »Scheiße reden«, schlimmer noch »Dünnschiss quatschen«. In diesen Assoziationskontext gehören übrigens auch »salbadern«, »sabbeln« oder »sich auskotzen«.

Im übertragenden Sinne sprechen wir von »Dreckschleudern«, oder davon, dass jemand »mit Dreck beworfen« wird und wenn wir uns finanziell übernehmen, kann es sein, dass wir »auf dem Mist landen«, manchmal auch »in der Gosse«. Einerseits haben wir es mit »Arschkriechern« und »Korinthenkackern« zu tun, andererseits mit »Kotzbrocken« und »Speichelleckern«. Wir halten jemanden für einen »Pisser« oder eine »Pissnelke«, wünschen uns zumindest, dass er sich »verpisst«.

Ableitungen wie »verpisst« von »pissen« unterliegen übrigens wie im vorliegenden Fall nicht selten einer Bedeutungsverschiebung. Während wir uns den »Wichser« als einen eher einsamen Autoerotiker vorstellen, kann es sich bei jemandem, der »abgewichst« ist, durchaus um einen erfolgreichen Geschäftsmann handeln. Vielleicht ist er obendrein »abgefuckt«, was je nach Kontext sogar ein Lob sein kann, weil es meint, »mit allen Wassern gewaschen«.

Die Ingredienzen für Beleidigungen stammen also aus einer erstaunlich großen Anzahl von Assoziationsbereichen. Im täglichen Umgang beschränken wir uns aber meist nur auf ein gutes Dutzend Substantive in Kombination mit etwa der gleichen Anzahl von Adjektiven.

Kombinatorisch ist die Verwendung von Kraftausdrücken deswegen auch eher simpel. Mit »dumm«, »blöd«, »tumb«, »bescheuert« oder »idiotisch« kann man praktisch sämtliche Beleidigungstiere kombinieren, Gleiches gilt für Verbindungen mit »ficken«, beziehungsweise »-ficker«. Vom »Ameisenficker« bis zum »Ziegenficker« gibt das Alphabet vermutlich locker sechzig adäquate Beschimpfungen her. Wer Alliterationen mag, kommt in Windeseile auf »Froschficker«, »Fuchsficker«, »Flohficker« oder »Fasanenficker«. Mit der Kunst der Beleidigung hat das aber weniger zu tun, denn die fußt ja nicht darauf, dass Sie ein paar Vokabeln gelernt haben, sondern dass Sie eine ganze Sprache beherrschen.

Deshalb sind auch vermeintlich originelle Schimpfwörter noch nicht das Gelbe vom Ei. Künstliche Steigerungen wie die »Rummelnutte«, zum Beispiel in der hübschen Variante »dumme Rummelnutte«, die »Scheißhausratte«, der »Bahnhofsstricher« oder der »Flachwichser« klingen zwar mitunter ganz hübsch, aber irgendwann sind die Potenziale von Komposita einfach erschöpft. Der »Rummelnuttenrammler«, das »Scheißhausrattengesicht«, der »Bahnhofsaushilfsstricher« oder der »Ultraflachwichser« zeigen, dass man irgendwann mit Quantität allein nicht mehr weiterkommt.

Qualitativ besser wird es nicht unbedingt deshalb, weil man sich neuer, modischer Beleidigungen bedient, sie sind aber sprachwissenschaftlich interessant, weil die meisten ihren historischen Kontext zitieren.

Ein paar ältere und einige neuere Beispiele: Jemanden »Quasimodo« zu schimpfen geht erst seit Victor Hugos »Der Glöckner von Notre-Dame«, also frühestens seit

1831. Und es bedurfte des Erscheinens der aufdringlichen Schweinedame »Miss Piggy« in der »Muppet Show«, um fortan einen Schimpfnamen und ein Vorbild für den Typus der nicht ganz hübschen, etwas penetranten und offensichtlich extrem heiratswilligen Nervensäge zu bekommen. Mit dem Ende der »Muppet Show« geriet übrigens auch »Miss Piggy« in Vergessenheit, als Figur wie als Schimpfwort. Der »Öko«, in einer schärferen Variante auch »Müslifresser« genannt, brauchte eine breite ökologische Bewegung, um sich dergestalt beschimpfen lassen zu können. Und »Ossis« und »Wessis« waren selbiges auch schon vor dem Mauerfall, aber erst danach meinten sie es wechselseitig beleidigend.

Der »DAU«, eine Abkürzung für »dümmster anzunehmender User« und eine Verballhornung vom »GAU«, in der Atomindustrie die Kurzbezeichnung für den »größten anzunehmenden Unfall«, scheint eine nicht sonderlich originelle Schöpfung von arroganten Computerspezialisten zu sein. Erst das fortschreitende Computerzeitalter und die damit einhergehende wachsende Bedeutung arroganter Computerspezialisten erschufen den »DAU«.

Und wo wir gerade vom »GAU« sprachen, erst nach dem GAU von Tschernobyl tauchte der Begriff »verstrahlt« als Synonym für »nicht bei Sinnen« auf, heute verwendet man ihn gerne als Bezeichnung für Leute, die wahllos Drogen einwerfen. Wer beispielsweise Ecstasy, Kokain und harte Drinks kombiniert, dem unterstellt man, sich, metaphorisch gesprochen, eine ähnliche Überdosis wie bei einem Reaktorunfall einzufangen.

Erfindungen der jüngeren Geschichte sind die »Couchpotato«, also der auf seinem Sofa dahinvegetierende, äußerst passive Fernsehzuschauer und das »Boxenluder«, ein auf das Bezirzen von Rennfahrern spezialisiertes Flittchen, welches sich von ihrem Engagement eine gewisse Prominenz verspricht. Das kann dann auch mit einem freudlosen Dasein als »B-Promi« oder »C-Promi« enden, Letzteres führt dann mangels Einkünften manchmal zu einer Rückkehr in den alten Beruf, vielleicht als »Saftschubse«, also als Stewardess.

Was lernen wir aus der kleinen Etymologie der Beleidigungen? Einerseits ist es gut zu wissen, was einem alles an den Kopf geworfen werden kann, wenn eine Situation eskaliert, andererseits müssen wir zur Kenntnis nehmen, dass sich viele Kraftausdrücke für die Kunst der Beleidigung nur sehr bedingt eignen, und zwar weniger inhaltlich und mehr formal. Die sprachliche Qualität vieler Begriffe reicht oft nicht, um sie in elegante Formulierungen einzubinden. Insofern sind schnöde Beleidigungen und die Kunst der Beleidigung zwei paar Schuhe. Passiert es Ihnen dennoch einmal, dass Sie sich ohne eigenes Zutun plötzlich in einem Kugelhagel von Kraftausdrücken wiederfinden, etwa, weil sie versehentlich in einer Hafenkneipe gelandet sind, dann versuchen Sie bitte nicht, stilvoll zu reagieren. Gut gemeinte Ratgeber empfehlen ja im Falle einer Beleidigung ruhig Blut zu bewahren und den Beleidigenden auszukontern mit Sätzen wie »Auf dieses Niveau muss ich mich nun wahrlich nicht herablassen« oder »Wissen Sie, Leute wie Sie können mich überhaupt nicht beleidigen«.

Tun Sie mir bitte den Gefallen und bedanken Sie sich auf diese Weise nicht auch noch dafür, dass Sie gerade einen verbalen Schlag in die Fresse bekommen haben. Solche Repliken verraten nämlich, dass Sie einerseits keinen blassen Schimmer haben, was Sie erwidern sollen und andererseits zudem krampfhaft nach einem Fluchtweg suchen. Entweder, Sie gehen der Konfrontation ganz aus dem Weg, zucken also mit den Schultern und sagen so was wie: »Ich geh mir jetzt noch was zu trinken holen. Soll ich Ihnen was mitbringen?«

Oder Sie atmen tief durch, besinnen sich auf Ihren Vulgärwortschatz und hauen Ihrem Kontrahenten dann eine geballte Ladung Gossensprache um die Ohren, was in diesem Fall nicht nur Ihr Recht ist, sondern auch einen therapeutischen Nutzen hat. Fluchen und Beschimpfen befreit, außerdem müssen sie sich nachher nicht vorwerfen, gekniffen zu haben.

Je nachdem, in welcher Gesellschaft Sie sich befinden, überlegen Sie aber bitte vorher, wie weit es bis zur nächsten Ambulanz ist. An abgelegenen Orten empfehle ich die Variante mit dem Drink.

Nachbarn und andere Neidhammel

Beleidigungen unter vier Augen, nebst einem Spezialfall: Schimpf als Aphrodisiakum

»Sie sind physisch abstoßend und intellektuell zurückgeblieben, Sie sind moralisch verkommen, vulgär, unsensibel, selbstsüchtig und dumm, Sie haben keinen Geschmack, einen schrecklichen Humor, und Sie riechen. Sie sind so uninteressant, dass mir nicht mal übel wird.«

Alexandra Medford (Cher)
in DIE HEXEN VON EASTWICK

Wie bereits im Kapitel über die Geschichte der Beleidigung erwähnt, ist das Wortduell die vermutlich älteste Form der verbalen Auseinandersetzung. Die Konfrontation zweier Menschen unter Ausschluss der Öffentlichkeit ist einerseits unter juristischen, mehr aber noch unter psychologischen Aspekten interessant, denn so wie Gespräche unter vier Augen eine gewisse Intimität voraussetzen, so haben auch Beleidigungen einen anderen Klang, wenn man sie nicht öffentlich, sondern nur einer Person gegenüber äußert. Dabei spielt die Beziehung der beiden Kontrahenten eine ebenso große Rolle wie die Konfliktsituation, der Gegenstand des Streites und die Art der verbalen Waffen.

Aber es gibt auch einen Vorteil der Duellsituation. Sie schafft eine relativ gerechte Ausgangsbasis. Relativ deshalb, weil ein Gespräch unter vier Augen nicht automatisch gesellschaftliche Unterschiede nivelliert. Ein Vorgesetzter bleibt ein Vorgesetzer, auch wenn er sich in einer bestimmten Situation verhält, als wäre er mit Ihnen auf Augenhöhe. Einerseits kann das Taktik sein, andererseits müssen Sie bedenken, dass sein Instrumentarium, Sie für eine Verbalinjurie abzustrafen, wesentlich größer ist, als Ihres. Konkret heißt das, es hilft Ihnen wenig, endlich losgeworden zu sein, dass Sie Ihren Chef für einen sozial nicht sonderlich kompetenten Emporkömmling halten, wenn der Sie im Gegenzug aus angeblich anderen Gründen feuert, schlimmstenfalls, weil Sie Recht haben und er um seine Pfründe fürchtet.

Während in Duellen des 19. Jahrhunderts die beiden Kontrahenten schon dadurch ihre Ehre wiederherstellten, dass sie sich duellierten, somit also der Ausgang des Duells im Grunde gleichgültig war, geht es heute in Duellsituationen darum, ein Ziel zu erreichen. Es wäre ja wenig effizient, wenn Sie jemanden lediglich auf die Palme brächten, ohne die Situation, die Ihnen nicht schmeckt, zu verändern.

Klingt zwar selbstverständlich, geschieht aber nur sehr selten. Die meisten Nachbarschaftsstreitigkeiten beispielsweise sind nichts weiter als eine Aneinanderreihung eskalationstauglicher Banalitäten, wobei mit zunehmender Dauer des Konflikts die Lösung desselben in immer weitere Ferne rückt. Obwohl oft der eigentliche Auslöser der Auseinandersetzung längst vergessen ist, beharken sich die Kontrahenten in einem zermürbenden Kleinkrieg vor Gericht und versuchen obendrein, sich mit mehr oder minder originellen Aktionen gegenseitig das Leben schwer zu machen. Dabei geht es selten um die meist geringfügigen Streitwerte, sondern fast immer »ums Prinzip«.

Das deutsche Justizsystem und eine Art Vollkasko für Prozesshansel, genannt »Rechtsschutzversicherung«, unterstützen diese Prinzipienreiterei, denn es ist selbst Leuten, die offenkundig im Unrecht sind, erlaubt, den Gegner durch einen langwierigen, zeitraubenden Prozess zur Kapitulation zu bewegen. Das führt zwar häufig zu Pyrrhussiegen, ist den Siegern aber egal. Zwei bis aufs Blut verfeindete Clans oder eine zerrüttete Ehe sind kein zu hoher Preis, wenn man im Gegenzug über den Nachbarn triumphiert, der sein Apfelbäumchen jetzt gemäß höchstrichterlicher Anordnung zehn Zentimeter weiter links pflanzen muss.

Erst wenn Nachbarn wahlweise kurz vor einer bewaffneten Auseinandersetzung oder dem finalen Nervenzusammenbruch stehen, nehmen sich gelegentlich Boulevardmedien ihrer an und führen die Kontrahenten einem breiten Publikum vor. Die Nabelschau ist mit einem pflichtschuldigen Kopfschütteln der Berichterstatter verbunden: Wie konnte es nur so weit kommen?

Eigentlich wäre in Fällen nichtiger Streitereien das traditionelle Duell die schnellste und billigste Variante. Da es sich bei den Teilnehmern solcher Nachbarschaftskriege in praktisch allen Fällen um Idioten handelt, kann man guten Gewissens davon ausgehen, dass die Beteiligten vorbeischießen und ihre Ehre somit unblutig wiederherstellen. Als pazifistische Variante könnte man noch über sportliche Alternativen zum Waffengang nachdenken, etwa konspiratives Sackhüpfen oder Eierlaufen im Morgengrauen. Verwunderlich, dass noch kein Fernsehsender auf diese Idee gekommen ist, also Nachbarschaftskriege als bunte Mischung aus Talk-, Spiel- und Krawallshow zu präsentieren. Aber die Welt ist eben nicht perfekt.

Was also, wenn Sie als garantiert freundlicher, dialogbereiter und kompromissfähiger Zeitgenosse an einen Prinzipienreiter geraten? An einen Nachbarn, der offenbar von der korrekten Balkonbepflanzung bis zu den geltenden Mülltrennungsregeln die Weisheit mit Löffeln gefressen hat? Der die Hausordnung besser kennt als das Grundgesetz und der zudem eine Verletzung der peniblen Einhaltung von Ruhezeiten und Putzdiensten am liebsten mit Freiheitsstrafen geahndet wissen würde?

Als Erstes gilt es festzustellen, ob der besagte Nachbar zu jenen Hunden gehört, die nur bellen oder zu jenen, die beißen. Einem Griesgram, der Ihnen mit seinem Gezeter und Gejammer auf die Nerven geht, der aber bislang noch nie jemanden mit eigenen oder anwaltlichen Briefen traktiert hat, ist einfacher beizukommen, als einem Prozesshansel. Im ersten Fall, also wenn Ihr Kontrahent im Grunde ein Feigling ist, reicht gewöhnlich eine vorsichtige Drohung, etwa der Art: »Tag, Herr Schmidt, ich wollt Sie noch fragen, wenn ich Sie beim nächsten Hausfest vor versammelter Mannschaft einen senilen, dummen Schwätzer nenne, der meiner Ansicht nach nur deshalb den ganzen Tag rummeckert, weil er die dümmste und dickste Frau der Welt geheiratet hat, haben Sie dann genug Geld, um mich zu verklagen? Ich möchte Sie nämlich nicht in Verlegenheit bringen.« Lassen Sie die Bemerkung zwei bis drei Sekunden wirken, dann gehen Sie einfach weiter, als hätten Sie lediglich über das Wetter gesprochen. In den meisten Fällen werden Sie danach Ihre Ruhe haben, je nach Einschätzung Ihres Gegenübers würde ich vor einer verbalen Attacke dennoch über den Abschluss einer Rechtsschutzversicherung nachdenken.

Schwieriger liegt der Fall beim Prozesshansel. Dem müssen Sie nicht mal dumm kommen, um mit seinem Anwalt Bekanntschaft zu machen. Der Prozesshansel findet immer einen Grund, Sie vor den Kadi zu zerren. Er tut das nicht, weil er ernsthaft die Weltordnung gefährdet sieht, wenn jemand entgegen der Hausordnung mal ein nächtliches Bad nimmt oder gelegentlich eine Party schmeißt. Der Volksmund ist der Ansicht, der Prozesshansel »hat einfach nix Besseres zu tun«. Das stimmt, ist aber nur ein Teil der Wahrheit. Der Prozesshansel will außerdem Anerkennung und totale Unterwerfung. Erst wenn er keinen Zweifel mehr daran hat, von Ihnen als Sonnenkönig des Hauses akzeptiert zu werden, haben Sie eine Chance, dass er von Ihnen ablässt. Das größte Problem im Umgang mit dem Prozesshansel ist, dass er tatsächlich die nötige Zeit hat, Ihnen die Nerven zu rauben. Wenn Sie einmal auf ihn reagiert haben, und es bleibt Ihnen kaum etwas anderes übrig im Falle dessen, dass er Sie verklagt, dann müssen Sie sich so lange mit ihm herumschlagen, bis er sich abschließend als Herr im Haus bestätigt fühlt. Und danach können Sie sich nur schadlos halten, indem Sie sämtliche Regeln penibel befolgen und sich unauffällig verhalten, um nicht erneut seinen Zorn auf sich zu ziehen.

Da der Prozesshansel keinen Sportsgeist besitzt, weil

er sich ausschließlich über Formalismen definiert, denn sonst würde er ja nicht jeden Scheiß einklagen, wird er selbst vollendet elegante Beleidigungen nicht zu schätzen wissen. Das heißt, auch mit der Kunst der Beleidigung kommen wir beim Prozesshansel nicht weiter. Wie reagiert man also sinnvollerweise auf ihn?

1. Mit einem Wohnungswechsel. Das ist ein ernst gemeinter Vorschlag, den man früh in Erwägung ziehen sollte. Zwar hat niemand Lust, sich von einem bornierten, blöden Sack Vorschriften machen zu lassen, unsinnige obendrein, aber manchmal ist ein geordneter Rückzug besser als ein mühseliger und langwieriger Stellungskrieg. Angesichts der Rückzugsoption sollten Sie sich jedenfalls nicht beklagen, wenn Sie zwei Jahre nach Beginn der Streitigkeiten immer noch allabendlich gegnerische Schriftsätze wälzen, statt sich die Zeit mit Sex oder Kino zu vertreiben. Andere haben in einem vergleichbaren Fall vielleicht ein paar hundert Euro in einen Umzug investiert, Sie aber verplempern Ihre Lebenszeit damit, einem Idioten klarzumachen, dass er ein Idiot ist. Vielleicht werden Sie eines Tages einsehen, dass das von Anfang an ein ziemlich idiotischer Plan war.

2. Sie können auch einen rigorosen Imagewechsel ausprobieren. Diese Variante birgt einige Risiken, aber ungewöhnliche Situationen erfordern eben ungewöhnliche Maßnahmen: Wenn Sie eine Frau sind, engagieren Sie einen mindestens zwei Meter großen, narbengesichtigen und stark tätowierten Laiendarsteller und machen

Sie diesem zu nächtlicher Stunde im Hausflur so lange eine Szene, bis alle Bewohner vor ihren Türen stehen. Es sollte in Ihrem inszenierten Streitgespräch klarwerden, dass Ihr vermeintlicher Begleiter gerade um ein Haar einen Taxifahrer ermordet hat, weil der Ihnen dumm gekommen ist. Sie finden das nicht richtig und ermahnen deswegen fortgesetzt Ihren Begleiter, was der kategorisch mit dem Satz beantwortet: »Wer dir dumm kommt, den bring ich um«. Nach Schlichtung und Verabschiedung des Hünen entschuldigen Sie sich allseits für die Störung und erklären, dass Sie jetzt gerne auf den Schreck ausnahmsweise zu dieser Stunde ein Bad nehmen würden und fragen höflich, ob jemand etwas dagegen hat.

Ich wette, das ist nicht der Fall.

Sind Sie ein Mann, engagieren Sie zwei Laiendarstellerinnen, die sich als Prostituierte kostümieren. Machen Sie selbst einen etwas schwächelnden Eindruck und lassen Sie sich von den beiden lautstark die Treppe hochhelfen. Sobald alle Bewohner vor ihren Türen stehen, entschuldigen Sie sich vielmals, Sie wollten keinesfalls Aufsehen erregen. Ihre Begleiterinnen finden das viel zu bescheiden und erzählen den Anwesenden, wie Sie gerade zwei Zuhälter bei einer Messerstecherei zur Strecke gebracht haben. Einer der beiden kommt vielleicht sogar mit dem Leben davon. Jedenfalls haben Sie die Damen heldenhaft beschützt. Und das alles ist nur passiert, weil jemand Sie versehentlich angerempelt hat.

Erklären Sie den Umstehenden tief bewegt, dass Ihr Jähzorn Sie schon oft in große Schwierigkeiten gebracht hat und nuscheln Sie irgendwas von »Blutrausch« und »Heilanstalt«. Entschuldigen Sie sich dann abermals für die Störung und erklären Sie, dass Sie jetzt gerne zusammen mit Ihren neuen Freundinnen ausnahmsweise zu dieser Stunde ein Bad nehmen würden, fragen Sie, ob jemand etwas dagegen hat.

Ich wette, auch das ist nicht der Fall.

Sie können als Mann alternativ auch die erste Variante durchspielen, achten Sie in diesem Fall darauf, dass Sie und der engagierte Schauspieler identische Lederhosen, -westen und -mützen tragen.

Ob Sie ledig sind oder nicht, und ob Sie mit Ihrem Partner oder Ihrer Familie zusammenleben, ist übrigens unwichtig. Nach der nächtlichen Vorstellung ist Ihr Ruf sowieso derart umfassend ruiniert, dass Ihre vermeintliche Untreue oder Ihre Homo- oder Bisexualität sowieso niemanden mehr wundert.

3. Sie können dem Prozesshansel natürlich auch mit ausgesuchter Höflichkeit begegnen. Das ist dann die Kunst, jemanden nicht zu beleidigen, den man eigentlich dringend beleidigen müsste. Wenn Sie Ihre Rolle gut spielen, wird der Haustyrann sicher ein Auge zudrücken, obwohl vielleicht eines Ihrer Bonbonpapiere neben die Mülltonne geweht wurde oder nach dem Putzen auf dem Treppenabsatz noch eine Schliere zu sehen ist. Manche Menschen bekommen bei dieser Taktik Magengeschwüre, andere entwickeln Mord- oder Selbstmordfantasien. Wenn Sie keine Probleme damit haben, die unsinnigen Regeln eines Despoten zu befolgen, dann sollten Sie sich einer kritischen Selbst-

betrachtung unterziehen. Vielleicht halten Sie sich für einen freundlichen und anpassungfähigen Menschen, sind aber in Wirklichkeit ein Arschkriecher.

Nachbarschaftsstreitigkeiten rangieren hinsichtlich ihrer Brisanz im Mittelfeld der Duellsituationen. Als Faustregel gilt, je enger das Verhältnis zweier Menschen, desto größer die mögliche Wut und desto wuchtiger der Schlagabtausch im Falle einer Konfrontation. Es ist beispielsweise ein großer Unterschied, ob jemand eine Mietwohnung bezogen oder gerade ein Haus gebaut und sich dafür hoch verschuldet hat. Eine Mietwohnung kann man im schlimmsten Fall gegen eine andere tauschen, komplexe Finanzierungsmodelle lassen sich nicht kurzfristig über den Haufen werfen. Die emotionale Bindung ans eigene Heim ist also ungleich gewichtiger. Deshalb führen sich manche Häuslebauer und Hausbesitzer auch wie Duodezfürsten auf, selbst wenn es um minimale Eingriffe in ihre Privatsphäre geht. Das sind Rudimente alten Revierverteidigens. Gerichte werden dann zu Turnierplätzen, und der Mann kann sich durch den fortgesetzten Streit zum kurzzeitigen Herrn des Hauses ausrufen, also zu so etwas wie einem Notfall-Patriarchen. Vielleicht wollen auch deshalb viele Streithähne keine gütliche Einigung, denn diese würde sie wieder in die Bedeutungslosigkeit stoßen. Erstaunlich übrigens, dass selbst emanzipierte Frauen oft lieber die Rolle der First Lady im heimischen Reich wählen, als ihren durchgeknallten Gatten die Meinung zu geigen. Scheint jedenfalls so, als würden beim Nachbarschaftsstreit die Archetypen mit uns durchgehen.

Ebenfalls relevant für Beleidigungen in der Duellsituation ist die Distanz der Kontrahenten. Grundsätzlich beleidigen wir jemanden am Telefon eher als einen Menschen, der uns leibhaftig gegenübersitzt. Noch besser kann man dies auf der Autobahn studieren. Leute, die sich ausgebremst, geschnitten oder sonst wie übervorteilt fühlen, veranstalten im Vorbeifahren ein regelrechtes Affentheater, gestikulieren, maulen und motzen, als hätte man gerade versucht, Ihnen bei bei lebendigem Leib die Unterwäsche zu klauen. Natürlich tun sie das im Bewusstsein, dass einerseits eine Menge Blech zwischen ihnen und dem Kontrahenten liegt und sie andererseits lediglich Gas geben müssen, um Selbigen nie wiederzusehen. Die Hemmschwelle für eine Beleidigung sinkt also mit wachsender Distanz, was sowohl räumlich als auch zeitlich zu verstehen ist.

Das heißt, den Portier eines Urlaubshotels, das man wahrscheinlich nicht mehr besuchen wird, beleidigt man leichter, als den Besitzer des Kiosks, an dem man täglich seine Zeitung kauft. Den würde man aber trotzdem wiederum eher beleidigen als den Arbeitskollegen, mit dem man mehrere Stunden werktäglich verbringt – und eben nicht nur ein paar Minuten am Morgen.

Eingangs habe ich erwähnt, dass Duelle zwar eine ziemlich unberechenbare Angelegenheit sind, aber doch den Vorteil einer recht gleichen Ausgangsbasis besitzen. Damit kommen wir nun zu einigen strategischen Erwägungen. Duelle können selbst breite Fronten aufweichen. Achten Sie mal darauf, wie rhetorisch versierte Teilnehmer bei öffentlichen Debatten Duellsituationen provozieren, wenn sie auf breiter Front angegriffen werden.

Statt sich also gleich mit einer ganzen Organisation anzulegen, versuchen Sie eine Person oder einige wenige Personen dieser Organisation als Urheber der Kritik auszumachen, verbunden ist damit meist eine Aufforderung zum Duell.

Ein Beispiel: Da ist der gerissene Bauunternehmer Schulze, der ständig im Clinch mit einer Naturschutzorganisation liegt, nennen wir sie mal »Rettet alles!«. In einer Diskussionsrunde wird Schulze mit Vorwürfen von »Rettet alles!« konfrontiert und gebeten, dazu Stellung zu nehmen. Schulze nimmt die Vorwürfe augenscheinlich ernst, streitet aber auch energisch ab, dass sie berechtigt sind. Dann lobt er das ökologische Engagement von »Rettet alles!« und bedauert schließlich, dass Herr Müller, Generalsekretär der Naturschutzorganisation, offenbar nicht müde wird, Schulze öffentlich zu attackieren, obwohl Schulzes Firma bislang kein Fehlverhalten nachzuweisen war. Schulze jedenfalls hofft öffentlich, inständig und nachdrücklich, dass Müllers Verhalten nicht auf persönlichen Beweggründen fußt, denn Schulze hat »Rettet alles!« als harten, aber fairen Dialogpartner zu schätzen gelernt.

Obwohl öffentlich formuliert, ist der Subtext von Schulzes Replik nur vom Adressaten zu verstehen, der Zuschauer, der Schulzes interne Gespräche mit »Rettet alles!« nicht kennt, ahnt allenfalls, dass in seiner Ansprache eine Drohung steckt.

Tatsächlich lautet der Subtext: »Ich hab jetzt die Schnauze davon voll, mich ständig mit euch Latzhosenträgern rumzuärgern wegen drei Waldmäusen oder einer steinalten Eule. Entweder wir arrangieren uns zu beider

Zufriedenheit oder ab sofort haben die Anwälte das Sagen. Dabei mag ich euren Laden, halte allerdings Müller für einen widerlichen Egomanen, der sich auf eure Kosten profilieren will.«

Derweil hat Generalsekretär Müller gleich mehrere Probleme. Intern muss er erklären, warum es scheint, als würde er die Organisation für persönliche Zwecke instrumentalisieren. Vielleicht halten einige Kollegen ihn tatsächlich plötzlich für profilierungssüchtig, vielleicht sieht der Vorstand ihn nun als Sicherheitsrisiko. Baulöwe Schulze dürfte Müller jedenfalls ein paar schlaflose Nächte beschert haben. Zudem steht Müllers öffentliche Stellungnahme zu Schulzes Vorwürfen aus. Reagiert der Vorstand, gilt Müller als Weichei, prischt Müller vor, wirft das ein komisches Licht auf seine Vorgesetzten. Man wartet also zunächst ab.

Inzwischen gibt Schulze weitere Interviews und macht gut gelaunt Druck. Sein Tenor: Generalsekretär Müller von »Rettet alles!« schweigt, dafür kann es nur einen Grund geben, nämlich den, dass Schulze mit seinen Vermutungen ins Schwarze getroffen hat.

Egal, wie die Geschichte nun endet, bemerkenswert ist, dass man sich durchaus mit Erfolg gegen eine größere Gruppe zur Wehr setzen kann, wenn man die Konfrontation in Form eines oder mehrerer Duelle führt. Mathematisch gesehen, zerlegt man also ein großes Problem in viele kleine.

Vielleicht werden Sie jetzt erwidern, dass solche Situationen Sie nicht betreffen. Einerseits sind Sie eher der Kompromisstyp, andererseits glauben Sie als guter Demokrat an Mehrheitsentscheidungen. Kann ich verstehen.

Oder sind Sie vielleicht nur ein Angsthase?

Könnte ja auch sein.

Würden Sie beispielsweise in einer Besprechung der Mehrheit zustimmen, wenn diese beschlösse, das Rauchen wieder im ganzen Gebäude zu erlauben, fortan sei aber die Aufnahme von Flüssigkeit während der Arbeitszeit untersagt? Also: Kaffee, Wasser, Softdrinks, Tee, alles verboten. Rauchen hingegen erlaubt. Würden Sie Ihre Wasserflasche auf der Toilette verstecken und dort heimlich trinken, so wie Sie früher dort heimlich geraucht haben? Oder würden Sie in der Besprechung dafür kämpfen, dass solche absurden Regeln nicht aufgestellt werden? Und behaupten Sie jetzt bitte nicht, dass in Ihrer Firma keine absurden Regeln aufgestellt würden.

Eine Möglichkeit wäre, die Anordnung, bei allem Respekt jenen Mitarbeitern gegenüber, die sie erdacht haben, als größten Schwachsinn aller Zeiten zu bezeichnen, um zu sehen, was dann passiert. Sie sollten dabei lächeln, damit man das Gefühl hat, Sie meinen es nicht so richtig böse. Am Tisch werden jetzt ein paar Leute auf ihre Akten, aus dem Fenster oder sonst wohin sehen. Das sind die, die Ihnen zustimmen und es sich nicht anmerken lassen wollen. Und es wird ein paar Leute geben, die Sie ansehen. Einerseits jene, die das Modell ersonnen haben, andererseits jene, die es unterstützen, mutmaßlich Ihre Vorgesetzten. Sagen Sie jetzt so was wie: »Aber vielleicht hab ich ja auch nur noch nicht alles richtig verstanden« und suchen in dieser Zeit jenen Konferenzteilnehmer, der bislang am wenigsten gesagt hat und außerdem gerade Ihrem Blick ausweicht. Das ist nämlich Ihr Opfer. Der schwächste Punkt also. Da, wo man die Front durchbrechen kann. »Vielleicht können ja SIE mir sagen, was Sie an der neuen Regel so begeistert.«

Mit an Sicherheit grenzender Wahrscheinlichkeit wird der Angesprochene nun nicht einen eloquenten Vortrag zu den Vorteilen des Flüssigkeitsverbots während der Bürozeiten halten, sondern sich entweder einsilbig der Meinung der Befürworter dieser Maßnahme anschließen oder ein wenig ins Stottern geraten. Jedenfalls werden Sie anhand einiger erstaunter Mienen feststellen, dass Sie einen Keil in die Front getrieben haben.

Vielleicht ändert das im Moment nichts an der Entscheidung, aber man wird sich an Sie erinnern, wenn die blödsinnige Regel mangels Akzeptanz wieder aufgehoben wird.

Die Taktik des Zerlegens einer Front in eines oder mehrere Duelle muss nicht immer ein Angriffsakt sein. Wie im fiktiven Beispiel des Baulöwen Schulze, wird sie häufiger als Verteidigungsinstrument genutzt. Im Arbeitsalltag könnte die Salamitaktik also etwa bei der Vorstellung eines Konzeptes, das auf breite Ablehnung stößt, angewendet werden oder überhaupt da, wo sich eine größere Gruppe von Kollegen aus welchen Gründen auch immer gegen Sie verschwört.

Selbstredend sind Beleidigungen allein kein Allheilmittel, um komplexe gruppendynamische Prozesse zu manipulieren, sie können aber in bestimmten Situationen eine größere Wirkung entfalten, als stundenlanges Gerede. Indem Sie die Ebene des konstruktiven Diskurses verlassen, zeigen Sie, dass Sie auch vor verbaler Gewalt nicht zurückschrecken, was Ihre Kontrahenten zwingt, Sie neu einzuschätzen – womöglich mit dem Ergebnis, dass man sich lieber doch nicht mit Ihnen anlegt. Kurzum, die in diesem Kapitel erörterten Beleidigungsstrategien können Teil eines guten Plans sein, machen aber nicht dessen Kern aus.

Vor diesem Hintergrund betrachten wir nun das Mobbing. Nehmen wir an, Sie werden gemobbt. Fünf von sieben Kollegen in der Abteilung zeigen Ihnen grundsätzlich die kalte Schulter, egal, ob es um Alltagskram oder firmenbedeutsame Projekte geht, und alle sind sich darin einig, dass Sie umgehend die Firma wechseln sollten. Und das lassen die Kollegen Sie auch tagtäglich spüren. Der Rädelsführer ist ein Ihnen gleichgestellter Kollege, der allerdings von allen Anwesenden die meisten Dienstjahre in der Firma hat. Am anderen Ende der Skala gibt es einen Kollegen, der eigentlich eher ein Mitläufer ist, offenbar heißt er das Treiben nicht gut, beugt sich aber dem Gruppenzwang. Außen vor sind zwei Kollegen, die den Blödsinn nicht mitmachen, sich aber auch nicht einmischen. Das tut auch Ihr Vorgesetzter nicht, denn der steht auf dem Standpunkt, die Abteilung solle ihre Probleme gefälligst selbstständig lösen.

Was tun? Sie können jetzt das Feld von hinten aufrollen und versuchen, den wankelmütigen Kollegen zumindest zu einer neutralen Haltung zu bewegen. Das wird der Rädelsführer vermutlich zu verhindern wissen. Ein Gespräch mit dem Vorgesetzten ist obsolet, dessen Meinung kennen Sie ja. Bleibt also noch die Intervention bei den anderen Mobbing-Akteuren oder beim Rädelsführer selbst. Welches Duell scheint Ihnen vielversprechend?

In diesem Fall gilt nun nicht die Regel, dort anzusetzen, wo die Front bröckelt, denn das wäre ja beim wankelmütigen Kollegen, der aber einerseits vermutlich vom

Rädelsführer schnell wieder auf Linie gebracht würde und ihnen außerdem als Verbündeter wenig nützte. Der Rädelsführer wird vielleicht sogar lästern, dass sich jetzt endlich die beiden größten Luschen im Laden gefunden haben.

Das heißt, Sie sollten weiter oben ansetzen, idealerweise beim Rädelsführer. Was Sie erreichen müssen, ist ihn zu verunsichern. Da er andere Kollegen einspannt, um Sie zu diskreditieren, statt sich persönlich in den Ring zu begeben, können wir davon ausgehen, dass der Rädelsführer im Grunde feige ist. Wahrscheinlich genügt selbst eine kleine Irritation, um ihn ins Grübeln zu bringen. Das können Sie mit etwas Glück und einem Überraschungsangriff erreichen. Sparen Sie nicht mit Kraftausdrücken und vermitteln Sie ihm gleichzeitig den Eindruck, dass Sie in beruflicher Hinsicht einen resignativen Trotz entwickelt haben, der sich nun langsam ins Desperadohafte steigert. Idealerweise muss der Rädelsführer befürchten, dass Sie zu Übersprungshandlungen fähig sind, die ihn womöglich den Job kosten und die Abteilung nachhaltig schädigen könnten. Selbstredend muss das Gespräch unter vier Augen stattfinden, damit Sie später abstreiten können, was Sie dem verdammten Hurensohn, respektive der dummen Ruttelnutte so alles an den Kopf geworfen haben.

Ein Klassiker unter den Duellsituationen ist die Konstellation Mann und Frau. Ob es sich um einen Zwist unter Liebenden, einen handfesten Ehekrach oder eine Scheidungsschlacht handelt, wenn Eitelkeiten und verletzte Gefühle im Spiel sind, dann ist die Beleidigung jedenfalls nicht weit. Poeten, Romanciers, Dramatiker und Filmemacher konnten und können ein Lied davon singen. Martin Walser lässt in seinem Stück »Die Zimmerschlacht« den männlichen Protagonisten Felix sagen: »Die Ehe ist nun mal eine seriöse Schlacht. Nein, nein, eine Operation. Zwei Chirurgen operieren einander andauernd. Ohne Narkose. Aber andauernd. Und lernen immer besser, was wehtut.«

Zwei, die es darin zur Meisterschaft brachten, waren Elisabeth Taylor und Richard Burton. Ihre erste, rund 10-jährige Ehe, sorgte regelmäßig für Schlagzeilen in den Boulevardmedien, der Versuch, die Verbindung nach der Scheidung mit einer neuerlichen Heirat zu reanimieren, währte nur etwa ein Jahr, dann trennte sich das Schauspielerehepaar endgültig. Der während ihrer ersten Ehe entstandene Film »Wer hat Angst vor Virginia Woolf« nach dem Theaterstück von Edward Albee spiegelte Burtons und Taylors reale Ehehölle wider. Im Stück gipfelt der nächtliche Streit eines Biologieprofessors und seiner Frau darin, dass er den von ihnen beiden erfundenen, gemeinsamen Sohn am Vorabend seines fiktiven 21. Geburtstags einen ebenfalls fiktiven Unfalltod sterben lässt, womit nun auch die letzte Gemeinsamkeit zwischen den Ehepartnern ausradiert ist. Trotz der metaphorischen Überhöhung des Ehekrachs, gelingt Albee ein realistisches Bild des Wahnsinns, dem zwei Menschen verfallen können, denen die Liebe füreinander abhandenkommt. Möglich, das dieser Trennungswahnsinn der Unzurechnungsfähigkeit, die einen in der Zeit des ersten Verliebtseins befällt, ganz ähnlich ist. Im richtigen Leben haben Ehestreitigkeiten immerhin manchmal eine komische Note.

Im Dezember 2006 überwältigten Insassen einer russischen Aeroflot-Maschine einen randalierenden Passagier. Der Pilot des Airbus hielt es für besser, in Prag notzulanden. Dort löste diese Information einen Entführungsalarm aus, ein Krisenstab trat zusammen, Rettungsteams und die Feuerwehr wurden in Stellung gebracht. Nach Landung der Maschine stellte sich heraus, dass es sich bei dem vermeintlichen Flugzeugentführer um einen vermutlich angetrunkenen Familienvater handelte, der von seiner Frau derart zur Weißglut gebracht worden war, dass er sich an der Inneneinrichtung abreagierte.

Ähnliches passierte auch in der Steiermark. Dort zeigte eine Frau ihren Mann an, weil dieser im Verlauf von Streitigkeiten zum wiederholten Male gewalttätig geworden war. Da der Steirer mehrere Schusswaffen besaß und auch schon damit gedroht hatte, sie einzusetzen, forderte die Polizei die österreichische Antiterror-Spezialeinheit »Cobra« an. Das Sondereinsatzkommando konnte den Mann in der Kantine seines Sportvereines stellen. Er leistete keinen Widerstand.

In Hagen verkrachte sich ein Ehepaar infolge des Ausgangs der Bundesliga-Saison 2007. Er, leidenschaftlicher Anhänger des 1. FC Schalke 04, war derart enttäuscht darüber, dass sein Verein schon wieder die Meisterschaft verpasst hatte, dass er in der ehelichen Wohnung seinen Schal und seine Kutte verbrannte. Seine Frau, Fan von Borussia Dortmund, löschte das Feuer, woraufhin es zu Handgreiflichkeiten kam. Als die Polizei eintraf, beschimpfte die Frau ihren Mann gerade als »blöder Schalker« und er sie, in Anspielung auf die Vereinsfarben der Borussia, als »gelb-schwarze Zecke«.

Gipfeln fortgesetzte Ehekräche in eine Scheidung, so

kann diese nicht nur zwischenmenschlich höchst unangenehm werden, sondern auch extrem teuer. Besonders dann, wenn seelische Verletzungen finanziell aufgerechnet werden. Bei Prominenten und überhaupt vermögenden Zeitgenossen bewegen sich die Abfindungszahlen häufig im zweistelligen und nicht selten im dreistelligen Millionenbereich. Selbst Abfindungen von mehr als einer Milliarde Euro sollen etwa der amerikanische Milliardär David Saperstein und der Sultan von Brunei ihren Verflossenen gezahlt haben. Immerhin gibt es auch seltene Fälle, in denen die zur Ader Gelassenen sich souverän verhalten. Als der Sänger Neil Diamond 1994 seiner Frau Marcia Murphey nach 25 Ehejahren 150 Millionen Dollar Abfindung und damit die Hälfte seines Vermögens gezahlt hatte, kommentierte er das anschließend mit den Worten, Marcia sei »jeden Cent wert«.

Entwickelt sich ein Scheidungsverfahren zur Schlammschlacht, spricht man, in Anlehnung an die Kämpfe der Adelshäuser Lancester und York um die englische Thronherrschaft in den Jahren 1455 bis 1485, von einem »Rosenkrieg«. Lancester führte eine rote Rose im Wappen, York eine weiße. Die Assoziation zur Scheidungsschlacht liegt nahe, denn wie der »Brockhaus« erklärt, waren auch in den historischen Rosenkriegen »Hinterlist, Betrug, Grausamkeit und Verrat [...] an der Tagesordnung«. Hollywood verarbeitete das Thema der Scheidungsschlacht in der 1989 erschienenen schwarzen Komödie »Der Rosenkrieg«, im Original »War Of The Roses« mit Kathleen Turner, Michael Douglas und Danny DeVito, der ebenfalls Regie führte.

Im Mittelpunkt des Films steht das augenscheinlich

mustergültige Ehepaar Barbara und Oliver Rose. Sie, ehemalige Sportlerin, jetzt Hausfrau und Mutter und seit Kurzem Kleinunternehmerin, will nach 17 Ehejahren die Scheidung und ist bereit, auf alles zu verzichten – bis auf das Haus. Er, erfolgreicher Anwalt, möchte sich gütlich einigen, seine Frau soll verlangen, was sie will – bis auf das Haus. Also richten sich beide auf einen Stellungskrieg im Objekt der Begierde ein, obwohl Oliver von seinem Freund und Anwaltskollegen Gavin D'Amato ausdrücklich gewarnt wird: »Kein Mann kann einer Frau das Wasser reichen, wenn es um Liebe oder Rache geht.« Oliver versteht nicht, warum seine Ehe so plötzlich den Bach runtergeht: »Du hattest immerhin mit mir deinen ersten Multiorgasmus, stimmt's nicht?« Barbara, zermürbt durch die Routine, erträgt es nicht länger, ihn um sich zu haben. Wenn sie ihn schlafen oder essen sieht, überhaupt, wenn sie ihn ansieht, möchte sie ihm am liebsten »das Gesicht einschlagen«. Und was den Sex anbetrifft, der hat sich im Laufe des Streites auch schnell erledigt: »Du erwartest doch wohl nicht von mir, dass ich dich sexuell in den Himmel hebe, jetzt, wo wir uns gegenseitig ankotzen.«

Wie zu vermuten, eskaliert die Situation sehr bald, die Noch-Eheleute werfen sich sowohl Begriffe wie »Blöde Ziege«, »Arschkriecher«, »Waschlappen«, »Qualle« oder »Fettarsch« an den Kopf als auch eine Menge Porzellan. Als Barbara einen von Oliver verfassten Liebesbrief juristisch gegen ihn verwendet, sinkt sie damit aus seiner Sicht »unter die tiefste Schicht prähistorischer Froschscheiße« am Boden irgendeines ranzigen Sumpfes in New Jersey. Er überfährt versehentlich ihre Katze, sie kredenzt ihm im Rahmen einer neuerlichen Verhandlungsrunde Paté, die ihm sichtlich schmeckt und deren besondere Rezeptur Barbara pointiert verrät: »Wuff«. Zwar hat Olivers geliebter Hund für die Pate dann doch nicht dran glauben müssen, aber Barbara hat ihren Noch-Ehemann wirkungsvoll dafür bestrafen wollen, dass er in angetrunkenem Zustand eine von ihr geladene Abendgesellschaft gesprengt und obendrein auf einen für ihre Gäste bestimmten Fisch uriniert hatte. Scheidungsspezialist D'Amato fasst die Situation retrospektiv folgendermaßen zusammen: »Soweit war es ein ganz normaler Scheidungsablauf. Ein paar blaue Flecken, zerbrochenes Geschirr, ein angepinkelter Fisch.«

Die Geschichte von Barbara und Oliver Rose hat kein Happy End. Infolge des letzten Gefechts stürzen beide aus einer der oberen Etagen ihres Traumhauses in den Tod. Der sterbende Oliver streckt die Hand nach seiner Frau aus, legt sie zärtlich auf ihre Schulter. Sie ergreift mühsam seine Hand – um sie mit letzter Kraft von sich zu werfen. Bei Scheidungen, so D'Amato, gibt es eben keine Gewinner, sondern nur graduelle Verlierer.

In einer intakten Beziehung können Beschimpfungen durchaus erwünscht sein, neudeutsch heißt das »Dirty Talk«, wörtlich übersetzt also »schmutziges Gespräch« oder »schmutziges Gerede«. Dirty Talk soll der sexuellen Stimulanz dienen. In der einschlägigen Literatur, von der es inzwischen eine beachtliche Menge gibt, wird immer wieder darauf hingewiesen, dass Sexualpartner sich gut kennen und vertrauen sollten, wenn sie sich auf diesem Feld versuchen möchten. Das hat gute Gründe, denn ob eine Bemerkung antörnt oder abtörnt ist gemäß Fachliteratur manchmal nur eine Frage von Nuancen. Eine falsche Betonung oder ein Wort zur falschen Zeit können einen

Liebesakt also zum Erliegen bringen, statt ihm, wie ursprünglich intendiert, neue Impulse zu verleihen.

Die Verfechter des Dirty Talk werden nicht müde zu betonen, dass richtig angewandte Verbalerotik einen Lust fördernden Charakter hat, weil die sprachliche Enthemmung bestenfalls auch zur körperlichen Enthemmung führt. Dirty Talk kann also dazu beitragen, völlige Hingabe und sexuelle Ekstase zu begünstigen. Allerdings scheint ein gewisser Grad sexueller Offenheit notwendig zu sein, um überhaupt Verbalerotik sinnvoll einsetzen zu können, denn sie liefert lediglich aphrodisierende Momente, kann aber grundsätzliche Defizite in einer sexuellen Beziehung nicht kompensieren. Mit anderen Worten: Wenn man sich zuerst beim Abendessen beschimpft und dann vorm Fernseher, könnte anschließend im Bett die Bemerkung »mach dich nackig, du dumme Schlampe« nicht den Beginn einer heißen Liebesnacht, sondern das finale Ende der Ehe bedeuten.

Prinzipiell können beim Dirty Talk sämtliche bekannten Schimpfwörter eingesetzt werden, sofern die Partner sich darauf verständigt haben. Begriffe wie »Möse«, »Muschi« und »Fotze« dürfen im Falle des Einverständnisses als kalkulierte Tabuverletzungen ebenso verwendet werden wie »Schwanz« oder »Pimmel«. Man darf von »ficken«, »bumsen« und »blasen« reden, von »stoßen«, »lutschen« und »lecken«. »Schlampe« und »Nutte« sind gegebenenfalls auch erlaubt, zudem eine Vielzahl von Hilfswörtern wie »nass«, »steif«, »geil«, »feucht«, »stramm« oder »hart«.

Im Grunde soll Dirty Talk in dieser Spielart verbal Tabus brechen, um final auch eine physische und emotionale wechselseitige Enttabuisierung der Sexpartner zu erreichen. Die gewählten, beziehungsweise von Dirty-Talk-Spezialisten vorgeschlagenen Begriffe sind deshalb gerne sowohl inhaltlich als auch lautmalerisch deftig und zielen darauf ab, den Sexpartner anzufeuern, indem man Wünsche unverblümt formuliert und ihn dabei gleichzeitig an der eigenen sexuellen Fantasie teilhaben lässt.

So einfach die Theorie klingt, so schwierig ist die Praxis, denn eine Enthemmung nach vorgefertigten Regeln und Absprachen kann ja eigentlich keine richtige Enthemmung sein. Deshalb gibt es auch Stimmen, die dafür plädieren, dass Paare, die einsilbigen Blümchensex zelebrieren und damit ganz zufrieden sind, keine verbalerotischen Experimente riskieren sollten. Die Gefahr, sich im Bett zu verkrachen, ist nämlich nicht gering. Besonders Menschen mit einem nicht sehr ausgeprägten Sprachgefühl könnten über semantische Feinheiten stolpern. Ein »fester Hintern« ist eben nicht das Gleiche wie ein »dicker Hintern« und »volle Brüste« sind nicht gleich »dicke Titten«.

Im Eifer des Gefechts können außerdem phänomenologische Gegebenheiten ein Problem werden. Es bietet sich nicht an, eine Zwei-Zentner-Frau so lange mit gut gemeinten Anspielungen auf ihren schönen Körper zu traktieren, bis diese Ironie wittert. Im Gegenzug sollte eine Frau nicht unbedingt seinen »dicken, steifen Schwanz« thematisieren, wenn der noch gar nicht dick und steif ist, denn womöglich bleibt er sonst noch eine ganze Weile klein und bescheiden.

Da Dirty Talk sich insofern immer auf dem schmalen Grat zwischen erotischem Bonmot und sprachlichem Fauxpas abspielt, ist die Gefahr, einen verbalen Stimmungs- und damit Lustkiller zu produzieren, extrem hoch. Und sie wird noch größer, wenn Leute versuchen, sich schmutzige Handlungsanweisungen im Bett zu geben. Fällt dabei jemand aus seiner Rolle, ist meist das ganze Spiel dahin. Ein Mann kann sich schließlich nicht länger als dominanter Don Juan fühlen, wenn seine Partnerin die Aufforderung »los, du kleine Schlampe, bück dich und nimm ihn in den Mund« mit einem simplen »nö, heute nicht« retourniert.

Rollenspiele, eine Variante des Dirty Talk, sind da schon weniger verfänglich, weil sie ein Bezugssystem vorgeben. Während die Sexpartner beim freien Dirty Talk schlimmstenfalls in verschiedenen Referenzsystemen unterwegs sind, ist relativ klar, was gemeint ist, wenn er in einer Pilotenuniform das Schlafzimmer betritt und sie es sich auf dem Bett bereits in einem Weinköniginnen-Kostüm bequem gemacht hat.

Auch bei Rollenspielen können aber mit der Zeit Probleme auftauchen, etwa wenn Sex nur noch innerhalb der Rolle stattfindet. Die Frau fragt sich dann womöglich, ob sie noch als Person begehrt wird, oder ob ihr Mann ausschließlich auf die kleine französische Lehrerin steht, die seine Gattin ihm allabendlich vorspielt und den Mann irritiert vielleicht, dass er seine Frau nur noch dadurch erregen kann, dass er sich als schnauzbärtiger Sirtaki-Spieler kostümiert.

In der Online-Ausgabe der Frauenzeitschrift »Brigitte« war in einem Pro und Contra zum Thema Dirty Talk einmal zu lesen, schmutziges Gerede sei allein etwas für Spießer: »Im Bett sollte nur derbe Wörter benutzen, wer sie auch sonst im Wortschatz führt. Beim Frühstück

›Schatzi, willst du einen Kaffee?‹ und im Bett ›Alter, fick mir das Hirn weg!‹ – das ist so aufregend wie ein nietenbesetzter Ledertanga unter der frisch gebügelten Bundfaltenhose von Mutti.« So ganz verstehe ich dieses Argument nicht, weil ja auch Spießer das Recht haben, sich in den eigenen vier Wänden sexuell gehen zu lassen.

Außerdem ist mir schleierhaft, wie Leute gemäß der »Brigitte«-Argumentation das Recht erwerben, im Bett Dirty Talk anwenden zu dürfen. Müssen sie sich dazu beim Restaurantbesuch als »geiler Hengst« und »kleine Schlampe« anreden? Oder reicht es, wenn sie ihm beim Shoppen attestiert, dass die neue Hose seinen »Riesenriemen« gut zur Geltung bringt und er ihr bescheinigt, dass ihre neuen Dessous ihn rattenscharf machen auf ihre »nasse Pussi«? Mir persönlich ist es jedenfalls lieber, wenn dieses Paar in der Öffentlichkeit bei »Hasi« und »Bärchen« bleibt.

Was Dirty Talk zum Thema dieses Buches beitragen kann, ist die Erkenntnis, dass verbale Grenzüberschreitungen in jeder Hinsicht ihren Reiz haben. Die wechselseitige sexuelle Stimulation mit Kraftausdrücken mag ein Spezialfall sein, andererseits gibt es im privaten erotischen Bereich wohl niemanden, der korrektes wissenschaftliches Vokabular verwendet, um sich seinem Partner zu erklären. Eine Frau wird also nicht von »Lubrikation« sprechen, sondern schlicht sagen, dass sie »feucht« ist, und ein Mann hat lieber »einen stehen« als einen »erigierten Penis«. Selbst Formulierungen wie »es machen« oder »es tun«, »miteinander schlafen« oder »Sex haben« sind also Wege, um den klinischen Klang der Fachterminologie zu umgehen.

Im täglichen Sprachgebrauch, besonders in der Arbeitswelt, gelten jedoch Fachtermini, insbesondere geschmeidige Neologismen, als wichtigstes Mittel, um komplexe Sachverhalte adäquat zu beschreiben. Dass damit Diskussionen sediert werden, interessiert die Erfinder der Businesssprache nicht. So wie Dirty Talk hinter verschlossenen Türen stattfindet, so soll man über Kollegen auch nur hinter vorgehaltener Hand sagen, dass man sie für Weicheier, Schwachköpfe oder Versager hält. Im Rahmen einer Konferenz wäre das aber unmöglich.

Warum eigentlich?

Bei den Filmfestspielen in Cannes 2007 verließ der Regisseur Roman Polanski eine Pressekonferenz mit den Worten »solche armseligen, leeren Fragen zu stellen ist eine Schande. Sie sind nicht mehr daran interessiert, was im Kino passiert«. Er sorgte damit immerhin für nicht unerheblichen Gesprächsstoff.

Warum also suchen wir nach einer Sprache, die Emotionen in fachliche Diskurse kanalisiert, wo doch die Emotion zum Entscheidungsprozess beitragen sollte? Und warum versuchen wir, Emotionen sachlich zu verhandeln, wenn das doch ein Widerspruch in sich ist?

Hinsichtlich der Duellsituation können wir jedenfalls eine weitere Lehre aus dem Thema Dirty Talk ziehen. Wenn Sie sich der Wirkung Ihrer Attacke auf einen Kontrahenten nicht ganz sicher sind, haben Sie immer noch die Möglichkeit, zuvor eine Vereinbarung mit ihm zu treffen. Das entspräche ungefähr der Wahl der Waffen beim klassischen Duell.

Manchmal kann es beiden Seiten helfen, sich darüber

zu versichern, dass man jetzt Klartext reden wird, um vielleicht danach einen Streit für immer zu begraben.

Wenn Sie es weiterhin klassisch mögen, dann lassen Sie ihrem Kontrahenten den ersten Schuss. Meist braucht es dazu ein wenig Unterstützung. Eine gute Eröffnung für einen konstruktiven Dialog könnte sein: »Sie halten mich also für ein Arschloch …«

Wenn Ihr Gegenüber nickt, ist schon viel gewonnen.

Schwester, Schwager, Schweinebacke

Alles, was in der Familie bleibt: Beleidigungen im Kreise der Lieben

»Na und? Wir schreien uns vielleicht mal an.
Schön, wir meckern und zanken und beleidigen
uns gegenseitig. Du wirfst mir vor, ich bin eine
schlechte Mutter. Ich werf dir vor, du bist ein
saumäßiger Ehemann. Das heißt aber doch nicht,
dass wir nicht glücklich sind, oder?«

Norma Hubley (Lee Grant)
in PLAZA SUITE

Familie ist ein Thema, zu dem jeder etwas beisteuern kann. So unterschiedlich die Ansichten über Verwandte sind, so unterschiedlich sind auch die Strategien im Umgang mit ihnen. Wie vielfältig das Beziehungsgeflecht sein kann, das sich hinter dem Wort »Familie« verbirgt, wird klar, wenn man einmal im Geiste quer durch die eigene Familie schreitet und sich für jeden einen Beleidigung einfallen lässt. Versuchen Sie es doch mal und wundern Sie sich bitte nicht, dass Ihnen bei manchen Personen mehr als eine Beleidigung einfällt, denn das kommt in den besten Familien vor.

Um die Frage zu klären, ob, wie und wen man in der Verwandtschaft beleidigen darf, müssen wir zunächst einmal eine Vorstellung davon bekommen, welchen sozialen und emotionalen Kosmos das simple Wort »Familie« erschließt.

Ehe und Familie gelten als wichtige Säulen des Staates, sie stehen deshalb, wie Artikel 6 des Grundgesetzes es formuliert, »unter dem besonderen Schutze der staatlichen Ordnung«. Vornehmste Aufgabe der Eltern, der Gesetzgeber nennt das, die »zuvörderst ihnen obliegende Pflicht«, ist die »Pflege und Erziehung der Kinder«. Die Familie ist also die Keimzelle des Lebens und als Hort der Wärme und Geborgenheit ein Symbol für Kindheit, Heimat und Glück – einerseits.

Denn andererseits ist die Familie auch ein Nährboden für Neid, Missgunst, Hass, Verbrechen und jeden erdenklichen Wahnsinn. Churchill hat mal gesagt, alle schlechten Eigenschaften würden sich in der Familie entwickeln. Das fange mit Mord an und gehe über Betrug und Trunksucht bis hin zum Rauchen.

Ob eine Familiengeschichte zum sommerlichen Mehrgenerationenidyll mit Kaffee und Kuchen taugt oder als Nachrichten beherrschende Tragödie mit mehreren Todesopfern endet, liegt dabei wohl oft nur an der Tagesform der Beteiligten. Es ist anzunehmen, dass an jedem Tag in Deutschland mindestens ein Mordinstrument wieder an seinen Platz zurückgelegt wird, obwohl irgendjemand es bereits in der festen Absicht, alle seine Lieben auszulöschen, umklammert hielt. Eine tiefe Wahrheit steckt deshalb auch in folgendem Satz, geäußert von einem leicht genervten Ehemann, der von seiner Gattin bei der Erzählung einer Anekdote zum wiederholten Male unterbrochen wurde: »Wissen Sie, ich habe in unserer mehr als 50-jährigen Ehe nicht ein einziges Mal an Scheidung gedacht, aber schon viele Male an Mord.«

Himmel und Hölle liegen in der Familie also dicht beieinander, denn wo man so eng miteinander zusammenlebt wie in der Familie, kann man sich mitunter auch derart final auf den Senkel gehen wie nirgendwo sonst. Ob nun tiefste Zuneigung oder abgrundtiefer Hass, als gesellschaftlicher Mikrokosmos ist prinzipiell jede Familie darauf ausgelegt, die gesamte Bandbreite menschlicher Fähigkeiten und Befindlichkeiten zu produzieren. Die prinzipielle Unberechenbarkeit familiärer Prozesse hat den Staat zwar nicht dazu bewogen, die herkulische Aufgabe der Kindererziehung selbst in die Hand zu nehmen, aber sich zumindest vorzubehalten, ein Auge drauf zu haben. Im Grundgesetz heißt es mit Blick auf die Rechte und Pflichten der Eltern zur Kindeserziehung und -pflege deshalb: »Über ihre Betätigung wacht die staatliche Gemeinschaft.«

Es scheint, als würde der Staat sich hier auf seine besonderen Fürsorgepflichten besinnen, tatsächlich aber geht es wesentlich darum, die Kontrolle zu behalten. Wie leicht diese selbst dem Staat entgleiten kann, wenn es um Familienangelegenheiten geht, beschreibt der »Spiegel« im März 2007: Es geht um eine Hochzeitsfeier in Frankfurt/Main, in deren Verlauf es zu einer Massenschlägerei kam, in die schließlich sage und schreibe 250 Mitglieder zweier verfeindeter Familienclans verwickelt waren. Auslöser der Prügelei war vermutlich die schlichte Tatsache, dass einige Leute nicht zur Feier eingeladen worden waren. Das klingt zunächst wie eine Variante von »Romeo und Julia«, denn hätte Shakespeare eine Hochzeit bei Montagues und Capulets geschrieben, wäre sie wohl ähnlich verlaufen.

Aber die Geschichte um die Frankfurter Hochzeit hat

noch eine interessante Wendung, die eindrucksvoll zeigt, wie unberechenbar Familien letztlich sind. Als nämlich die Polizei erschien, um die Hochzeitshandgreiflichkeiten zu beenden, solidarisierten sich die verfeindeten Clans, um nun gemeinsam gegen die Beamten vorzugehen. Trotz Verstärkung und Pfefferspray brauchte die Polizei mehr als zwei Stunden, um die Lage unter Kontrolle zu bringen. Ergebnis: Mehrere Verletzte, darunter drei Polizisten, neun Festnahmen und sechs Anzeigen wegen Landfriedensbruchs und Widerstands gegen die Staatsgewalt. Manchmal ist man also in einem Fußballstadion inmitten einer Horde betrunkener Hooligans sicherer, als im engsten Kreise seiner Lieben.

Familie hat heute mit dem traditionellen Bild einer kinderreichen Ehe und daraus resultierenden Beziehungen zu Eltern, Schwiegereltern und Geschwistern nur noch wenig zu tun. Entsprechend schwierig ist eine Definition. Der »Brockhaus« löst das Problem mittels einer Auflistung der heute praktizierten Familienformen. Da gibt es die »Elternfamilie« im Gegensatz zur »Adoptionsfamilie« oder zur »Stieffamilie«, ferner die »Patchworkfamilie«, die »Zweigenerationenfamilie« und die »Mehrgenerationenfamilie«, die »Pflegefamilie« und die »Großfamilie«, die »Zweielternfamilie« und die »Einelternfamilie«, diese beispielsweise »patrilokal« (das Kind lebt beim Vater), »matrilokal« (das Kind lebt bei der Mutter) und »neolokal« (das Kind kommt aufs Internat). Familie ist also nicht länger ein definitorisch klares Gebilde, sondern ein soziologisches Puzzlespiel. Das bedeutet, ein Mann, der sich im Supermarkt mit Singleeinkäufen eindeckt, muss kein Single sein, es kann sich auch um eine matrilokale Einelternfamilie mit Patchworktendenzen handeln. Das heißt, die Kinder leben überwiegend bei der Mutter, außerdem bahnt sich gerade eine neue Beziehung an, der Vater hat die Auserwählte auch bereits vorgestellt.

Wichtig sind diese Unterschiede zum traditionellen Familienbild, weil sie unsere Tendenz zur emotionalen Mobilität zeigen. Wir haben die Vergänglichkeit von Beziehungen akzeptiert, das Wort »Lebensabschnittspartner« zeugt davon, Trennungen und Scheidungen werden deshalb als integrativer Bestandteil des Lebens angesehen, die es gemeinsam zu meistern gilt.

Während die »Familie« in der römischen Antike den Besitzstand eines Patriarchen (inklusive Hausstand, Kleinvieh und Gesinde) beschrieb, ist sie heute die Bezeichnung für eine Struktur, die mehr oder minder variabel ist. Mehr als ein Drittel aller Ehen werden geschieden, etwa ein Fünftel aller Kinder erlebt vor Erreichen der eigenen Volljährigkeit die elterliche Scheidung. Familie ist also ein eher problematisches Lebensmodell, trotzdem ist es das gemeinhin präferierte, denn wenn Menschen zwischen Einsamkeit und nerviger Gesellschaft wählen können, wählen sie meist Letzteres.

Wir sehnen uns nach einem trauten Heim, selbst auf die Gefahr hin, dass es uns jederzeit um die Ohren fliegen kann, weil der Individualkult, ausgelöst durch Aufklärung, Subjektphilosophie und Psychoanalyse das Zusammenleben extrem verkompliziert hat. Nachdem Kants Diktum, der Mensch müsse sich aus seiner selbstverschuldeten Unmündigkeit befreien, in der Welt war, galt es, alle Lebensbereiche daraufhin abzuklopfen, ob sie das Ergebnis bloßer Setzungen oder von den Betroffenen gewollt waren. Jahrtausendelang hatten die Umstände bestimmt, wer zu den Gewinnern und wer zu den Verlierern gehörte, nun sollte plötzlich jeder selbst seines Glückes Schmied sein.

Die Familie als hierarchische Konstruktion konnte zwar zunächst durch den Kunstgriff gerettet werden, dass man schlicht behauptete, das Leben in einem Mini-Clan unter der Herrschaft eines Patriarchen sei für die meisten Menschen die präferierte Daseinsform, gesellschaftliche Emanzipation hin oder her, doch die Frauenrechtsbewegung fand die patriarchale Argumentation nur bedingt nachvollziehbar und rechnete mit den Begriffen des Patriarchats rigoros ab. Das vorläufige Ergebnis: Die Familie soll allen Veränderungen einer modernen Industriegesellschaft Rechnung tragen, sich dabei an die Gesetze der Aufklärung halten und nebenbei noch alle Beteiligten glücklich machen. Das war schon immer eine familiäre Unmöglichkeit, aber früher haben wir nur geahnt, was jetzt Gewissheit ist.

Im medialen Kontext spielen Familiengeschichten eine große Rolle, wenn es um Prominente geht, vielleicht, weil deren Schicksale beweisen, dass Familie immer Familie bleibt, da kann man noch so viel Kohle verdienen. Wenn also Fußballspieler oder Wimbledongewinner ihre konfusen Verhältnisse zu ordnen versuchen, Filmstars sich Patchworkfamilien zusammenbauen und Royals an den Eskapaden ihrer Sprösslinge zu verzweifeln drohen, dann bestärkt uns das darin, eigentlich in normalen Verhältnissen zu leben.

Kein Wunder also, dass von »Bild der Frau« mehr Exemplare verkauft werden, als vom »Focus« oder vom

»Spiegel« und dass »Bunte« und »Gala« zusammen eine verkaufte Auflage von mehr als einer Million erreichen.

Die Familie als mediales Ereignis hat kulturelle und historische Wurzeln. Im christlichen Kontext gibt es die »heilige Familie«, also Maria und Josef nebst Jesus, eine frühe Patchworkkonstruktion, da Josef bekanntlich nicht der leibliche Vater von Jesus war, dennoch aber der Verlobte von Maria. Wir kennen die Familiendynastie, zunächst als Adelsgeschlechter, später dann als Handelsdynastien, noch später als differenzierte Wirtschaftsimperien, praktisch immer mit direkten Verbindungen zur Politik: Merowinger und Karolinger im Fränkischen Reich, Habsburger, Salier, Staufer, Welfen und Wittelsbacher im Heiligen Römischen Reich Deutscher Nation, Bourbonen in Frankreich, Hohenzollern in Preußen und das Haus Savoyen in Italien, die Roosevelts, Kennedys, Fords, Astors oder Rockefellers in den USA, nicht zu vergessen die Bushs, schließlich in Deutschland Fugger, Welser, Krupps, Porsches/Piëchs und Oetkers.

Schicksalsschläge und Pechsträhnen machen aber auch vor politisch und wirtschaftlich erfolgreichen Dynastien nicht halt. Heute sind diese Geschichten das Futter für Boulevardmedien, früher machte man daraus Königsdramen oder Romane. Shakespeares »Richard III« und »König Lear« sind Familiengeschichten, einer der berühmtesten deutschen Romane, Thomas Manns »Buddenbrooks«, ebenfalls.

Das größte Ereignis der jüngeren Vergangenheit im britischen Königshaus war die Familientragödie um Prinzessin Diana, und wenn wir den Namen Kennedy hören, denken wir zuerst nicht an die Kubakrise, sondern an das

Attentat, an Kennedys Affäre mit Marilyn Monroe und an den kleinen John F. Kennedy jr., der am Grab des Vaters salutiert.

Selbst das organisierte Verbrechen setzt auf Familienstrukturen, Mafiafamilien strahlen im Vergleich zu Normalkriminellen deshalb immer eine größere Seriosität aus. Weshalb die »Pate«-Trilogie auch nur in zweiter Linie ein Krimi ist, in erster Linie handelt es sich um eine Familiengeschichte.

Während wir uns einerseits von den Medien zeigen lassen, dass es in der Welt der Reichen und Schönen oft nicht anders zugeht, als bei Hempels im Erdgeschoss, erfüllt es uns andererseits auch mit Wehmut, nicht diesem erlauchten Kreis anzugehören. Der Immobilientycoon Donald Trump soll mal gesagt haben: »Es gibt viele Möglichkeiten, Karriere zu machen, aber die sicherste ist immer noch, in die richtige Familie geboren zu werden.« Das trifft den Nagel auf den Kopf. Mit ein bisschen mehr Glück müssten wir uns nämlich nicht mit Onkel Erwin und Tante Hedwig rumärgern, sondern könnten uns auf dem Deck einer Jacht aalen und die monegassische Sonne genießen. Oder britischer Thronfolger sein. Oder zumindest Erbe eines Wirtschaftsimperiums.

Wir haben uns zwar den, wahrscheinlich von reichen Leuten erfundenen, Satz »Geld allein macht nicht glücklich« hinter die Ohren geschrieben, aber tief im Inneren glauben wir dann doch, dass man mit der Kohle eines Agnelli, eines Onassis oder eines Gates ein paar Probleme weniger hat. Die Popsängerin Janet Jackson hat den Sinnspruch einmal in dieser Hinsicht konterkariert. In einem Interview sagte sie, Geld mache tatsächlich nicht glücklich, aber in einem Rolls-Royce lasse es sich einfach mal komfortabler unglücklich sein.

Geld kann also durchaus das Leben verändern, ob es aber auch einen Einfluss auf Familienstrukturen hat, wage ich zu bezweifeln. Ich vermute, man wird in reichen wie in armen Familien die gleichen sozialen Mechanismen vorfinden, sie sind lediglich gesellschaftlich und ökonomisch anders akzentuiert. Im Klartext heißt das, ein Familientrottel bleibt ein Familientrottel, ob er nun Millionen besitzt oder nur die Klamotten, die er am Leib trägt.

Stellen Sie sich einmal vor, sie würden zum Agnelli-Clan gehören, jener Familie also, die mit dem »Fiat«-Konzern als Begründer der italienischen Automobilindustrie gilt. Als Naturschützer und Verfechter autofreier Innenstädte bekämen sie wahrscheinlich bei Familienfeiern immer den Katzentisch und die meisten Verwandten würden Sie für einen Spinner halten.

Im Clan des »Ikea«-Gründers Ingvar Kamprad läge die Sache ganz ähnlich, wenn Sie Selbstbaumöbel und Pfennigfuchserei bescheuert fänden. Kamprads gesteigerte Sparsamkeit könnte Ihr Leben sogar in eine griechische Tragödie verwandeln, Sie säßen nämlich auf einem geschätzten Familienvermögen von 28 Milliarden Dollar, hätten aber gemäß Familientradition trotzdem den Lebensstandard eines Dorfschullehrers in Småland. Als Mitglied der »Hilton«-Familie müssten Sie sich entweder für die Hotelbranche oder für die Pornoindustrie interessieren. Einen Familienkrach gäbe es wahrscheinlich, wenn Sie von einem Paparazzo beim Tragen von Unterwäsche erwischt würden.

Wollen Sie also wirklich mit Stéphanie von Monaco

tauschen und sich Witze über Leibwächter, Zirkusartisten, Kellner und Gärtner anhören? Wollen Sie sich anstelle von Ernst-August von Hannover Ihr Leben lang damit aufziehen lassen, dass Sie mal gegen einen Pavillon gepinkelt oder ein paar Leute vermöbelt haben? Wollen Sie sich als irgendein superreicher Prominenter bei Familienfeiern mit ihren Entziehungskuren, Schönheitsoperationen, Saufgelagen, Orgien und Steuerschulden foppen lassen? – Warum nicht, werden Sie vielleicht entgegnen, denn mit Saufgelagen und Steuerschulden wird man ja auch gefoppt, wenn man einer Bergarbeiterfamilie in Witten-Herdecke angehört. Dann doch lieber obendrein noch viel Kohle, 'n Segelschiff und 'n Häuschen in der Karibik.

Da haben Sie zwar Recht, aber, wie schon erwähnt, das Geld wird nur ihr Leben verändern, nicht aber die Familienstrukturen. Die haben eine gewisse universelle Gültigkeit, wohl auch, weil die Rollenverteilung und das Machtgefüge innerfamiliär bestimmten Mustern folgen.

Am Bild der Familie haben die Medien einen erheblichen Anteil. Die Familie ist medial gesehen eine Identifikationsbastion. Mögen also die Beteiligten noch so schwere Probleme haben, der Zuschauer weiß immer, dass die Familie selbst nicht zur Disposition steht. Das ist so ähnlich wie in Superhelden-Filmen oder in der James-Bond-Reihe, wo ja auch klar ist, die Hauptfigur wird den Schlamassel überleben. Garantiert.

Ähnlich gehen in Familienserien die Protagonisten auch meist gestärkt und einander noch enger verbunden aus einer Krisensituation hervor. So war es bei der »Familie Schöllermann«, der ersten deutschen Familienserie überhaupt in den 50er Jahren, bei der »Familie Hesselbach« in den 60ern, bei der »Lindenstraße« und »Diese Drombuschs« in den 80ern und bei »Forsthaus Falkenau« und beim »Marienhof« in den 90ern.

Beleidigende Töne als Grundelement einer Familienserie kamen erstmals mit »Ein Herz und eine Seele« ins deutsche Fernsehen, Vorlage war eine bereits für den amerikanischen Markt bearbeitete, britische Sitcom, ein in Deutschland bis dato unbekanntes Format. Im Volksmund hieß die WDR-Produktion auch »Ekel Alfred«, benannt nach dem spießbürgerlichen Haustyrannen Alfred Tetzlaff. Tetzlaff ist ein reaktionärer Griesgram, der seine Frau Else schon mal als »blöde Gans« oder »dusselige Kuh« beschimpft, Tochter Rita muss sich aufgrund ihrer oft aufreizenden Kleidung anhören, am Verfall der Sitten mitzuwirken und Schwiegersohn Michael, ein linker 68er, wird von Alfred als »Sozi«, »Anarchist«, »bolschewistische Hyäne«, »Kommunistenschwein« oder »Komsomolze« tituliert.

Tetzlaff fordert lautstark sein ultimatives »Recht auf ein gemütliches Heim«, beharrlich ignorierend, dass es politische, soziale und kulturelle Veränderungen geben könnte. Dass eigentlich nur er es ist, der für ein ungemütliches Heim sorgt, fällt ihm dabei nicht auf. Wohl aber ahnt er, dass er auf eine dubiose Art nicht müde werden darf, die Dinge beim Namen zu nennen, wenn er retten will, was zu retten ist. Damit scheint die Serie den Nerv ihrer Zeit getroffen zu haben. Stellvertretend für ein großes Publikum begegnet Alfred Tetzlaff einer immer komplizierter werdenden Welt mit eindeutigen Aussagen, frei nach Wittgenstein: Was man sagen kann, kann man klar sagen.

Wenn also etwas scheiße ist, dann muss man auch »Scheiße« sagen dürfen. »Halt die Klappe« ist klarer als »Könntest du bitte mal ruhig sein?« und wer jemandem androht, er werde ihm gleich »die Fresse polieren«, wird garantiert ebenfalls nicht missverstanden. Wenn die Emotionen im Hause Tetzlaff hochkochen, dann also eindeutig: »Pinsel«, »Großmaul«, »Flegel«, »Streithammel« und so weiter. Interessanterweise nehmen sich die Tetzlaffs Beleidigungen nur sehr selten übel, sie gehören offenbar zum Familienleben dazu, quasi als Ausdruck einer funktionierenden familiären Kommunikation.

Gut zehn Jahre später ist die innerfamiliäre Beleidigung ein Ausdruck der Resignation. In der amerikanischen Sitcom »Eine schreckliche nette Familie« hat keine der Figuren noch irgendwelchen Gesprächsbedarf. Die Fronten sind klar, Beleidigungen fungieren als Varianten der immer gleichen Vorwürfe. So wirft Familienoberhaupt Al Bundy seiner Frau vor, sein Leben versaut zu haben, Peggy Bundy hält ihren Mann im Gegenzug für einen Versager in ökonomischer wie sexueller Hinsicht. Sohn Bud hat ein gestörtes Verhältnis zum anderen Geschlecht, Tochter Kelly ist ebenso promiskuitiv wie naiv, quasi der Prototyp des Klischees vom dümmlichen Blondchen. Die Serie, obwohl zu Recht gescholten für holzschnittartige Figuren, eindimensionale Dialoge, plumpe Gags und eine primitive, oft frauenfeindliche Weltsicht, traf trotzdem oder deshalb den Nerv der Zeit. Vielleicht, weil »Married With Children«, so der Originaltitel, selbst für Deppen nachvollziehbar das ultimative Scheitern des traditionellen Familienmodells zeigte, somit das Ende jener Lebensform, die als Inbegriff und Grundlage nicht nur des amerikanischen Traums galt. Diesen Traum gibt es zwar immer noch, die Wahrscheinlichkeit, dass er tatsächlich in Erfüllung geht, tendiert aber gen null. »Familienglück« ist als Zustandsbeschreibung verwandtschaftlicher Beziehungen derart rar geworden, dass das Wort bald vermutlich nur noch eine wahllose Zusammenstellung chinesischer Speisen bezeichnen wird.

Wie aber geht man mit einem Lebensmodell um, das zwar ausgedient hat, für das es aber noch keine überzeugende Alternative gibt? Und wie kann man sich ernsthaft für eine Form des Zusammenlebens entscheiden, die eigentlich niemand mehr ernst nehmen kann?

In der Zeichentrickserie »Die Simpsons« steht Familie nicht länger für Werte und Überzeugungen, sondern nur noch für die Inszenierung derselben. Als gesellschaftlicher Mikrokosmos bildet die Familie ab, was die Welt zusammenhält, nämlich nicht Verantwortung, Hilfsbereitschaft oder Aufrichtigkeit, sondern Lüge, Verrat, Egoismus und Skrupellosigkeit. Das lernen die Kleinen von den Großen, sowohl familiär als auch gesamtgesellschaftlich. So lange neue, schlüssige Modelle fehlen, bedienen wir uns also der alten, allerdings im Wissen darum, dass sie nur die Simulation einer besseren Welt sind, nicht die bessere Welt selbst. Im Grunde ist es deshalb auch schnurz, an was wir glauben oder was wir tun, ob Moralapostel oder Schweinepriester, irgendwie haben ja alle Recht.

Die Jahrtausendwende mit dem Börsencrash, den Terroranschlägen vom 11. September nebst den daraus resultierenden Kriegen sowie der Globalisierung installiert abschließend auch die philosophische Wende im Privaten. Wenn rund um den Erdball kein Stein auf dem anderen bleibt, wie kann man da zu Hause unbeeindruckt tradierte Modelle leben?

Die Popkultur, insbesondere das Fernsehen, bietet Ersatzfamilien, etwa den Freundeskreis wie in der Erfolgsserie »Friends« zelebriert, oder philosophische Patchworkvarianten, bei denen die Lücke zwischen Wunschvorstellung und Realität als logischer Bestandteil des Modells akzeptiert wird. Die Protagonisten von »Sex and the City« sehnen sich ebenso wie die »Desperate Housewives« nach der häuslichen Idylle, wissen aber, dass sie damit abschließend auch nicht zufrieden sein werden. Also muss man tricksen, um irgendwie alles unter einen Hut zu bringen. In Deutschland bildet wohl am ehesten die Komödie »Türkisch für Anfänger« dieses provisorische Familienmodell ab, das sich als eine bunte Mischung aus wechselhaften Gefühlen, fragwürdigen Kompromissen, schwierigen Arrangements und ständigen Grabenkämpfen entpuppt.

Familie ist also ein fraktales Gebilde. Seitdem wir uns des Konstruktes selbst nicht mehr sicher sein können, müssen wir mangels klarer Strukturen von Fall zu Fall entscheiden, wie wir uns im innerfamiliären Kontext verhalten. Dabei helfen uns – auch mit Blick auf unser Thema – drei Grundregeln, die man kennen sollte, bevor man innerfamiliär das Kriegsbeil ausgräbt.

1. Die Familie sollte man nicht ernst nehmen

Jeden Einzelnen zwar schon, aber eben nicht die Konstruktion insgesamt, denn sonst laufen Sie Gefahr, Probleme lösen zu wollen, für die diese Konstruktion nicht geschaffen ist. Vielleicht war sie es einmal, aber heute ist sie es definitiv nicht mehr. Grundsätzlich gilt: Familien verursachen mehr Probleme, als sie lösen. Dieses Grundgesetz können Sie nicht ändern. Sie würden mit dem Versuch ähnlich scheitern wie ein überzeugter Monarchist, der sich ernsthaft in die deutsche Politik einmischen will.

2. Familienmitglieder sind abstrakte Wesen

Egal, wie Günther, Heinz oder Carola am Tresen oder bei einem geselligen Abendessen auf Sie wirken mögen, als Schwager, Onkel oder Schwester verwandeln sie sich spontan in andere Menschen. Das hat mit erlernten familiären Rollenmustern zu tun, die ja obendrein an historische Prozesse geknüpft sind, mehr dazu im nächsten Absatz. Wie sehr Menschen sich aufgrund familiärer Gegebenheiten verändern können, weiß wohl jeder, der Freunde oder Bekannte kennt, die Eltern wurden und plötzlich von Verantwortung, Respekt und Zukunft redeten, obwohl sie früher kettenrauchend den Nihilismus predigten und ständig davor bewahrt werden mussten, sturzbetrunken Auto zu fahren.

3. Familien sind keine Basisdemokratien

Mag ja sein, dass das Patriarchat an Bedeutung verloren hat, dass es womöglich gar in den letzten Zügen liegt, die Überzeugung, dass jede Gruppe von Menschen irgendjemanden braucht, der sagt, wo es langgeht, wirkt aber fort. Staaten funktionieren so, Firmen, Bildungsinstitute, Reisegruppen, Sportvereine, ja selbst basisdemokratische Parteien und Verbände haben eine letztinstanzliche Entscheidungsgewalt. Warum sollte das in Familien anders sein? Zwar wurde die automatische Inthronisierung auf Basis der Tradition abgeschafft, der Mann als Ehemann und Familienvater ist also nicht per se das Familienoberhaupt, aber trotzdem erfasst uns ein archaisches Unbehagen bei der Vorstellung, eine Familie könnte alternativ aus völlig gleichberechtigten Individuen bestehen. Die antiautoritäre Erziehung hat schließlich bewiesen, dass spätestens beim Verhältnis von Eltern und Kindern ein Machtgefälle nötig ist. Die gesellschaftliche Mehrheit favorisiert deshalb ein emanzipatorisches Erziehungsmodell, also eine Synthese aus autoritärer und antiautoritärer Erziehung. Das beweist, zumindest für die Mehrheit der Bevölkerung geht es ganz ohne Autorität nun auch wieder nicht. Der logische Schluss ist, dass in Familien Hierarchien nicht einfach nur vorhanden, sondern erwünscht sind. Sie dokumentieren nämlich auch die relative Nähe eines Familienmitglieds zum Kern der Familie, also zur klassischen Struktur der Elternfamilie. Wenn es hart auf hart kommt und um Geld, Macht oder Anerkennung gestritten wird, dann passiert das meist in dieser Kernfamilie.

Was heißt das nun für die Kunst der Beleidigung?

Beleidigungen in Familien sind nur in zweiter Linie Angriffe auf Personen, in erster Linie zielen sie auf Strukturen, also auf die Hierarchie. Eine Verbalinjurie kann deshalb auch die eigene Position stärken oder gefährden, das hängt in hohem Maße davon ab, ob Sie Ihren Stand in der Familie richtig einschätzen. Neben dem Geburtsrecht zählt dabei auch die soziale Rolle. Das Geburtsrecht äußert sich in Sätzen wie »Ich bin immer noch deine Mutter!« oder »Krieg du erst mal selbst Kinder, dann reden wir weiter«. Geburtsrecht stützt sich also auf familiäre Tautologien. Bruder ist Bruder, Schwester ist Schwester, und eine Familie ist eine Familie. Wenn Sie solche Tautologien ohne Lachen vorzutragen imstande sind, dann ist Ihre Position sehr gefestigt, und Sie können sich Einiges herausnehmen.

Außerdem gibt es weitere Möglichkeiten, den Stand zu festigen und auszubauen. Wer innerfamiliäre Aufgaben übernimmt, etwa Kindererziehung oder Gartenpflege, Vermögensmanagement oder Familienfeiernlogistik, bekommt positionsstärkende Extrapunkte. Es reicht aber auch, alle Beteiligten grundsätzlich zu loben, egal, was sie momentan für einen Quatsch in ihrem Leben veranstalten. Dabei empfiehlt es sich, allgemein zu bleiben, etwa mit Sätzen wie »Ich finde das toll, wie du dein Leben meisterst« oder »Was du so machst, davon kann sich mancher 'ne Scheibe abschneiden«.

Darüber hinaus hat jeder neben seiner familiären Position eine familiäre Rolle, die man am besten umschreiben kann als so etwas wie das eigene Klischee. Da gibt es den Witzbold und die Nervensäge, die Schnattergans und das schwarze Schaf oder aber den Streber. Solange jemand in der Familie seine Rolle irgendwie zu spielen imstande ist, wird er das tun, auch das ist ein Familiengesetz. Ein Streber muss also schon Haus und Hof verlieren, bevor er im Familienkreis einräumt, dass momentan bei ihm nicht alles so ganz rund läuft. Und ein geborener Witzbold wird es sich nicht nehmen lassen, bei einer Familienfeier auf die Pauke zu hauen, selbst wenn er eigentlich stattdessen in einer Entziehungskur sein müsste. Der Grund für dieses hartnäckige Beharren auf familiären Rollen ist, dass es oftmals Jahre gebraucht hat, sie zu etablieren, und damit eben auch zu einer Figur in der Familie zu werden.

Natürlich weiß jeder, zumindest gerüchteweise, um die tatsächliche Situation des anderen. Entsprechend einfach wäre es, ihn mittels einer Beleidigung bloßzustellen. Aber wohl auch entsprechend stil- und taktlos.

Angesichts der genannten Familiengesetze bleibt also wenig Spielraum, innerhalb einer Familie konstruktiv, das heißt ergebnisorientiert zu beleidigen. Immerhin gibt es aber ein paar Möglichkeiten. Wir betrachten sie im Einzelnen und setzen zunächst voraus, dass es sich um die eigene Familie handelt. Wen kann man also wie beleidigen, ohne zu riskieren, dass man Geister ruft, die man lange Zeit nicht mehr loswird?

a) Darf man die Großeltern beleidigen?

Auf keinen Fall. Großeltern, obwohl manche es verdient hätten, dass ihnen jemand mal so richtig die Meinung geigt, sind aus zwei Gründen sakrosankt. Erstens wird es immer Familienmitglieder geben, die sich für die Großeltern ins Feuer werfen, was mit dem enormen Risiko verbunden ist, dass ein Aggressor erst auf verlorenem Posten steht und dann verbal zu Kleinholz gemacht wird, und zweitens haben Großeltern ein langes Leben und viele Erfahrungen hinter sich, was sie gewöhnlich knüppelhart und unverbesserlich gemacht hat. Beleidigungen würden an ihnen also sowieso abperlen wie Wasser an einer Lotusblüte. Und schließlich sollten Sie bedenken, dass heutige Großeltern, die Träger des bundesdeutschen Wirtschaftswunders, in der Regel was zu vererben haben.

b) Darf man Eltern beleidigen?

Eher nicht. Sie stehen ebenfalls unter Artenschutz, es sei denn, sie führen sich wirklich wie Arschlöcher auf, aber dann wird es ohnehin kurzfristig zu einem kernfamilienweiten Protest oder langfristig zu einem Polizeieinsatz kommen. Ansonsten sind ja Eltern jene Menschen, die wir bis zum Vorschulalter ungescholten beleidigen konnten, weil wir zu jener Zeit süß und unschuldig waren und sowieso nicht ernst genommen wurden. Dann gab es nochmal ein Beleidigungszeitfenster um die Pubertät herum, wo Eltern Beleidigungen gewöhnlich mit Rücksicht auf die Entwicklung ihrer Sprösslinge verzeihen. Wer danach, meist im fortgeschrittenen Alter nochmal darüber nachdenkt, seine Eltern zu beleidigen, wird gewöhnlich feststellen, dass inzwischen alle Beteiligten zu alt sind für den Scheiß.

c) Darf man Geschwister beleidigen?

Aber klar. Im Ranking liegen sie auf Augenhöhe, außerdem hat man sich mit ihnen ja gewöhnlich auch in der Vergangenheit nie etwas geschenkt. Es spricht also nichts dagegen, die Tradition des wechselseitigen Schlagabtauschs beizubehalten.

Allerdings sind ein paar Regeln zu beachten.

Eine öffentliche Bloßstellung von Bruder oder Schwester könnte Ihre Loyalität zur Kernfamilie infrage stellen, es zeugt schließlich von mangelndem Fingerspitzengefühl, einen Streit in die Öffentlichkeit zu tragen, den man auch hinter verschlossenen Türen hätte ausfechten können. Mit öffentlichen Beleidigungen in der Familie sollte man sowieso vorsichtig umgehen.

Außerdem kann es auch kontraproduktiv sein, wenn mehrere Geschwister sich verbünden. Das gibt dem in die Ecke Gedrängten die Chance, sich mittels emotionaler Werkzeuge aus der Umklammerung zu befreien. Der Angegriffene könnte zum Beispiel »zutiefst enttäuscht« sein, in Familien ein eindeutiger Beweis für eine unfaire Behandlung. Das heißt aber auch, gegen ein »falsche Schlange«, beispielsweise der Schwester in der Küche zugeraunt, weil die Onkel Waldemar mit ausgesuchter Höflichkeit behandelt, obwohl jeder weiß, dass sie ihn für ein totales Arschloch hält, ist absolut nichts einzuwenden.

d) Darf man Onkel und Tanten beleidigen?

Ja, aber sicherheitshalber und ausnahmsweise nur indirekt. Wenn Sie also Onkel Hubert und Tante Hedwig für wahlweise schrecklich aufdringlich oder schrecklich langweilig halten, dann stecken Sie das einem anderen Familienmitglied, idealerweise dem Bruder oder der Schwester, also Ihrem Vater oder Ihrer Mutter. Hubert und Hedwig werden es mit Sicherheit erfahren, und Sie haben auf diese Weise wenigstens Ihre Ruhe.

Ausnahmen bilden Patenonkel und Patentanten. Da diese aufgrund ihres familiären Auftrags für Vertrauenspersonen gehalten werden, können Sie die direkt beleidigen. Die Wahrscheinlichkeit, dass Ihre Vertrauenspersonen sich irgendwo beschweren und damit dokumentieren, dass sie das in sie gesetzte Vertrauen nicht verdienen, ist nämlich extrem gering. Allerdings spielt natürlich hier auch das Alter der Beteiligten eine Rolle. Wenn Sie mit Mitte fünfzig Ihrer greisen Patentante sagen, dass Sie sie schon immer für eine ziemlich dumme Kuh gehalten haben, dann garantiere ich für nichts.

Sind Sie selbst Patentante oder Patenonkel und werden von Ihrem Patenkind beleidigt, dann opponieren Sie angesichts der erwähnten Vertrauensstellung nicht. Es bietet sich hier vielmehr eine nonverbale Bestrafung an. Wenn eine 15-Jährige glühende Verehrerin von »Tokio Hotel« ist, von Ihnen aber »Benjamin-Blümchen«-Bettwäsche geschenkt bekommt, wird sie den Wink verstehen.

e) Darf man Cousins und Cousinen beleidigen?

Prinzipiell ja. Aber bedenken Sie bitte, dass Sie je nach Familiengefüge ein Problem in Ihrer Kernfamilie bekommen könnten. Wenn also die blöde Cousine ihrer Mutter petzt, dass Sie sie für eine rasend dumme Schlampe halten, dann könnte das die Mutter ihrem Bruder, also Ihrem Vater stecken und der würde Sie dann vielleicht zur Ordnung rufen.

In diesem Fall rate ich zum Sippenhaftmodell. Sie finden dann prompt prinzipiell die ganze Familie scheiße. Hat Ihr betreffendes Elternteil zwei oder mehr Geschwister, können Sie eindrucksvoll darlegen, wie sehr Sie die anderen Familien mögen, nur eben leider diese eine nicht.

Interessant ist das Sippenhaftmodell übrigens auch beim Vergleich der Verwandtschaft mütterlicher- und väterlicherseits. Damit lassen sich Gemüter so richtig zum Kochen bringen, ich rate deshalb Menschen ohne eine fundierte diplomatische Ausbildung auch von solchen Frotzeleien ab. Womöglich endet die Geschichte sonst wie die erwähnte Hochzeitsfeier in Frankfurt.

f) Darf man Schwager und Schwägerinnen beleidigen?

Ja, klar. Aber gewöhnlich ist das nicht nötig. Wenn Sie den Satz »Die ist ja angeheiratet« lange genug vor dem Spiegel üben, klingt der bereits wie eine Beleidigung. Alternativ schlage ich vor, dass Sie selbst banale Entscheidungen gerne »im Familienkreis« besprechen möchten, wobei die »Angeheirateten« nicht dazu gezählt werden. Schwierig ist es in diesem Fall natürlich, nicht den Zorn des Bruders oder der Schwester auf sich zu ziehen. Deswegen gilt auch hier die indirekte Beleidigung als Alternative, etwa indem Sie Ihre Schwester scheinheilig um Hilfe bitten: »Du, sag mal, der Trottel, den du geheiratet hast, möchte mit mir am Wochenende 'n Bier trinken gehen. Kannst du das irgendwie abbügeln? – Ich will ihn ja nicht beleidigen.«

g) Darf man Nichten und Neffen beleidigen?

In Maßen. Wenn sie noch jung sind und sich ihrerseits in der Kunst der Beleidigung üben, dann sollte man ihnen nicht vorschnell das Wasser abgraben. Ihre Nichten und Neffen sollen sich ja schließlich später konstruktiv und wortgewaltig in jeglichen Diskurs einmischen können. Wenn es sich um frotzelnde Vorschulkinder handelt, dann dürfen Sie allerdings beizeiten die Notbremse ziehen. Machen Sie das dann aber bitte pädagogisch wertvoll, indem Sie rigoros die innerfamiliären Machtverhältnisse aufdecken: »Hört mal zu, ihr kleinen Hosenscheißer, ich wäre an eurer Stelle ein bisschen vorsichtiger mit Schimpfwörtern, weil es kostet mich nur 'n kurzes Gespräch mit meiner Schwester, um hier 'n nettes Fernsehverbot anzuzetteln.«

h) Darf man andere Familienmitglieder beleidigen?

Jetzt hätte ich um ein Haar gefragt: Welche gibt's denn noch? Aber klar, da gibt es ja noch die Freunde und Freundinnen, neudeutsch also die Lebensabschnittspartner. Bei denen verhält es sich etwa so wie im Falle der Schwager und Schwägerinnen.

Diesmal lautet die Sprachregelung: »Noch nicht mal angeheiratet.« Wenn Sie sich also wie zuvor beschrieben, bereits als reaktionär etabliert haben im Falle von angeheirateten Familienmitgliedern, dann versteht jeder sofort, dass sie »nicht mal angeheiratete« Zaungäste sind und sowieso nicht zur Familie zählen. Vielleicht in zwei oder drei Generationen, aber auf keinen Fall früher.

Sollte sich angesichts der gerade gemachten Ausführungen bei Ihnen jetzt ein Gefühl dekadenter Überlegenheit eingestellt haben, so muss ich das leider nun relativieren. Denn häufiger noch als mit der eigenen Familie haben wir es ja mit Fremdfamilien zu tun, wo wir als Angeheiratete, Lebensabschnittspartner, Freund oder Freundin auftauchen. Und stante pede wendet sich das Blatt, und wir gehören plötzlich zum Freiwild, schutzlos Onkel, Tante, Vater, Mutter, Opa und Oma ausgeliefert, denn jetzt sind ja wir diejenigen, die nicht zur Familie gehören. In diesem Fall gelten die gleichen Regeln wie bei Flugangst: Ruhig bleiben und die Situation realistisch einschätzen.

Wenn Sie Pluspunkte sammeln wollen, dann achten Sie darauf, wer in der Fremdfamilie keinen guten Stand hat. Um von sich abzulenken, beteiligen Sie sich moderat an Mobbingaktionen gegen den Betroffenen. Damit dokumentieren Sie Ihre relative Nähe zur Kernfamilie und empfehlen sich außerdem als strategischer Partner. Etwa für den Fall, dass ein ordentliches Familienmitglied Ihren Beistand wünscht, um das Mobbingopfer endgültig aus der Familie zu kegeln.

Es ist außerdem nicht nötig, eine falsche Übervorsichtigkeit an den Tag zu legen. Als Anhängsel eines ordentlichen Familienmitglieds können Sie sich sicher sein, dass Sie im Falle Ihrer familiären Exekution ohnehin nie wieder Kontakt zu dieser Familie haben werden, denn die Einwanderungsbestimmungen bei Familien sind oft denen von Diktaturen nicht unähnlich.

Etwas besser sieht die Situation aus, wenn es sich um eine Patchworkfamilie handelt. Wenn schon mehrere Scheidungen und diverse Stief- und Adoptionskonstruktionen vorliegen, sind Sie in einer Familie gelandet, die sich zwangsläufig liberal geben muss. Sie haben es also an dieser Stelle nicht so schwer, vorausgesetzt, Sie fangen nicht an, Witze über die Patchworkkonstruktion zu machen. Bemerkungen wie »Mensch, Hubert! Eins von deinen drei Kindern hätt'ste aber schon selbst machen können« oder »Ich rechne es dem Karl hoch an, dass er in dritter Ehe nicht seine Cousine geheiratet hat« sind also fehl am Platze.

Wenn Sie übrigens eine Familie Ihr Eigen nennen, dann achten Sie auf eine konstruktive Beleidigungskultur. Mit Blick auf die Partnerschaft ist im vorigen Kapitel bereits einiges über Beleidigungen in der Duellsituation gesagt worden.

Was nun noch bleibt, sind ein paar Gedanken zum Umgang mit den eigenen Kindern. Als Eltern müssen Sie einerseits dafür sorgen, dass Ihre Sprösslinge nicht über die Stränge schlagen, andererseits dürfen Sie aber auch kein Duckmäusertum begünstigen. Wenn Kinder mit einer Beleidigung ihren Willen durchsetzen, ist das eine gute Erfahrung. Einerseits. Andererseits sollte man sie aber auch dafür sensibilisieren, dass Beleidigungen verletzend sein können. Das heißt auch: In Maßen dürfen Sie ruhig mal beleidigt sein.

Eine gute Strategie ist, das Beleidigen spielerisch zu erproben. Lassen Sie sich also mal beschimpfen und schimpfen Sie auch zurück, allerdings mit angezogener Handbremse. Wenn das Spiel zu grob wird, brechen Sie einfach ab.

Dass in diesem Zusammenhang Kindern immer wieder »böse Wörter« verboten werden und man sie zwingt, »Pippi« und »AA« zu sagen, statt Pisse und Scheiße, halte ich übrigens für eine gefährliche Infantilisierung der deutschen Sprache. Dabei kommen Erwachsene heraus, die gerne »Bubu machen« statt zu vögeln und »aufs Töpfchen gehen« statt pinkeln zu müssen – Luschen also.

Dichter, Denker, Dösbaddeln

Lichtgestalten und Rohrkrepierer: die Beleidigung in Politik und Kultur

»Ich finde, Leute, die in Metaphern sprechen, können mir den Schritt shampoonieren.«
Melvin Udall (Jack Nicholson) in BESSER GEHT'S NICHT

Menschen, deren bevorzugtes Handwerkszeug die Sprache ist, kennen sich auch in der Kunst der Beleidigung aus, sollte man annehmen. Aber selbst unter Kommunikationsprofis sind sprachliche Schwächen nicht selten. Das ist auch nicht weiter verwunderlich, weil Beleidigungen Ausdruck emotionaler Ausnahmezustände sind. Wer über ein außerordentliches sprachliches Instrumentarium verfügt, muss sich ja deshalb noch lange nicht immer unter Kontrolle haben. Vielleicht kann man das mit einem Boxer vergleichen, der seine taktischen und technischen Fähigkeiten nur so lange zu nutzen imstande ist, bis er wütend wird, ein Grund, warum auch beim Boxen Provokation ein beliebtes strategisches Mittel ist.

Und so wie es beim Boxen gerade dann interessant wird, wenn zwei Ausnahmeathleten sich nicht aus der Ruhe bringen lassen, so gilt auch für die Kunst der Beleidigung, dass neben handwerklichen Fähigkeiten, im einen Fall sportlichen, im anderen verbalen, die mentale Disposition für eine Auseinandersetzung entscheidend ist. Hier wie da geht es darum, das Richtige zum richtigen Zeitpunkt zu tun, beziehungsweise zu sagen, und das möglichst prompt.

Mark Twain hat einmal gesagt, Schlagfertigkeit sei das, was einem vierundzwanzig Stunden später einfalle. Man könnte also sagen, sie ist auch das Ergebnis privater rhetorischer Manöverkritik. Tatsächlich werden beim Nachdenken über ein Gespräch Zusammenhänge deutlich, die wir in der realen Situation nicht wahrgenommen haben, es taucht also jener Assoziationskontext auf, der das Gespräch dominierte, den wir selbst aber im Eifer des Gefechts nicht gesehen haben. Das ist auch einer der Gründe, warum wir im direkten Gespräch nicht schlagfertig waren, denn Schlagfertigkeit fußt auf Assoziationen. Eine schlagfertige Bemerkung setzt idealerweise der Äußerung des Gegenübers nicht eine andere Behauptung entgegen, vielmehr wird der Assoziationskontext genutzt, um die Energie des Gesagten gegen den Angreifer zu richten. Das hört sich jetzt wie eine Anleitung zu einer asiatischen Kampfsportart an, und in der Tat ist eine gute, schlagfertige Replik der Philosophie des Wing Chun nicht unähnlich: Der Kämpfer versucht die Kraft des Angreifers gegen diesen selbst zu lenken. Ein Beispiel für diese Art von Schlagfertigkeit ist die folgende Anekdote, erzählt von dem Dramatiker Friedrich Dürrenmatt: »Die komischste Begegnung, die ich hatte, war Zuckmayer in München. Da saß ich im Hotel Vier Jahreszeiten, etwas abseits saß Zuckmayer, und plötzlich erhob er sich und kam mit einer ungeheuer süßen Weinfahne zu mir herüber, stellte sich vor meinen Tisch und sagte: ›Sie halten meine Stücke für Scheiße.‹ Daraufhin sagte ich: ›Herr Zuckmayer, das haben Sie sehr gut formuliert.‹«

Obwohl der Angegriffene regelrecht unterspannt reagiert, trifft die Wucht des Angriffs nicht ihn, sondern den Angreifer. Der Assoziationskontext ist dabei die Rhetorik selbst, denn in nuce sagt Zuckmayer: »Sie behaupten, dass ich nicht mit Sprache umgehen kann.« Dürrenmatt erwidert: »Nicht immer, denn gerade jetzt haben Sie den Nagel auf den Kopf getroffen.«

Gerade Schriftsteller und Publizisten waren schon immer wenig zimperlich, wenn es darum ging, Kollegen zu beleidigen. H.C. Artmann nannte Ingeborg Bachmann »eine arrogante Gurke«, Peter Hall schimpfte Brecht »eine Theaterhure ersten Ranges« und Truman Capote bescheinigte Jack Kerouac: »Der Mann kann nicht schreiben, nur tippen.« T. S. Moore nannte die Autoren G. K. Chesterton und Hilaire Belloc »zwei Backen eines Arsches«, Karl Kraus wurde von Friedrich Gundolf als »ein ausgezeichneter Latrinenreiniger« bezeichnet, Kurt Tucholsky fand die noch kürzere Formel »komplett meschugge«. Keinen Geringeren als Goethe schimpfte James Joyce den »Großmeister der Plattitüde«, Aldous Huxley urteilte über Paul Eluard »a man without any talent«, und Johann Heinrich Voß nannte Clemens Brentano einen »Erzwindbeutel«.

Alle diese Formulierungen sind wahlweise deftig oder hämisch, aber die Urheber bemühen sich sichtlich um Originalität. Wenn Künstler Künstler beleidigen, geschieht das eben nicht nur vor Publikum, sondern auch für Publikum. Und wie schon zuvor erwähnt, wäre es ein großer Fehler, das Publikum zu ignorieren, denn dessen

Rache könnte bitter sein. Schlimmstenfalls nähme es die Beleidigung nicht zur Kenntnis und würde damit sowohl den Beleidigenden als auch den Beleidigten gleichermaßen ignorieren und ins gesellschaftliche Abseits stellen, eine Katastrophe für Personen des öffentlichen Lebens.

Auf dem Terrain der Kunst, wo es oft an objektiven Kriterien zur Beurteilung mangelt, kann allein die Form einer Beleidigung, also im Grunde ihr Unterhaltungswert, den Inhalt aufwiegen.

Deswegen trifft man auch in Theaterfoyers oder auf Vernissagen eine überdurchschnittlich große Zahl von zumeist selbst ernannten Kunstkennern, die sich mit Bösartigkeiten über die Inszenierung oder die Ausstellung zu überbieten versuchen. Einerseits sind solche Veranstaltungen ein gutes Testgelände für rhetorische Schanzensprünge, andererseits sind Diskussionen über Kunst, so sehr sie auch im Einzelfall aufregen mögen, nicht existenziell. Im Grunde sind Theaterpausen und Sektempfänge sogar dafür geschaffen, ein liberales Rahmenprogramm zu konstituieren, wo jeder sich nach seiner Facon aufregen darf, denn damit wird die Ernsthaftigkeit des zur Diskussion stehenden Kunstwerks untermauert. Mit öffentlichen Beleidigungen haben solche Veranstaltungen aber nichts zu tun, denn die dort gemachten Äußerungen zielen auf Abstaktes, also auf ein Bild, ein Stück, ein Konzert. Öffentlich würden solche Beleidigungen erst, wenn man die betroffenen Künstler involvierte und direkt anspräche. Trüge man die gesammelten Kommentare aus der Theaterpause nach der Premiere in der Kantine vor, käme es dort aber wahrscheinlich zu Tumulten. Und Ähnliches passierte wohl auch, wenn man einem Maler während der

Vernissage all das sagte, was erst nachher im kleinen Kreis beim Italiener auf den Tisch kommt.

Das Urteil über eine abstrakte Arbeit, also über ein Kunstwerk, darf allgemein ungleich härter ausfallen als das Urteil über den Urheber des Kunstwerkes. Schon in vorigen Kapiteln haben wir uns mit der Frage beschäftigt, wann ein Mensch eine auf seine Fähigkeiten bezogene Beleidigung aller Wahrscheinlichkeit nach persönlich nehmen wird. Die Feststellung, dass jemand ein Trottel sei, dürfte einen Menschen also schwerer treffen als die Feststellung, dass selbiger ein Trottel in handwerklichen Dingen sei, vorausgesetzt, es handelt sich nicht gerade um einen hauptberuflichen Handwerker, der die Bemerkung als Angriff auf seine Berufsehre persönlich nehmen könnte. Selbst der müsste dann aber damit leben, dass man ihm gelegentlich vorwirft, bei manchen Arbeiten Bockmist gemacht zu haben.

Im Bezug auf Kunst und Künstler gilt die Regel von der Trennung von Schöpfer und Schöpfung nicht. Ein Maler kann tödlich beleidigt sein, wenn man nur ein einziges seiner Bilder für Mist erklärt, ein Schauspieler bis aufs Blut gereizt, wenn man nur einen seiner Auftritte für miserabel hält. Deswegen ist die Kritik von Kunstwerken ein hochemotionales Terrain. Menschen, die Kunst nur als Rezipienten erleben, verstehen die existenzielle Beziehung von Künstlern zu ihren Kunstwerken nur bedingt. Jeder Bäcker muss sich mal sagen lassen, dass sein Kuchen misslungen ist, jeder Kurier muss damit leben, mal einen Rüffel vom Chef zu bekommen, weil eine Lieferung unpünktlich oder unvollständig war, jeder Maurer muss damit umgehen, dass er sich versehentlich aus dem Lot gemauert hat. Was im täglichen Leben völlig selbstverständlich ist, scheint aber für einen Künstler undenkbar: die Distanz zum eigenen Schaffen. Der Kulturbetrieb hat aus dieser Not eine Tugend gemacht. Wenn der Künstler im Falle von Kritik sowieso ständig beleidigt ist, dann kann man ja beim Kritisieren auch kräftig auf's Gaspedal treten, zumal das Publikum eine gewisse Brutalität erwartet, weil nicht einzusehen ist, dass Künstler es einfacher haben sollen als der Normalsterbliche. Deswegen wird in den Medien gerne mal knapp unter die Gürtellinie gezielt.

Das heißt auch, die Wirksamkeit öffentlicher medialer Beleidigungen hängt zunehmend weniger vom Adressaten als vom Publikum ab. Als Marcel Reich-Ranicki 1995 Günter Grass' Roman »Ein weites Feld« verriss, war der Dichter ins Mark getroffen, zog sich zurück und schien dem Kritiker insgeheim die Pest an den Hals zu wünschen. Derweil drehte sich das Kulturkarussell recht unbeeindruckt weiter, denn man fragte sich, ob nun Reich-Ranicki zu harsch mit Günter Grass umgegangen sei, oder ob dieser sich zu rasch auf die Rolle des dünnhäutigen Künstlers zurückgezogen hätte. Das Publikum interessierte sich schließlich weniger für den schmollenden Dichter und mehr für ein aufgeregt diskutierendes und damit aufregendes Feuilleton.

Ob nun Marcel Reich-Ranicki zu Recht fand, Grass müsse sich eigentlich bei ihm für den Verriss bedanken, denn erst dieser habe die Auflage des Buches in die Höhe getrieben oder ob der Dichter mit seiner Kritik an den medialen Umgangsformen richtig lag, sei dahingestellt. Bockige, großmäulige, frotzelige, womöglich gar ungerechte, kurzum also beleidigende Äußerungen über

Künstler und Kunstwerke gehören zum Evolutionsprozess der Kultur – nicht erst seit Reich-Ranicki.

Gustave Flaubert etwa meldete sich in offensichtlicher Verzweiflung anlässlich der Lektüre von Eugène Sues »Arthur« folgendermaßen zu Wort: »Man könnte kotzen, es gibt dafür keinen Namen.« Vladimir Nabokov nannte Fjodor Dostojewskis »Schuld und Sühne« eine »schauderhafte Faselei« und Karlheinz Deschner fand für die Prosa Ernst Jüngers den Ausdruck »Brei auf Stelzen«. Es handelt sich hier keineswegs um seriös formulierte und inhaltlich nachvollziehbare Kritiken, sondern vielmehr um harte und schnelle verbale Ohrfeigen. Wie eingangs erwähnt, zählen solche Attacken nicht zu den vornehmsten Formen der Beleidigung. Man kann sich zwar auf den Standpunkt von Lessing stellen, der einst schrieb: »So wie es selten Komplimente gibt ohne alle Lügen, so finden sich auch selten Grobheiten ohne alle Wahrheit«, aber einerseits ist das eine Binsenweisheit, zumal man immer Beispiele dafür finden wird, dass das Zitat zutrifft, andererseits ist ja unser Ziel nicht die schnöde Beleidigung, sondern die Kunst der Beleidigung. Insofern sollte man mit der Verwendung reiner Kraftausdrücke sparsam umgehen. Wenn Sie sich in der Theaterpause mal Luft machen müssen oder nach einem Opernbesuch, dann spricht nichts dagegen, verbal über die Stränge zu schlagen, zumal es ja seinen Reiz haben kann, eine festliche Abendgarderobe und ein Glas Champagner mit Gossensprache zu kombinieren. Im alltäglichen Umgang jedoch ist Vorsicht geboten, denn astreine Beleidigungen mit Publikumswirkung erfordern Intelligenz, Eloquenz und einen Sinn für Timing.

Wie hoch die Gefühle im Kulturbetrieb kochen können, zeigt der Fall des Theaterkritikers der »Frankfurter Allgemeinen«, Gerhard Stadelmaier, der in einer Ionesco-Vorstellung von dem Schauspieler Thomas Lawinsky beschimpft und, kurzzeitig, seines Spiralblocks beraubt wurde. Wie Stadelmeier schrieb, handelte es sich sogar um einen »schönen« Spiralblock. Jedenfalls entriss Lawinsky dem Kritiker »brutal« seinen schönen Spiralblock, um wenig später Stadelmaiers ostentatives Verlassen der Vorstellung mit den Worten »Hau ab, du Arsch! Verpiss dich!« zu kommentieren.

Stadelmeiers Quintessenz: »Das hat es im Theater noch nie gegeben. Nie auch habe ich mich in meinem über 30-jährigen Kritiker-Leben so beschmutzt, erniedrigt, beleidigt gefühlt – und so abgrundtief traurig übers Theater.« Demgemäß begrüßte Stadelmaier auch in einem Interview mit der »Süddeutschen Zeitung« die Entlassung Lawinskys, gefordert von Frankfurts Oberbürgermeisterin Petra Roth, vollzogen von Intendantin Elisabeth Schweeger. Denn, so Stadelmaier mit Blick auf Lawinskys Entgleisung: »Das ist ein Angriff auf meine körperliche Unversehrtheit und auf die Pressefreiheit.«

Selbstredend hat Stadelmaier mit seinen Vorwürfen Recht, zumal Lawinsky weder intelligent noch komisch frotzelte – also nicht publikumswirksam. Allerdings gönnt man es einem gestandenen und gefürchteten Kritiker nur bedingt, im Recht zu sein, wenn der sich angesichts eines entrissenen Spiralblocks und einer Beleidigung wie Mary Poppins auf der Reeperbahn benimmt. Vielleicht war das ein Grund für Claus Peymann, Thomas Lawinsky im Berliner Ensemble Asyl anzubieten mit der provokativen Begründung, in Peymanns Truppe seien die Haupttugenden des Theaters erwünscht: »Fantasie und Improvisation, Frechheit und Toleranz, Selbstironie, Sex, Geschmacklosigkeit, Subversion, Unsittlichkeit, Irrsinn, Gelächter, Obszönität, Blasphemie, Ironie, Publikums-, Kritiker- und Selbstbeschimpfung und so weiter und so fort, bis ans Tor der Hölle.« Ob nun im Theater praktisch alles erlaubt ist, wie Peymann konstatiert, oder ob es doch Regeln folgt, die es »gefälligst einzuhalten« habe, wie Stadelmaier verkündet, wird im Zweifel wohl das Publikum entscheiden.

Am Rande der Berlinale 2007 entzündete sich im »Spiegel« eine Diskussion um die Macht und Ohnmacht der Filmkritik und ihre Wirkung auf das Publikum. »Hat die deutsche Filmkritik ausgedient?«, fragte der Film- und Fernsehproduzent Günter Rohrbach und: »Brauchen wir sie noch, diese eitlen Selbstdarsteller, die über unseren Filmen ihre Pirouetten drehen?«

Lars-Olav Beier antwortete, wiederum im »Spiegel«, mit der Frage: »Warum stilisieren sich deutsche Filmemacher zu Opfern ihrer Kritiker?« Kritiken, so Beier, würden schließlich nicht für ein Massenpublikum geschrieben, sondern für jene Menschen, die Lust hätten, über das Kino zu reflektieren. »Das sind, so zeigen Statistiken, kaum 20 Prozent aller Kinogänger.«

Der weise Berlinale-Chef Dieter Kosslick kommentierte die Diskussion mit den Worten: »Alle haben Recht.« Mag sein, dass hinter dieser vermeintlich defensiven Haltung auch die Erkenntnis steht, dass es die eine Seite der anderen ohnehin niemals wird recht machen können. Die Unversöhnlichkeit von Kunst und Kritik ist praktisch ein

Naturgesetz, vergleichbar jenem, nachdem auch Füchse und Hühner niemals Freunde sein können, wobei im Kulturbetrieb obendrein täglich neu entschieden wird, wer gerade Fuchs und wer gerade Huhn ist. Angesichts dieser existenziellen Dimension erstaunt es dann aber doch, wie akademisch, ja geradezu freundlich die erwähnte Diskussion im »Spiegel« geführt wurde. Rohrbach verpackte seine Kritik bevorzugt in rhetorische Fragen, Beier endete geradezu versöhnlich: »In dieser Branche brauchen alle sehr viel Leidenschaft und sehr viel Leidensfähigkeit – Filmemacher wie Filmkritiker.« Schon die Titel der Beiträge, Rohrbach überschrieb seinen mit »Das Schmollen der Autisten«, Beier retournierte mit »Das Grollen der Mimosen«, hätten eigentlich aufhorchen lassen müssen. Hier wollten sich offenbar zwei Streithähne nicht die Augen aushacken, sondern einander nur vorsichtig ins Gefieder pusten. Statt blutrünstiger Gladiatoren erlebten die Feuilletonleser zwei brave Kulturtanten, die sich im Stricken konstruktiver Diskussionsbeiträge übten. Dass eine so akademische Debattenkultur nicht annähernd widerspiegelt, wie man sich im Kulturbetrieb tatsächlich hinter den Kulissen auf die Nüsse haut, weiß jeder, der in selbigem seine Brötchen verdient. Der Fall Stadelmaier zeigt da schon eher, welch ungeheures Wutpotenzial im Kulturleben steckt, und er markiert allenfalls die Spitze des Eisbergs. Hinter den Kulissen motzen Orchester über Dirigenten, Dirigenten über Oberspielleiter, Oberspielleiter über Intendanten und diese wiederum über das Orchester. Und die Sänger. Und den Chor. Schauspieler hassen Regisseure, Regisseure hassen Produktionsleiter, diese hassen die Produzenten, die ihrerseits jene hassen, die zu viel Geld kosten, was für Produzenten eigentlich immer alle sind. Alle hassen die Kritik. Und die Politik. Und das Publikum – wenn es nicht gerade mit Standing Ovations belegt, dass es ausnahmsweise den wahren Wert eines Kunstwerkes erkannt hat.

Ob personalintensive Kunstwerke wie Filme, Opern und Dramen Ergebnisse von Harmonie und Teamwork sind, oder ob sie nur unter Schmerzen geboren werden können, ist wohl eine Frage der am Prozess beteiligten Charaktere. Da sich in den Künsten erstaunlich viele Bekloppte herumtreiben, scheint aber hier ein bedeutend besserer Nährboden für Neid, Zwietracht und Beleidigung zu existieren, als in anderen Lebensbereichen. Das kann im Zweifelsfall an den Rand des Wahnsinns führen, wie die Zusammenarbeit von Klaus Kinski und Werner Herzog zeigte. Herzog setzte dem Schauspieler zwar mit dem Dokumentarfilm »Mein liebster Feind« ein Denkmal, gab aber auch zu, dass er seinen liebsten Feind im Streit um ein Haar über den Haufen geknallt hätte: »Da hat ganz, ganz wenig gefehlt.« Zu jener Situation kam es bei den Dreharbeiten zu »Aguirre, der Zorn Gottes«, die 1972 im peruanischen Dschungel stattfanden. »Sie sind ein Anfänger, ein Zwergenregisseur sind Sie, aber nicht ein Regisseur für mich«, schleuderte Kinski Herzog entgegen. »Jetzt beleidigen Sie mich besser nicht!«, drohte Herzog, und Kinski schnauzte zurück: »Beleidigen! Beleidigen! Sie können mich nicht mehr beleidigen, als dass Sie mir Regieanweisungen geben. Allein das ist ja eine Beleidigung.«

Als Kinski infolge eines solchen Wortgefechts das Set verlassen wollte, bedrohte Herzog ihn mit einem Gewehr.

Kinski werde es nur bis zur Flussbiegung schaffen. Herzog jage ihm acht Kugeln in den Kopf, um sich dann selbst zu richten: »Die neunte ist für mich.« Kinski tobte, verlangte nach der Polizei, der nächste Posten war aber rund 400 Meilen entfernt. Also wurden die Dreharbeiten fortgesetzt, übrigens mit dem Ergebnis, dass »Aguirre, der Zorn Gottes« mehrere Preise gewann und Kinski und Herzog noch vier weitere Filme zusammen machten, und sich dabei stritten wie die Kesselflicker.

Wenn es um Geld, Ruhm und Ehre geht, also bei Theater-, Film- und Opernpremieren, auf Vernissagen oder in Konzertsälen, liegen bei den Beteiligten offenbar die Nerven derart blank, dass sich ehrwürdige Kulturstätten im Handumdrehen in Hafenkneipen verwandeln.

Im Spannungsfeld von Kunst und Kommerz nimmt der Werbefilm eine besondere Stellung ein, denn er ist dem Kommerz verpflichtet, soll dabei aber höchsten künstlerischen Ansprüchen genügen und mittels einer gezielten Provokation die Aufmerksamkeit des potenziellen Kunden auf ein Produkt lenken. Reichte es Anfang der 70er noch, eine nackte Frau durchs Bild huschen zu lassen, um »die wilde Frische von Limonen« und die Seifenmarke »Fa« erotisch zu vernetzen, so sind heute Sex, Gewalt, Drogen, Waffen oder tiefschwarzer Humor keine Garanten mehr dafür, die Aufmerksamkeit des Kunden tatsächlich zu gewinnen. Seit »Benneton« in den 80er Jahren die Provokation zum Prinzip einer Kampagne machte und mit blutdurchgetränkten Soldatenuniformen oder überfüllten Flüchtlingsschiffen warb, sind marketingstrategisch kalkulierte Geschmacksverirrungen ein alter Hut. Außerdem ist Provokation nicht gleich Provokation.

Wenn das Unternehmen »Schwarzkopf und Henkel« heute die Marke »Fa« bewirbt, dann erfordert der globalisierte Markt enormes Fingerspitzengefühl, um gerade nicht an der falschen Stelle zu provozieren. Im Nahen Osten darf nämlich kaum Haut gezeigt werden, im Fernen Osten kein Busen, in moslemischen Staaten ist es bei Deo-Werbung nicht erlaubt, nackte Achselhöhlen zu zeigen und in bestimmten Kulturkreisen ist bei der Körperhygiene die Verwendung von Schwämmen obligatorisch.

Die penible Beachtung aller kulturellen Eigenarten schützt aber nicht davor, dennoch ins Fettnäpfchen zu treten. Als die Firma Henkel 1907 ihr brandneues Waschmittel »Persil« auf den Markt brachte, warb sie mit dem Slogan »Wäsche, wasche dich selbst«. Das beleidigte die Hausfrauenehre, denn es galt als ein Zeichen von Faulheit, die Wäsche sich selbst zu überlassen. Der Slogan fiel durch, die Werber waren gezwungen umzudisponieren.

Heute, in Zeiten des globalisierten Marktes, muss Werbung nicht nur komplexe kulturelle und gesellschaftliche Strukturen im Auge behalten, sondern auch die Politik und eine wachsende Zahl von Lobbyverbänden. Das Tabakwerbeverbot ist das wohl bekannteste Beispiel erfolgreicher Lobbyarbeit, aber die Menge derer, die sich im Fall der Fälle beleidigt fühlen, ist weitaus größer. Außerdem ist nahezu unkalkulierbar, wer wann und warum auf die Barrikaden geht.

Der niederländische Werbeaufsichtsrat gab 1977 der Klage eines Fernsehzuschauers statt, der sein religiöses Empfinden verletzt sah. Ein Werbespot hatte ein Getränk als Geschenk des Himmels für die Bewohner der Hölle angepriesen.

In den USA, wo die Political Correctness eine so große Rolle spielt, dass es fast eine Kunst ist, keiner Minderheit auf die Füße zu treten, nimmt die Diskussion darum, was Werbung darf und was nicht, deshalb schon seltsame Züge an.

Beim Superbowl 2007 warb der Schokoriegelhersteller Mars mit einem Spot, in dem zwei Automechaniker über einen Motor gebeugt gedankenverloren an den Enden eines Snickers-Riegels kauen, bis sich schließlich ihre Lippen zu einem Kuss treffen. »Schnell! Mach was Männliches!«, ruft der eine entsetzt, woraufhin sich beide unter Gebrüll eine Handvoll Brusthaare ausreißen. »Schwulenfeindlich« nannten das am nächsten Tag führende amerikanische Homosexuellenverbände, allen voran die »Gay And Lesbian Alliance Against Defamation«. Mars sah sich gezwungen, den Spot zurückzuziehen.

Wenig besser erging es dem Autobauer General Motors, der einen Spot noch vor der Ausstrahlung ändern musste. Erzählt wurde darin die Geschichte eines Montageroboters, der gefeuert wird, weil er eine Schraube fallen gelassen hat. Nach diversen erfolglosen Nebenjobs stürzt er sich von einer Brücke, erwacht jedoch im selben Moment, denn er hatte nur ein Alptraum. Beworben wurden damit die besonderen Garantieleistungen des Autobauers, man wollte dokumentieren, dass selbst die Montageroboter bei General Motors besessen von Qualität (»obsessed with quality«) seien. Ist doch ganz witzig, könnte man meinen, das fand die »American Foundation For Suicide Prevention« aber nicht, deren Sprecher Robert Gebbia fragte: »Warum ist es in Ordnung, sich über Depression lustig zu machen?«

Selbst ein Spot, in dem ein Mitarbeiter eines Fastfoodrestaurants von einer Karriere im Musikgeschäft träumt, kann polarisieren. Gespielt wurde der Hähnchenbräter von Sänger und Tänzer Kevin Federline, beworben wurde ein Versicherungs- und Finanzdienstleister. Steven Anderson, Chef der »American Restaurant Association«, bezeichnete den Spot als »starke und direkte Beleidigung der 12,8 Millionen Amerikaner, die in der Gastronomie arbeiten«.

Haben in den genannten Fällen tatsächlich grob fahrlässige Werbeleute Minderheiten beleidigt? Oder üben sich hier Minderheitenverbände in der Kunst des Beleidigtseins? Ist obendrein ein derart rigides Verständnis von Political Correctness überhaupt der Sache dienlich? Und werden Minderheiten dadurch noch geschützt oder doch schon der Lächerlichkeit preisgegeben?

Der britische Komiker Sascha Baron Cohen wollte das wohl genauer wissen. Er kreierte die Kunstfigur »Borat« und reiste in der Rolle des kasachischen Reporters durch die USA, um die Geduld der Amerikaner in Sachen Political Correctness auf die Probe zu stellen. Baron Cohens Kunstgriff: Borat ist ein sexistischer und rassistischer Hinterwäldler, der allerdings als Angehöriger einer Minderheit in den USA trotzdem eine Art politische Immunität genießt. Die Antwort auf die Frage, wie weit man als Minderheitenangehöriger gehen darf, wenn man selbst Minderheiten beleidigt, liefert Baron Cohen, alias Borat, mit seinem gleichnamigen Kinofilm. Das Ergebnis: Man kann sehr weit gehen, denn Amerikaner scheinen mehr Angst davor zu haben, politisch unkorrekt zu sein, als davor, sich wie Idioten aufzuführen – im Rahmen der Political Correctness sollen an dieser Stelle ausnahmsweise auch mal die Idiotinnen erwähnt werden.

Andererseits verhalten sich manche Amerikaner gerne ausgesprochen politically incorrect, wenn sie glauben, einen Gleichgesinnten gefunden zu haben. So taucht im Film einerseits ein schwulenfeindlicher Rodeoveranstalter auf, anderseits eine vornehme Dinnergesellschaft, die, derweil der Gast Borat die Toilette aufsucht, dessen baldige Amerikanisierung für denkbar hält, obwohl er an diesem Abend von einem Fettnäpfchen ins nächste getreten ist. Als wenig später Borats angebliche Freundin auftaucht, offenbar kommt die Dame gerade vom Straßenstrich, übersteigt das dann doch die Leidensfähigkeit der Gastgeber. Der Abend ist gelaufen, Borat landet mitsamt Anhang auf der Straße.

Sascha Baron Cohen, dessen Film einerseits von der Kritik hymnisch gefeiert und mit Preisen überhäuft, andererseits von der Political-Correctness-Fraktion, kasachischen Offiziellen und den meisten Mitwirkenden im Film scharf kritisiert wurde, frotzelt derweil munter weiter. In einem Interview mit der »Welt« macht Baron Cohens Alter Ego Borat die »Arschlöcher aus Usbekistan, die, wie jeder weiß, miefende Leute mit Knochen in der Mitte des Gehirns sind« für die Probleme in seiner Heimatregion verantwortlich. Auf die Frage, was ihn in den USA am meisten überrascht habe, antwortet er: »Ich war sehr überrascht, dass es jetzt illegal ist, auf Indianer zu schießen. Und ich war sehr überrascht, dass Frauen Auto fahren dürfen.« Und schließlich lobt der investigative Journalist die »Tulyakev-Reformen« aus dem Jahr 2003 als zivilisatorischen Meilenstein für Kasachstan:

»Seitdem dürfen Frauen innen im Bus fahren, Homosexuelle müssen keine blauen Hüte mehr tragen, und heiraten darf man erst ab elf.« Man mag über den Humor Baron Cohens geteilter Meinung sein, als Beleidigungskünstler muss man ihn aber zur Weltspitze zählen.

Satire will provozieren und polarisieren, deshalb spielt sie sich meist auf dem schmalen Grat zwischen freier Meinungsäußerung und justiziabler Beleidigung ab. Ob dieser Balanceakt gelingt, ist auch Glückssache. Die Reaktion der Öffentlichkeit, gegebenenfalls der Medien, spielt dabei ebenso eine Rolle wie die Reaktion des oder der Angegriffenen und der Standpunkt der Justiz. Für den Verfasser kann eine Satire deshalb vieles bedeuten. Ihm winken vielleicht eine gute Publicity und feuilletonistische Anerkennung, vielleicht aber auch gesellschaftliche Ächtung, eine Geldstrafe und ein kleiner Auslandsaufenthalt, bis sich die Wogen geglättet haben.

Wiglaf Droste, einerseits als »Tucholsky von heute« gelobt, andererseits als »Verbalterrorist« und »satirischer Amokläufer« gescholten, steht auf dem Standpunkt, dass ein guter Satiriker regelmäßig verklagt gehöre. In den letzten Jahren habe es ihn auch häufiger mal getroffen. Seine Devise laute aber: »Ein Gentleman verklagt niemals, er wird allenfalls verklagt.« Man könnte das einmal zum Anlass für einen beleidigenden Artikel über Drostes bei seinen Live-Auftritten gelegentlich vorgeführten Bestand an antiken Röhrenjeans nehmen, wobei Drostes Äußerung ja vielleicht nur eine Finte ist. Sollte er sich nicht zum Kreis der Gentlemen zählen, hat man dann womöglich doch schneller eine Klage am Arsch, als man »Travestieshow« sagen kann.

Nun ist eine Anzeige wegen Beleidigung ja sowieso noch kein Beinbruch. Selbst eine Verurteilung bedeutet zwar eine juristische Niederlage, obendrein ist sie gewöhnlich mit einer Geldbuße verbunden, aber für manchen Satiriker fängt an dieser Stelle der Spaß überhaupt erst an.

Als Wiglaf Droste vor einigen Jahren in der »taz« den Idealtypus eines Feldjägers als »Waschbrettkopf« bezeichnete und daraufhin von dem Kommandeur eines Leipziger Feldjägerbataillons wegen Beleidigung angezeigt und auch verurteilt wurde, war das zum Beispiel der Auftakt für ein hübsches Schaulaufen diverser Kollegen der schreibenden Zunft.

Zuvor hatte Drostes Anwalt bei der Duden-Sprachberatung nachgefragt, was es mit dem Begriff »Waschbrettkopf« auf sich habe. Dort zeigte man sich ratlos, da es sich um eine »brandneue« Wortschöpfung Drostes handle, die nicht in der Duden-Sprachkartei zu finden sei, insofern könne man den Begriff auch hinsichtlich seines Beleidigungspotenzials nicht bewerten.

Diese Bewertung holten dann prominente Schriftsteller, Satiriker und Karikaturisten nach. Ralf Sotscheck fand einen Wäschereibesitzer in Dublin, dessen Laden »The Wash Board«, das Waschbrett, heißt. Als Chef dieser Firma sei Jack Clarke der »Head Of The Wash Board«, so Sotscheck, also der »Waschbrettkopf«. Clarke habe keine Probleme damit, im Gegenteil, er halte das für einen ehrenwerten Beruf.

Fritz Tietz führte aus, der Waschbrettkopf werde ja vom Waschbrettbauch abgeleitet. Der sei keine Beleidigung, weil die meisten Männer gerne einen Waschbrettbauch hätten. Beleidigend wäre da eher der »Waschmaschinenbauch, so wie zum Beispiel auch Herr Droste selber einen hat und auch ich und einige andere mehr hierzulande: einen Bauch nämlich mit Platz für mindestens ein bis zwei Trommeln zuzüglich einem Betongewicht gegen das Hoppeln beim Schleudern«. Die eigentliche Beleidigung, so folgert Tietz, wäre deshalb »Waschmaschinenkopf« gewesen. Leider konnten diese und weitere hochkarätigen Gutachteraussagen nicht verhindern, dass Droste zu einer Geldstrafe von 1000 Euro verurteilt wurde, allerdings immerhin für zwei Jahre zur Bewährung ausgesetzt.

Deutlich ruppiger ging es zu, als bekannt wurde, dass Martin Sonneborn, damals Chefredakteur des Satire-Magazins »Titanic«, den Mitgliedern des FIFA-Exekutivkomitees am Vorabend der Wahl zur Fußball-WM 2006 Bestechungsbriefe geschickt hatte. Sonneborn offerierte darin einen Präsentkorb mit Würsten, Schinken und einer Kuckucksuhr als Dank für ein Votum zugunsten von Deutschland. Ob das Schreiben tatsächlich die Wahl beeinflusst hat, ist nicht bewiesen.

Jedenfalls drohte der Deutsche Fußball-Bund dem Satire-Magazin mit einer Schadensersatzforderung im dreistelligen Millionenbereich und erzwang eine Unterlassungserklärung von Sonneborn. Außerdem rief »Bild« ihre Leser dazu auf, der »Titanic«-Redaktion ordentlich die Meinung zu geigen und veröffentlichte die Redaktionskontaktdaten im Rahmen eines Artikels mit der Überschrift »Böses Spiel gegen Franz«. Dazu gab's ein Foto des Fußballkaisers.

Die »Bild«-Leser folgten dem Aufruf: »Vaterlandsverräter«, »Nestbeschmutzer«, »Schmierfinken«, »Lügner«, »Schweinebacken«, »Schwindler«, »Idioten«, »Trottel«, »Bastarde« und einiges mehr mussten sich Sonneborn und die Redaktion der »Titanic« von aufgebrachten Bild-Lesern anhören.

Immerhin entstand so das Material für die CD »Bildleser beschimpfen Titanic« und später erschien auch noch Sonneborns »Protokoll einer erfolgreichen Bestechung« mit dem Titel »Ich tat es für Deutschland«. Um erfolgreich zu sein, muss man also nicht immer nur austeilen, es kann auch gewinnbringend sein, mal die eigene Rübe hinzuhalten.

Grundsätzlich sind Beleidigungen Instrumente in Machtkämpfen, setzt man sie unmotiviert ein, wirken sie rasch unverhältnismäßig. Ob eine Beleidigung emotional oder strategisch gerät, liegt einerseits am Naturell dessen, der sie formuliert, andererseits daran, wie sehr jemand an Machtkämpfe und den Umgang mit den Waffen der Rhetorik gewöhnt ist. Es ist also nicht verwunderlich, dass Beleidigungen im Alltag stilistisch und formal meist zu wünschen übrig lassen. Dort aber, wo die Macht praktisch zu Hause ist, nämlich in der Welt der Politik, hat man gute Chancen, Beleidigungen von Format zu finden. Allerdings ist auch das nicht selbstverständlich. In Herlinde Koelbls Dokumentation »Spuren der Macht« nennt Joschka Fischer den Grund dafür: »Das Parlament ist mehr oder weniger repräsentativ für das deutsche Volk, also finden sie im Parlament genau wie in der Bevölkerung alles: Großartigkeiten und Gemeinheiten, Intelligenz und Dummheit, Heiliges und Perverses, Ganoven und ganz durchschnittliche Leute mit Stärken und Schwächen.«

Wenn Politiker sich im Bundestag öffentlich beleidigen, dann wird das meistens in Form eines Ordnungsrufs, auch Tadel genannt, aktenkundig. Ermahnt der Vorsitzende einen Abgeordneten zwei Mal, dann ist beim nächsten Tadel der Sitzungsausschluss fällig. Aufgrund der Protokolle kann man also Statistiken darüber erstellen, wer wann wen wie oft im Hohen Haus beleidigt hat. Die SPD liegt insgesamt an der Spitze der Ordnungsrufe mit mehr als 40 Prozent, gefolgt von den Grünen, die stolze 20 Prozent der Ordnungsrufe kassiert haben, obwohl sie erst seit 1993 im Bundestag sitzen. Platz drei belegt die CDU/CSU mit knapp 19 Prozent.

Die Einzelrekordliste der Beleidigungen führt Herbert Wehner an. Auf Platz zwei liegt nicht, wie oft angenommen wird, Joschka Fischer, sondern der SPD-Mann Ottmar Schreiner aus dem Saarland. Auf Platz drei folgt immer noch nicht Fischer, sondern der KPD-Abgeordnete Heinz Renner. Den vierten Platz teilen sich Joschka Fischer von den Grünen und Gerhard O. Pfeffermann von der CDU/CSU. Die erste Frau der Liste folgt auf Platz fünf, Gertrud Schilling von den Grünen, sie teilt sich den Rang mit dem KPD-Abgeordneten Walter Fisch.

Während Fischer für seinen berühmt gewordenen Ausspruch »Mit Verlaub, Herr Präsident, Sie sind ein Arschloch!« zwei Tage Sitzungsverbot bekam, gelang es Herbert Wehner übrigens immer, den dritten und entscheidenden Rüffel zu vermeiden. Allerdings wurde Wehner für mehrere Sitzungstage ausgeschlossen, weil er zusammen mit seinem Fraktionskollegen Heiland den fraktionslosen Abgeordneten Hedler aus dem Parlament geprügelt hatte. In der ersten Wahlperiode ging es eben manchmal noch ein bisschen ruppig zu.

Unter den Beschimpfungen, die in der fast 60-jährigen Geschichte des deutschen Bundestages fielen, finden sich viele aus dem alltäglichen Gebrauch bekannte Kraftausdrücke: »Arschloch«, »Schafskopf«, »Quatschkopf«, »Dreckssack«, »Ratte«, »Verbrecher«, »Verleumder«, »Wadenbeißer«, »Kläffer«, »Prolet« oder »Flegel«. Übrigens war Joschka Fischer nicht der erste Parlamentarier, der sich zu dem Begriff »Arschloch« hinreißen ließ, wobei sein Ausspruch kurioserweise überhaupt nicht in den Sitzungsprotokollen auftaucht, weil Bundestagsvizepräsident Richard Stücklen zu diesem Zeitpunkt die Sitzung bereits unterbrochen hatte.

Von den Parlamentariern häufiger gebrauchte Beschimpfungen sind »Lümmel«, »Lump«, »Schnösel«, »Schwein«, »Strolch«, »Schmutzfink«, »Schwachkopf« oder »Schwätzer«. Hier scheint sich eine Vorliebe für Zisch-Laute ablesen zu lassen. Ebenfalls gern genommen wird das Adjektiv »arrogant«, etwa in den Kombinationen »arroganter Pinsel«, »arroganter Affe« oder »arroganter Fatzke«.

Bei Konstruktionen mit Adjektiv finden sich überhaupt interessante, mitunter sogar außergewöhnliche Kreationen, etwa »semantischer Gartenzwerg«, »geistiger Kurzarbeiter«, »hemmungsloser Demagoge«, »brutaler Volksbetrüger«, »umweltpolitischer Nichtsnutz«, »politische Giftschleuder«, »christliche Dreckschleuder« oder »ehrabschneidender Volksverhetzer«. Als Highlight dieser Aufzählung darf man wohl Herbert Wehners Titulierung des CDU-Mannes Kliesing als »geistiges Eintopfgesicht« betrachten.

Natürlich gibt es auch die weniger originellen, bekannten Varianten: »feiger Hund«, »scheinheilige Schlange« oder »armer Irrer«. Abgeordnete sind in ihren Beleidigungen aber doch oft direkter als der Durchschnittsbürger. Zwar kann es passieren, dass auch Politiker aus der Haut fahren, gewöhnlich aber versuchen sie ihren Gegner gezielt zu diskreditieren. Dazu wird beispielsweise die Schlüpfrigkeit und Verlogenheit des Gegenübers suggeriert: »Heuchelbruder«, »Schmierenkomödiant«, »Spruchbeutel«, »Betrüger«, »Falschmünzer«. Oder seine Naivität, Ungeschicktheit und Unerfahrenheit behauptet: »Rotzjunge«, »Hanswurst«, »Dösbaddel«, »Hampelmann«, »Gnom«. Oder aber seine Gefährlichkeit und Illoyalität: »Brandstifter«, »Frühstücksverleumder«, »Schmutzwerfer«, »Berserker«.

Manchmal werden auch Ämterbezeichnungen zu Rohstoffen für Wortneuschöpfungen: »Pannenkanzler«, »Täuschungsminister«, »Hilfsabgeordneter«, »Mithörminister« oder »Bundesminister für Vetternwirtschaft«. Der Versuch, neue Beschimpfungen zu finden, geht allerdings hin und wieder einher mit der Überschätzung der eigenen Kreativität und Sprachgewalt. Dann entstehen Wortungetüme wie »Starkstromleitungsreaktionär« oder »Worthülsenmeister« und der Verdacht liegt nahe, dass hier ein paar Abgeordnete ganz schön den Hintern zusammengekniffen haben, um mal so richtig witzig zu wirken. Aber es gibt bei den Neologismen auch Beispiele für gelungene Attacken, etwa Bernd Reuters Bezeichnung des Ex-Bundesumweltministers Walter Wallmann als »Quadratschlitzohr«.

Geteilter Meinung kann man ebenfalls sein, wenn Abgeordnetennamen verballhornt werden. Herbert Wehner hat das ja gerne gemacht, ziemlich bekannt sind »Übelkrähe« als Bezeichnung für den Abgeordneten Jürgen Wohlrabe oder »Hodentöter«, wie Wehner den Abgeordneten Todenhöfer nannte. Dabei können namengebundene Beleidigungsversuche sogar kontraproduktiv sein. Die seit 1965 von diversen Abgeordneten als Schimpfwort gemeinte Bezeichnung »Schmidt-Schnauze« wurde als Synonym für entschlossenes und energisches Auftreten zum Markenzeichen Helmut Schmidts.

Interessant geraten Beleidigungen, wenn sie nicht nur pointiert und treffend sind, sondern auch den Adressaten erkennen lassen. Man ahnt beispielsweise, welcher Politiker sich hinter den folgenden Titulierungen verbirgt: »Bayerisches Rumpelstilzchen«, »Alpen-Churchill«, »Doktor Mabuse der Koalition« und »Die bundesdeutsche Atomkanone«. Gemeint war jeweils der CSU-Vorsitzende Franz Josef Strauß, der übrigens seinerseits für den Ex-Bundesaußenminister und Ehren-FDP-Vorsitzenden Hans-Dietrich Genscher die charmante Bezeichnung »Edelkurtisane zwischen zwei Monarchen« erfand. Theo Waigel urteilte über Otto Graf Lambsdorff da wesentlich prosaischer, aber nicht minder komisch: Lambsdorff sei ein »adeliger Klugscheißer«.

Erstklassige Beleidigungen sind idealerweise nicht in Kraftausdrücken, sondern in stilsichere und pointierte Gesprächsbeiträge verpackt. Es liegt dann noch am Naturell des Absenders, wie sie sprachlich eingefärbt und individuell akzentuiert werden. All das konstituiert nämlich die Besonderheit einer Beleidigung, dokumentiert die Haltung des Absenders und bestenfalls seine Fähigkeit, sich vom gemeinen Zwischenrufer abzugrenzen. In dieser Liga der Beleidigungen geht es also auch darum, Haltung zu bewahren und einer Bosheit nebenbei den Geschmack von Hochkultur zu verleihen.

Wie das geht?

Etwa formell-distinguiert wie Gerd Walter anlässlich von Spekulationen über den Wechsel Martin Bangemanns in die EG: »Wir sind gegen eine Europäisierung des Problems Bangemann«.

Oder höflich-zurückhaltend wie Willi Brandt über den NRW-CDU-Politiker Bernhard Worms: »Bei allem Respekt, Worms ist einer der wenigen Politiker, die ich kenne, deren Bekanntheitsgrad während eines Wahlkampfes zurückgegangen ist.«

Oder amüsiert-kokett wie Johannes Rau über die CDU/CSU: »Wenn ich vergleiche, was Franz Josef Strauß über mich sagt, und was er über Kohl denkt, dann macht er mir jeden Tag eine Liebeserklärung.«

Oder freundlich-hinterhältig wie Altbundeskanzler Schmidt über seinen Nachfolger: »Ich verstehe überhaupt nicht, wieso jemand sich über Kohl aufregt. Eigentlich tut er doch gar nichts.«

Oder aristokratisch-elegant wie der SPD-Abgeordnete Wolfgang Roth über Hans-Jochen Vogel: »Es ist sicher, dass sich Bernhard und Jochen Vogel duzen. Aber es ist nicht sicher, ob sich Jochen Vogel im Selbstgespräch nicht doch siezt.«

Mitunter konstituiert sich in einer erstklassigen Beleidigung nicht nur die Haltung eines Menschen, sondern sie gibt sogar einen Blick in sein Innerstes frei. Hans-Jochen Vogel beispielsweise scheint großen Spaß an

Häme zu haben. Nach Philipp Jenningers Rücktritt als Bundestagspräsident aufgrund der Rede zum 50. Jahrestag der Novemberpogrome 1938 bemerkte Vogel: »Hier hat doch kein Neonazi gesprochen, hier ist jemand an einer großen Aufgabe gescheitert.«

Und mit Blick auf die »Flick-Affäre« bescheinigte Vogel dem deshalb angeklagten FDP-Vorsitzenden Otto Graf Lambsdorff: »Der Graf ist an gerichtsfreien Tagen immer besonders lebendig und aktiv.«

Otto Graf Lambsdorff seinerseits mag pointierte Spitzen: »Ich kenne Johannes Rau seit 25 Jahren. Er ist ein angenehmer Mensch, sympathisch, freundlich, liebenswürdig – und vollständig ungeeignet, Bundeskanzler zu werden.« Und über Rudolf Scharping urteilte Lambsdorff: »Der Mann hat Alpträume. Er hört nachts Stimmen. Aber es sind zu wenige.«

Wie weltmännisch, elegant und witzig eine verbale Spitze geraten kann, wenn jemand mit enormem Sprachgefühl zu Werke geht, zeigt eine Äußerung des damaligen Bundesaußenministers Hans-Dietrich Genscher aus dem Jahr 1987: »Der Name Franz Josef Strauß ist in meinem Wahlkampf nicht vorgekommen. Selbst wenn ich über mehrere Blumen zu sprechen hatte, habe ich immer ›Bukett‹ gesagt.« Auf eine solche Weise kann man sogar Namen ironisieren, ohne sich dabei zu vergaloppieren.

Es schadet, wie einige der Beispiele zeigen, übrigens der Wirkung einer Beleidigung keineswegs, wenn man nicht die wuchtigsten Begriffe verwendet, sondern auf Humor, Leichtigkeit und gute Laune setzt. In diesen Fällen schwingt nämlich immer auch ein Hauch von Selbstironie mit. Ein schönes Beispiel dafür ist ein Zwischenruf des SPD-Abgeordneten Peter Paterna. Als dem Abgeordneten Pfefferman gerade das Wort erteilt worden war, feixte Paterna: »Wer macht denn jetzt bei euch die Zwischenrufe, wenn du am Rednerpult stehst?«

Heiner Geißler beklagt im Nachwort zu der Zitatensammlung »Politiker beschimpfen Politiker« den Verlust der parlamentarischen Streitkultur: »Wirklich schwere Brocken werden heutzutage – fast muss man schon sagen ›leider‹ – im Parlament nicht mehr abgefeuert.« Geißler hält die Streitkultur für einen integralen Bestandteil der Demokratie, dabei darf auch mit harten Bandagen gekämpft werden: »Vom Kugelwechsel ist der Wortwechsel abgeleitet.« Er bescheinigt den Deutschen eine »privatistische Politikabstinenz, die sozusagen vom Erker des Wohnzimmers aus beobachtet, wie sich die Politiker im Gelände tummeln und sich die Hände schmutzig machen.« Irgendwie möchte also keiner keinem auf die Füße treten.

Man kann Geißlers Sicht der Dinge problemlos auf Kultur und Gesellschaft ausweiten. Der deutsche Medienbetrieb gibt sich zwar in puncto Hochkultur sprachgewaltig, scheut aber sprachliche Gewalttätigkeiten.

Dass die das Salz in der Suppe einer lebendigen Debatte sind, zeigt eine Anekdote aus dem britischen Unterhaus. Die Labour-Abgeordnete Bessy Smith unterbrach Winston Churchill mit den Worten: »Wenn Sie mein Mann wären, würde ich Ihnen Gift in den Kaffee tun.« Churchill erwiderte ungerührt: »Wenn Sie meine Frau wären, würde ich den Kaffee trinken.«

Einem deutschen Politiker würde man eine solche Replik wohl nicht zutrauen. Aber Churchill war ja nicht allein Politiker, sondern auch Journalist und Buchautor, Literaturnobelpreisträger obendrein. Als Staatsmann und Mann des Wortes war übrigens seine Präferenz hinsichtlich der Wahl der Mittel eindeutig: »Besser einander beschimpfen als einander beschießen.«

Idioten Spezial

Rassismus, Sexismus, Diffamierung, Selbstironie: im Grenzland der Beleidigung

»Oklahoma ist bekannt für zwei Dinge: Stiere und Schwule. Was bist du, Mann? Ich sehe keine Hörner.«

Sgt. Emil Foley (Louis Gossett Jr.)
in EIN OFFIZIER UND GENTLEMEN

Beleidigungen können konstruktive Dialoge eröffnen oder festgefahrenen Situationen eine neue Wendung geben. Verbalinjurien sind aber auch geeignet, irreparable Schäden anzurichten. Je nach Kontext kann sich das auf den zwischenmenschlichen Bereich beschränken, aber auch gravierende gesellschaftliche oder politische Auswirkungen haben. Eine Beleidigung kann also Konsequenzen nach sich ziehen, die der Initiator sich selbst wohl in seinen kühnsten Alpträumen nicht hätte vorstellen können.

Wir haben bereits in vorigen Kapiteln festgestellt, dass Beleidigungen zielgenau formuliert werden sollten, und zwar formal, inhaltlich und stilistisch. Die folgenden Spezialfälle werden zeigen, dass eine Verletzung aller drei Regeln zu unhaltbaren Aussagen führt, die deshalb zu Recht Empörung hervorrufen. Es geht also um all jene rhetorischen Mittel, deren Verwendung auch abseits der Beleidigung nicht unproblematisch sind, etwa das Formulieren von Allgemeinplätzen oder die Verwendung von Klischees, das Witzeln über Minderheiten oder den beleidigenden

Rundumschlag, bei dem mitunter ganzen Völkern unterstellt wird, blöd, notgeil oder was auch immer zu sein.

Zunächst gilt es aber kurz einen Spezialfall zu erwähnen, der das genaue Gegenteil solcher – nennen wir sie generalisierten – Beleidigungen ist, nämlich die Selbstbeleidigung. Die darf man in aller Härte jederzeit bedenkenlos praktizieren, weil Täter und Opfer ja identisch sind. Wenn Sie sich selbst beleidigen, quasi als verschärfte Variante der Selbstironie, müssen Sie kein Blatt vor den Mund nehmen. Im Normalfall werden Sie dabei auch keine juristischen Probleme bekommen, es sei denn, Sie haben die in Amerika bereits mehrfach praktizierte Idee, sich selbst zu verklagen. Ob das in Deutschland überhaupt geht, müssten Sie zuvor mit Ihrer Rechtsschutzversicherung klären. Jedenfalls soll es einen Häftling im Staatsgefängnis von New Jersey gegeben haben, der gegen sich selbst Klage erhob, weil er behauptete, er habe seine eigenen Grundrechte verletzt, indem er eine Straftat begangen habe. Einerseits schuldig, andererseits aber zu Unrecht inhaftiert, forderte er fünf Millionen Dollar Entschädigung vom Staat für den Verdienstausfall während seiner Haftzeit. Die Klage wurde als nicht ernstzunehmend abgewiesen.

In einem anderen Fall kam es aber tatsächlich zur Verhandlung. Diesmal hatte ein Amerikaner versucht, mit diversen juristischen Winkelzügen seine Geburtsurkunde annullieren zu lassen. Das Gericht kam zu dem Schluss, dass die von der Jury getroffene Entscheidung gegen die Annullierung nicht ungerecht sein könne, denn wenn auch der Kläger den Fall verloren habe, so habe er ihn als Beklagter doch trotzdem gewonnen.

Selbstironie ist eine aus zwei Gründen attraktive Strategie: Zum einen gilt ein Mensch, der sich persönlich nicht so ernst nimmt, als sympathisch, zum anderen nimmt Selbstironie Gegnern den Wind aus den Segeln. Wenn Sie sich schon höchstpersönlich an den Karren gefahren sind, dann sinkt für einen anderen die Attraktivität, das ebenfalls zu tun, gen null.

Jeder von uns kennt Fälle von Selbstbeleidigung, hat sie sich aber im Normalfall bislang nicht vergegenwärtigt. Ein spontaner Akt der Selbstbeleidigung ist beispielsweise der Ausruf »Ach, ich Idiot!«, etwa wenn man eine Arbeit zwar erledigt hat, ein kleiner Fehler einen aber dazu zwingt, ganz von vorne anzufangen. Nennen wir das mal den »Ikea-Effekt«, denn ich habe den Ausruf so oder so ähnlich schon häufiger bei genervten Möbelselbstaufbauern gehört.

Auch Wendungen wie »sich zum Affen machen« oder »sich wie ein Trottel benommen haben« zeigen, dass wir uns wesentlich öfter für Dummköpfe halten, als wir es tatsächlich formulieren.

Dabei beweisen Selbstbeleidigungen und die damit verwandte Selbstironie nicht nur, dass man einen ebenso kritischen wie selbstkritischen Gesprächspartner vor sich hat, im besten Fall sind sie sogar recht unterhaltsam.

Dem Rockmusiker Jon Bon Jovi wird das Zitat zugeschrieben: »Ich fühle mich verantwortlich für das riesige Loch in der Ozonschicht, das ich in den 80er Jahren mit meiner Haarspray-Frisur mitverursacht habe.«

Ein bemerkenswerter Gag, weil Bon Jovi sich nicht nur, für einen Mann eher untypisch, in modischer Hinsicht auf die Schippe nimmt, sondern auch, weil man ihn als Rockmusiker wohl eher zu jenen Menschen zählen würde, die einen nicht so großen Abstand zu ihrem Image pflegen.

Insgesamt, so fanden die Cartoonistin Franziska Becker, die Kabarettistin Maren Kroymann und Comedian Hella von Sinnen in einem Interview mit Alice Schwarzer für die Zeitschrift »Emma« heraus, ist das Lachen über eigene Fehler eher frauenspezifisch. »Ich haben den Eindruck, dass Frauen lieber über sich selbst lachen. Über die eigenen Schwächen und Unvollkommenheiten. Während Männer lieber über andere lachen«, sagte Hella von Sinnen in besagtem Gespräch.

Die vier kamen aber zu noch drastischeren Erkenntnissen. Alice Schwarzer: »Die Luft ist beim Humor für Frauen so dünn wie bei der ›Formel 1‹ oder im Kanzleramt. Und nur ein halbes Dutzend HumorforscherInnen in der Welt hat sich in den letzten 20 Jahren überhaupt unter dem Gesichtspunkt mit der Frage beschäftigt. Sie kommen zu dem Schluss: Der Humor von Männern ist ein Machtinstrument – gegen Frauen und andere ›Minderheiten‹. Stichwort: Schwulenwitze, Türkenwitze, Judenwitze.«

Man kommt nach kurzem Nachdenken nicht umhin, festzustellen, da ist was dran.

Katharine Hepburn hat einmal gesagt: »In meinem Alter gibt es nicht mehr viel Auswahl – gewöhnlich spiele ich eine alte Schachtel, die etwas daneben ist.« Würde ein ähnlicher Satz Jack Nicholson über die Lippen kommen? Oder Sean Connery? Oder, um ein deutsches Beispiel zu nennen, Götz George?

Und auch hinsichtlich der Spitzenpolitik, scheint Schwarzer richtig zu liegen. Erst mit Angela Merkel ist ins Kanzleramt auch ein wenig Selbstironie eingezogen,

Gerhard Schröder hielt sich womöglich auch für selbstironisch, das schien mir aber meist eine Art Zweckselbstironie zu sein. Während sich Helmut Kohls Selbstironie in dem fast gutsherrisch anmutenden Satz »Sie wissen, dass mir jeglicher Ehrgeiz völlig fremd ist« erschöpfte, übrigens bereits 1977 geäußert, bewies Angela Merkel im Wahlkampf 2002 durchaus Sportsgeist. Mit einem eher unvorteilhaften Foto von sich und dem Slogan »Machen Sie mehr aus Ihrem Typ« begab sich Merkel in dem Branchenfachblatt »Werben & verkaufen« auf die Suche nach kreativen Werbeleuten für den CDU-Wahlkampf 2002.

Unter 140 Bewerbern suchten und fanden Parteichefin Merkel, Bundesgeschäftsführer Willi Hausmann und CDU-Generalsekretär Laurenz Meyer, das waren jene drei, die auch das Konzept für die »w&v«-Anzeige entwickelt hatten, die Agentur McCann-Erickson, die zum damaligen Zeitpunkt bereits Verona Feldbusch und ihr »Blupp« medienwirksam mit einem Rahmspinat vernetzt hatte.

Gelassen hatte Merkel zu diesem Zeitpunkt bereits eine Kampagne des Autoverleihers »Sixt« pariert. Der hatte in großformatigen Anzeigen gefragt »Lust auf eine neue Frisur?« und selbst geantwortet »Mieten Sie sich ein Cabrio«. Gezeigt wurde zum ersten Slogan das Konterfei Merkels mit ihrer nicht eben modischen Frisur, das zweite Motiv zeigte ein Bild der CDU-Frau mit Sturmfrisur. Merkels Kommentar: »Das ist ein interessanter Vorschlag für Haar-Styling.« Zugegeben, keine sehr knackige Replik, aber souveräner als Oskar Lafontaine, der ebenfalls in einer Sixt-Werbung auftauchte und den Konzern verklagte, Lafontaine verlor in letzter Instanz.

In einem Interview mit der Zeitschrift »TV Movie« bemerkte Oliver Pocher anlässlich der Premiere seines Films »Vollidiot«, den Deutschen fehle es an Selbstironie. Über sich selbst würden die Menschen hierzulande nur äußerst ungern lachen. Fraglich, ob das nun alle Deutschen gleichermaßen betrifft, oder ob es gemäß den Erkenntnissen der »Emma« nicht doch insbesondere deutschen Männern an Selbstironie fehlt.

Betrachten wir also ein paar Beispiele männlicher Selbstironie. Im Bereich der Politik, wo ja, wie im vorigen Kapitel beschrieben, öfter mal verbal mit harten Bandagen gekämpft wird, finden sich tatsächlich auch einige wenige Bemerkungen, die auf kurze Momente selbstironischer Einsichten schließen lassen.

»Skat ist das Einzige, was ich wirklich kann«, bemerkte Klaus Töpfer 1993, und Theo Waigel bemitleidete sich vier Jahre später mit dem Satz: »Ich schleppe mich von Sieg zu Sieg.« Deutlicher noch formulierte Klaus Kinkel seine desolate Situation: »In einem gewissen Sinne war ich schon immer die arme Sau, die den Riebel hinhalten musste.«

Gut gelaunte Varianten solcher zärtlichen Selbstgeißelungen formulierte der DDR-Innenminister Peter-Michael Diestel mit dem Satz: »Ich bin während meiner Amtszeit als Innenminister mit Ministerpräsident de Maizière wie Dick und Doof durch die Regierungsarbeit gegangen.« Oder Richard von Weizäcker, der 1994 frohlockte: »Die Stafette ist übergeben. Sie haben mich glücklich überstanden.«

Es geht auch noch ein bisschen besser gelaunt, wie Hans Apel zeigt, der 1987 bemerkte: »Ich sehe mit Gelassenheit meine Entwicklung in der SPD vom Sonnyboy über den Kronprinzen zum Armleuchter.« Oder Hans-Dietrich Genscher, der 1992 heiter dichtete: »Auf den Komoren und Azoren erkennt man mich an meinen Ohren.«

So offenherzig und launig diese Beispiele auch wirken mögen, die in ihnen formulierte Selbstironie wird dann doch oft von einer nicht unerheblichen Selbstverliebtheit begleitet. Die geschliffenen Formulierungen machen wett, was inhaltlich an Defiziten behauptet wird.

Eine Variante dieser im Sinne der »Emma« männlichen Form der Selbstironie ist die subkutan transportierte Beleidigung. In diesem Falle wird Selbstironie vorgetäuscht, tatsächlich aber teilt man nebenbei ein bisschen aus. Als Gregor Gysi sein Amt als PDS-Chef niederlegte, begründete er das mit dem Satz: »Ich fürchte, allmählich an Persönlichkeit zu verlieren und damit wie viele andere Politiker zu werden.«

Unter dem Aspekt der Selbstironie hätte der erste Teil des Satzes völlig ausgereicht, aber es scheint eben, als müssten Männer bei einer selbstkritischen Äußerung zumindest nebenbei auf noch bedauernswertere Beispiele abheben, um nicht bei sich selbst ein unangenehmes Gefühl zu hinterlassen.

Der Schauspieler Val Kilmer antwortete einmal auf die Frage, ob er sich jemals einer Schönheits-OP unterziehen würde: »Ich? Nie! Ich stehe voll auf diesen Robert-Redford-Look. Einfach aussehen wie eine Walnuss und dazu stehen.« Dabei hätte Kilmer Grund, ein wenig bescheidener aufzutreten. Gehörte er früher zu den durchtrainierten Hollywood-Beaus, so hat er über die Jahre ein bisschen zugelegt. Jedenfalls scheint er eher kein Kandidat für den Redford-Look zu sein, denn dazu braucht man wohl eine Veranlagung zur Leptosomie.

Tom Hanks, einmal auf seinen Bauch angesprochen, fand die fast philosophische Erklärung: »Das Leben ist zu kurz, um allzu viele Mahlzeiten auszulassen.« Immerhin ein Beispiel für männliche Selbstironie.

Der einige Jahre in England lebende und für den Erstligaclub »FC Fulham« spielende deutsche Fußballer Moritz Volz hält Selbstironie für einen Schutzschild, sie sei »das sicherste Zeichen, dass du kein Außenseiter mehr bist, dass du dich eingelebt hast«. Volz ist in England zum Publikumsliebling avanciert, die »Times« hat ihn als Kolumnisten engagiert und der »Guardian« schrieb über ihn: »Moritz Volz ist auf Mission, sämtliche Stereotype zu unterlaufen. Er ist ein Deutscher mit Humor.«

Womit wir prompt beim nächsten Thema wären, nämlich der Beleidigung ganzer Völker. Wie wir gerade nebenbei erfahren haben, halten die Briten uns Deutsche also für humorlos. Keine so ganz falsche Annahme, zumal wir britischen Humor in Form von TV-Unterhaltung gerne importieren, während die Briten über unseren Humor doch deutlich weniger lachen wollen.

Trotzdem finden wir es natürlich beleidigend, für humorlos gehalten zu werden. Im Gegenzug sind wir deshalb der Ansicht, dass die Briten hässliche Frauen haben. Und hässliche Männer. Und einen bescheuerten Linksverkehr. Und keinen vernünftigen Kaffee.

Und wenn die Holländer uns blöd kommen, dann sind sie »Käsköppe« und die Franzosen sind »Froschfresser« und die Italiener »Spaghettifresser«. Letzte Beleidigung stammt übrigens nicht von mir, sondern von Karl Moik, dem Ex-Moderator des »Musikantenstadl«. Volksmusikstar Patrick Lindner hatte in einem Stadl die Schönheit Italiens besungen, woraufhin Moik sich zu einem krachledernen Witz hingerissen fühlte: »Patrick Lindner! Ich muss dich rügen! Ich lade dich ein nach Wien, ins frühlingshafte Wien. Und was machst du? Du singst von den Spaghettifressern.« Lindner, peinlich berührt, schickte liebe Grüße nach Italien, doch der Skandal war nicht mehr aufzuhalten. »Schnitzelfresser«, »Bratwurstfresser«, »Kartoffelfresser« tönte es in den italienischen Medien, und Moik bemühte sich um Schadensbegrenzung, indem er die »Bild« wissen ließ: »Ich bin doch selbst ein Spaghettifresser und liebe Pasta über alles.«

Außerdem erklärte Moik, aufgrund der Wirkung von Narkotika, deren Einnahme nötig gewesen sei, weil er nach einem Herzinfarkt drei Bypässe gelegt bekommen habe, sei er in dieser Sendung nicht mehr Herr seiner Sinne gewesen. Interessanterweise hat sich die Presse nicht gefragt, wieso man in diesem Zustand den »Musikantenstadl« moderieren kann. Ich hab da so meine Theorie, behalte sie aber für mich.

Jedenfalls hatte Moik ein ähnliches Beleidigungsproblem, als er in einem Interview mit dem »Hamburger Abendblatt« seine Vorliebe für das Lesen von Biografien kundtat: »Kohl, Edison, Stalin.« Moik verkündete, er finde in solchen Biografien viele Parallelen zu seinem Leben. Auf Nachfrage, ob er Parallelen zu Stalin meine, antwortete Moik: »Er war in der Schule nicht der Beste. Und er hat sich mit harter Arbeit durch viele Intrigen durchkämpfen müssen.« Thedor Mittrup, Geschäftsführer des Bundes der Stalinistisch Verfolgten, forderte Moik daraufhin auf, sich für seine Äußerungen bei den Millionen Opfern zu entschuldigen. Außerdem regte Mittrup den Millionär Moik zu einer »großzügigen Spende an notleidende Opfer Stalins« an.

Wir haben jedenfalls jetzt eine ungefähre Vorstellung von den Gepflogenheiten im Volksmusikgeschäft.

Einen weitaus größeren Sturm der Entrüstung entfachte Hollywoodstar Mel Gibson, als er im Juli 2006 in stark alkoholisiertem Zustand bei einer Verkehrskontrolle schimpfte: »Die Juden sind für alle Kriege dieser Welt verantwortlich.« Dann fragte er den Beamten: »Sind Sie Jude?« Gibson entschuldigte sich zwar umgehend für diese Äußerung, die Reaktionen auf seinen Ausfall waren dennoch ungemein heftig. Von einer »nuklearen Katastrophe« war die Rede, von einem »schrecklichen Schlag« für Gibsons Ansehen. Die US-Presse erklärte ihn zum »Mad Mel«. Rund zweieinhalb Monate nach seiner Entgleisung machte Gibson in »Good Morning America« einerseits den Alkohol für sein Fehlverhalten verantwortlich, andererseits habe er sich als Künstler, Christ und Mensch gedemütigt gefühlt angesichts der öffentlichen Prügel, die er im Vorfeld der Veröffentlichung seines Films »Die Passion Christi« bezogen habe. Jüdische Organisationen hatten Passagen des Films als antisemitisch empfunden und kritisiert. Gibsons Äußerungen unter Alkoholeinfluss bestätigten nun die Befürchtungen der Kritiker. Der Schauspieler, Regisseur und Produzent unterzog sich einem Alkoholentzug und bemühte sich, den Dialog mit seinen Beleidigungsopfern nicht abreißen zu lassen: »Ich weiß, dass viele nichts mit mir zu tun haben wollen, und das ist verständlich. Aber ich bete, dass die Tür nicht für immer verschlossen ist.«

Dass der Schaden, den Gibsons antisemitische Äußerungen aufgrund seiner Prominenz und des damit verbundenen Medieninteresses nicht nur für den Schauspieler selbst kaum hoch genug einzuschätzen ist, zeigte sich Ende 2006. Der in Österreich wegen Leugnung des Holocausts zu drei Jahren Gefängnis verurteilte britische Publizist David Irving provozierte nach seiner Haftentlassung bei einer Pressekonferenz mit rassistischen Bemerkungen und verteidigte außerdem die antisemitischen Äußerungen Gibsons. In vielen Aspekten habe der Schauspieler Recht, so Irving. Dabei nahm der Holocaust-Leugner geflissentlich nicht zur Kenntnis, dass Gibson selbst bereits mehrfach beteuert hatte, im Unrecht zu sein.

Obwohl die wenigsten Menschen über eine auch nur annähernd so große Popularität wie Mel Gibson verfügen und deshalb mit ihren Äußerungen auch gewöhnlich kein Medieninteresse erzeugen, ist das genannte Beispiel hilfreich, um sich zu vergegenwärtigen, dass Aussagen nie isoliert betrachtet werden können. Eine rassistische, sexistische oder anderweitig diffamierende Bemerkung sagt nicht nur etwas über denjenigen aus, der sie formuliert, sondern eben auch über die Zuhörerschaft. Statt zu schweigen, wenn Sie Zeuge einer solchen Verbalinjurie werden, sollten Sie sich in diesem Moment auf die Kunst der Beleidigung besinnen und dem Wortführer zeigen, dass es eine bescheuerte Idee ist, sich auf Kosten von Minderheiten zu profilieren.

Wenn gleich ganze Völker miteinander im Clinch liegen und sich ob irgendwelcher Querelen beleidigen, hat das oft komische Züge, vorausgesetzt, man steht nicht am Rande eines Krieges und beharkt sich mit friedlichen Mitteln. Als Frankreich 2003 erwog, ein UNO-Veto gegen den Irak-Krieg einzulegen, entschlossen sich die Amerikaner, »French Fries«, also ordinäre Pommes frites, in »Freedom Fries« umzubenennen, außerdem erwog man, Perrier-Mineralwasser aus amerikanischen Restaurants zu verbannen. Nun sind »French Fries« eine belgische Erfindung, mutmaßlich auf einen Mann namens French zurückzuführen, und Perrier wird von dem Schweizer Konzern Nestlé hergestellt, insofern verfehlten die Amerikaner das Ziel, was ihnen ja auch im Irak-Krieg passiert ist.

Umberto Eco empörte sich in der italienischen Zeitschrift »L'Espresso« über die unfeine amerikanische Art. Die Freiheitsstatue, so Eco, sei den Amerikanern von den Franzosen geschenkt worden. Die Struktur habe Eiffel entworfen, das sei der mit dem Turm, und der Bildhauer Bartholdi habe der Statue das Gesicht seiner eigenen Mutter verpasst. Naheliegend im Rahmen der French-Fries- und Perrier-Aktion wäre es deshalb, die Freiheitsstatue in die Luft zu jagen und sie durch eine Figur von Condoleezza Rice zu ersetzen, »die an der Stelle der alten Fackel eine Rakete emporhebt, um damit die Welt zu erleuchten«.

Zu jener Zeit erstellten britische Kriegsgegner übrigens eine Liste mit über 300 amerikanischen Firmen, die es zu boykottieren gelte, um ein Zeichen gegen den Krieg zu setzen. Der WDR wies in seiner Glosse »Auf ein Wort« vom April 2004 darauf hin, dass dies eine ziemlich schwierige Angelegenheit wäre, denn die besagten Firmen produzierten so ziemlich alles, was momentan auf dem Markt sei.

Wir stellen also fest, Beleidigungen im globalen Sinne können ziemlich schnell aus dem Ruder laufen.

Die sogenannten »Mohammed-Karikaturen« sorgten für eine Verschärfung der Diskussion darüber, was noch als freie Meinungsäußerung gelten dürfe, und was schon als Beleidigung gewertet werden müsse. Nachdem die »France Soir« die besagten Karikaturen mit der provokanten Überschrift »Ja, man darf Gott karikieren« abgedruckt hatte, feuerte der ägyptisch-französische Verleger Raymond Lakah seinen Chefredakteur Jacques Lefranc »aus Respekt vor den Glaubensrichtungen und den Überzeugungen eines jeden Individuums«. Zugleich veröffentlichte der Verleger eine Entschuldigung gegenüber der muslimischen Gemeinde in Frankreich. In einem Editorial reagierte die Redaktionsmannschaft unter der Überschrift »Zu Hilfe, Voltaire, sie sind verrückt geworden« mit der Frage: »Kann man sich eine Gesellschaft vorstellen, in der man die Verbote aller Glaubensrichtungen zusammenaddiert? Was bleibt dann von der Meinungsfreiheit?«

Berechtigte Frage, aber kann man sich eine Gesellschaft vorstellen, in der die Verbote aller Glaubensrichtungen ignoriert werden? Was bleibt dann von der kulturellen Vielfalt?

Wie weit also und unter welchen Voraussetzungen müssen oder sollen Kulturen sich einander annähern, um weder kulturelle Identitäten, noch ein gedeihliches Miteinander zu gefährden? Ist ein solcher Prozess überhaupt denkbar oder führt er unweigerlich zu einem »Clash of

Civilisation«, wie der amerikanische Politikwissenschaftler Samuel P. Huntington in seinem gleichnamigen Buch behauptet? Der in Paris lebende marokkanische Schriftsteller Tahar Ben Jelloun befürchtet keinen Kulturkrieg, sondern eher »einen Krieg der Kulturlosigkeit und der Ignoranz«.

Der Grande Nation und den Europäern insgesamt macht Ben Jelloun den Vorwurf: »Die Ausländerintegration war ein Desaster, vor allem in Frankreich. Ein Rest von kleinkarierter Überheblichkeit gegenüber den Ausländern ist den Europäern bis heute geblieben. Als die Gastarbeiter gebraucht wurden, hieß es: Nun arbeitet mal schön, holt nicht zu viel Familie nach und verhaltet euch ruhig. Wer ihr seid, woher ihr kommt, welche Sitten ihr habt, interessiert uns nicht. Die Leute wurden verwaltet, versorgt, basta. Dass aus den Ausländervierteln, wo Armut, Schulversagen, Jugendarbeitslosigkeit und allgemeine Frustration sich gegenseitig hochschaukeln, heute der Hass und manchmal auch der Rassismus zurückschlägt, ist nicht erstaunlich.«

Mag ja sein, dass Integrationspolitik erst erfunden wurde, als die fehlende Integration ausländischer Bürger Probleme aufwarf. Aber haben die Europäer nicht trotzdem das Recht, sich auf die freie Meinungsäußerung zu berufen und kulturelle Animositäten diesem Prinzip unterzuordnen? Vielleicht ist der Ansatz falsch, vielleicht muss man mit Blick auf die Mohammed-Karikaturen fragen: Was bringt es eigentlich, Gott zu karrikieren? Führt diese Beleidigung zu einem konstruktiven Dialog oder ist sie bloße Onanie einer aufklärerischen Elite, die ihre Weisheiten von 200 Jahre alten Manifesten ableitet und die Globalisierung für einen Prozess hält, der mit den Idealen der Aufklärung problemlos vereinbar ist?

Was uns die kurze Geschichte der Aufklärung zeigen müsste, ist doch, dass es keine spontane ökonomische, kulturelle und politische Gleichschaltung auf der Welt geben wird, fraglich, ob sie überhaupt wünschenswert wäre. Einen ökonomischen Vorsprung global auszuspielen, ist also nicht gleichbedeutend mit politischer oder kultureller Führung. Gleiches gilt ja auch für militärische Interventionen, die isoliert betrachtet ungeheuer erfolgreich, hingegen sozial, politisch oder kulturell völlig desaströs geraten können.

Ben Jellouns Begriff der »kleinkarierten Überheblichkeit« trifft hier ins Schwarze. Kunstlose Beleidigungen sind kleinkariert, weil man sich mit ihnen vor einer echten Konfrontation drückt, indem man einen Teilaspekt des Konfliktes zur Diskreditierung des Gegenübers ausschlachtet. Im Grunde ist man also in der Sache bereits auf dem Rückzug, will sich das aber nicht eingestehen, was wiederum ein klares Anzeichen von Überheblichkeit ist. In diesem Fall verlieren Beleidigung, Satire und Ironie ihre Berechtigung als rhetorische Mittel, weil sie nicht mehr auf einen konstruktiven Dialog zielen, sondern allein auf die narzisstische Befriedigung desjenigen, der sie anwendet.

Sie werden also zum reinen Selbstzweck.

Dabei kann man sich kleinkarierter Überheblichkeit auch schuldig machen, wenn man eigentlich im Grunde niemanden beleidigen will, wohl aber die eigenen Prinzipien und Überzeugungen für die einzig wahren hält. Am Ende verhält es sich übrigens mit Satirikern und Ironikern, die sich im Falle von Angriffen auf ihre Arbeit auf die freie Meinungsäußerung berufen, nicht anders, denn wer das Prinzip der Beleidigung anwendet, muss es auch gegen sich selbst gelten lassen, und wer sich für den Einsatz von Ironie entscheidet, der sollte auch den Einsatz von Selbstironie einkalkulieren.

Als Papst Benedikt XVI. im Mai 2007 bei der Eröffnung der lateinamerikanischen Bischofskonferenz im brasilianischen Aparecida erklärte, der katholische Glaube sei den Eingeborenen in Lateinamerika nicht aufgezwungen worden, sondern habe diese vielmehr erlöst, empörte das diverse Vertreter indigener Völker. »Was hat es für Lateinamerika und die Karibik bedeutet, den christlichen Glauben anzunehmen?«, fragte Benedikt XVI. in seiner Ansprache und antwortete: »Für sie hieß es, Christus kennenzulernen, ihn aufzunehmen, diesen unbekannten Gott, den ihre Vorfahren, ohne ihn zu kennen, in ihren vielfältigen religiösen Traditionen gesucht haben. Christus war der Retter, an den sie sich sehnsüchtig wendeten. [...] In der Tat: Die Verkündung Jesu und des Evangeliums brachte in keiner Weise eine Entfremdung der vorkolumbianischen Kultur mit sich, auch nicht die Besetzung oder Auferlegung durch eine fremde Kultur« [...] Die Utopie, sich zurückzuwenden, um den vorkolumbianischen Religionen neues Leben einzuhauchen, sie von Christus und der universellen Kirche zu entfernen, wäre kein Fortschritt, sondern ein Rückschritt.« Jecinaldo Satere Mawe, Leiter des Amazonasstammes Coiab, sah das anders: »Es ist arrogant und respektlos, unser kulturelles Erbe als zweitrangig zu bewerten«, und Sandro Tuxa, Koordinator der nordöstlichen Stämme, ergänzte: »Zu sagen, dass die kulturelle Dezimierung unseres Volkes eine Reinigung darstellt, ist beleidigend und – offen gesagt – beängstigend.« »Wir können es nicht akzeptieren, dass die Kirche ihre Verantwortung für die Vernichtung unserer Kultur und unserer Identität nicht anerkennt«, postulierte Luis Evelis Andrade von der nationalen Ureinwohner-Organisation Kolumbiens, und der mexikanische Menschenrechtler Abel Barrera kommentierte die Papstrede mit den Worten: »Es ist eine ethnozentrische, rassistische und wenig respektvolle Sicht der indigenen Kulturen.«

Benedikt XVI. wies die Kritik einige Tage später zurück: »Während wir die verschiedenen Ungerechtigkeiten und Leiden nicht übersehen, die mit der Kolonialisierung einhergingen, hat das Evangelium die Identität der Völker ausgedrückt und drückt diese auch weiter in dieser Region aus.« Möglicherweise bezog sich der erste Teil dieser Aussage auf Johannes Paul II., der 1992 in einer Rede Fehler der Kirche bei der Evangelisierung Lateinamerikas zugegeben und im Jahr 2000 überdies ein umfassendes »Mea culpa« für sämtliche von Christen begangenen Fehler und Sünden in der Geschichte ausgesprochen hatte.

Ein paar Monate vor oben genannter Rede war Benedikt XVI. schon einmal angeeckt, in diesem Fall ging es um ein Zitat des Kaisers Manuel II. Palaiologos, vom Papst im Rahmen einer Vorlesung in Regensburg verwendet: »Zeig mir doch, was Mohammed Neues gebracht hat und da wirst du nur Schlechtes und Inhumanes finden wie dies, dass er vorgeschrieben hat, den Glauben, den er predigte, durch das Schwert zu verbreiten.« Aiman Mazyek,

Generalsekretär des Zentralrates der Muslime in Deutschland, zeigte sich verwundert, dass der Papst gerade im Verhältnis zur Gewalt die Grenze zwischen Islam und Christentum sehe, schließlich sei die Geschichte des Christentums keineswegs unblutig gewesen, »man denke nur an die Kreuzzüge oder die Zwangsbekehrungen von Juden und Muslimen in Spanien«. Ali Bardakoglu, oberster islamischer Geistlicher in der Türkei, fühlte sich durch die päpstlichen Bemerkungen gar beleidigt und forderte den Papst auf, sich zu entschuldigen. Außerdem, so Bardakoglu, habe nicht der Islam, sondern das Christentum das Schwert zur Bekehrung benutzt: »Die Kirche und die westliche Öffentlichkeit haben Kreuzzüge begonnen, weil sie im Islam den Feind sehen.«

Der Vatikan wies die Kritik zurück und versicherte, der Papst respektiere den Islam und wolle den Dialog mit anderen Religionen und Kulturen vorantreiben.

Auch in diesem Fall verzichtete Benedikt XVI. also darauf, die eigentlichen Vorwürfe zu kommentieren.

»Wir sind Papst« hatte »Bild« anlässlich der Ernennung Josef Kardinal Ratzinger zum Oberhaupt der römisch-katholischen Kirche gejubelt. Ein paar Monate später, nämlich Ende 2005, ermahnte »die größte Social-Marketing Kampagne der Bundesrepublik Deutschland, getragen von 25 führenden deutschen Medienunternehmen und initiiert von Gunter Thielen, Vorstandsvorsitzender der Bertelsmann AG« die Deutschen erneut zur Einigkeit, um gemeinschaftlich die drängenden Probleme der Zeit zu lösen. »Du bist Deutschland« wollte dem Jammern ein Ende machen und die Deutschen an ihre Tugenden erinnern: »Unsere Zeit schmeckt nicht nach Zuckerwatte. Das will auch niemand behaupten. Mag sein, du stehst mit dem Rücken zur Wand oder dem Gesicht vor einer Mauer. Doch einmal haben wir schon gemeinsam eine Mauer niedergerissen. Deutschland hat genug Hände, um sie einander zu reichen und anzupacken. Wir sind 82 Millionen. Machen wir uns die Hände schmutzig. Du bist die Hand. Du bist 82 Millionen. Du bist Deutschland.«

Das »Manifest«, so die etwas hochtrabende Bezeichnung der Initiatoren für den Werbetext der Kampagne, wurde als Fernsehspot, im Kino, in Onlinemedien, in Zeitungsanzeigen, auf Plakatwänden, kurzum praktisch überall verbreitet. Die teilnehmenden Medienunternehmen stellten einen Etat von mehr als 30 Millionen Euro unentgeltlich zur Verfügung, mehr als 30 Prominente unterstützten die Kampagne und warben kostenlos für ein neues Selbstwertgefühl und ein neues Selbstverständnis der Deutschen.

Am Ende hatten gemäß GfK-Marktforschung rund 38 Millionen Deutsche den Spot gesehen, Gunter Thielen zog zufrieden Bilanz: »Die Stimmung in Deutschland hat sich in den vergangenen Monaten spürbar gebessert. Dazu hat ›Du bist Deutschland‹ sicherlich beigetragen.« Laut GfK sollen sich rund zehn Millionen Deutsche durch die Kampagne motiviert fühlen.

Wie es den restlichen 28 Millionen ging, darüber kann man nur spekulieren, einige von ihnen fühlten sich jedenfalls offensichtlich zu Protest herausgefordert und machten ihrem Ärger auf unterschiedliche Weise Luft. Neben den regulären Kampagnenmotiven tauchten vor allem im Internet eine Reihe satirischer Repliken auf. Einerseits ließen sich die Offroad-Kreativen zu witzigen Spielereien inspirieren, wie etwa im Falle eines Anzeigenmotivs mit einem Konterfei von Armin Maiwald, Erfinder der »Sendung mit der Maus«, und dem an den Stil der Lach- und Sachgeschichten gemahnenden Slogan »Du bist Deutschland – klingt komisch, ist aber so«. Andererseits kreierten die Macher der Alternativkampagnen aber auch handfeste Politsatiren. Das Motiv »Du bist Josef Ackermann« zeigte ein Bild des Bankers vor dem Mannesmann-Prozess, als er gerade die Hand zum »Victory«-Zeichen gehoben hatte, eine Geste, die als überheblich angesehen wurde. Im Text heißt es: »Wieso man trotz eines Rekordergebnisses seines Konzerns tausende Mitarbeiter entlassen muss, braucht man nicht begreifen. Aber eins schon: Anstand und Mäßigung bringen nichts. Wer dagegen kompromisslos seinen Weg geht, kann es zu einem Spitzengehalt bringen.«

Auch Ex-Bundeskanzler Helmut Kohl geriet ins Visier der satirischen Kampagnenmacher: »Du findest, alle Bürger eines Staates sollten sich an geltende Gesetze halten? Das findet auch Helmut Kohl, ehemaliger Bundeskanzler. Außer natürlich, es geht um ihn selbst ...« Und schließlich entsann sich auch jemand der Schlagzeile »Wir sind Papst« und ließ sich davon zu einem Motiv mit Benedikt dem XVI. inspirieren: »Du denkst, zu einer modernen Gesellschaft gehören moderne Leitfiguren? Heiliger Strohsack! Kardinal Ratzinger sieht das ganz anders. Und der ist Papst.«

Die »Du bist Deutschland«-Initiatoren freuten sich einerseits über die große und vielfältige Resonanz, denn eine Diskussion über die Kampagne war eines der erklärten Ziele der Aktion, ließen sich aber andererseits auch dazu hinreißen, im Einzelfall juristisch gegen einen Markenrechtsverstoß vorzugehen. Dem Betreiber einer Internetseite sollte eine grafische Variante des Originallogos untersagt werden.

Vielleicht lagen aber auch zu diesem Zeitpunkt bei allen Beteiligten die Nerven schon ein bisschen blank. Rund einen Monat zuvor waren die beiden Privat-Pkw des Agenturinhabers Holger von Matt von Autonomen angezündet worden. In einem Bekennerschreiben hatten sich die Täter auf die von der Agentur »Jung von Matt« entwickelte »Du bist Deutschland«-Kampagne bezogen.

Und wiederum rund einen Monat zuvor war bekannt geworden, dass der Slogan in der Abwandlung »Denn Du bist Deutschland« um 1934 bereits bei einer NS-Kundgebung auf dem Ludwigsplatz in Ludwigshafen verwendet worden war. Ein Archivfoto in einem längst vergriffenen Bildband zeigte das quer über den Platz gespannte Transparent mit dem besagten Spruch und einem Bild Adolf Hitlers.

Benedikt Erenz von der »Zeit« tröstete daraufhin in einem hämischen Artikel unter der Überschrift »Kreatives Grenzland« den für den Slogan verantwortlichen Kreativdirektor der Agentur »Jung von Matt«, Oliver Voss: »Was soll's! Eben Pech gehabt. Kann passieren. Vielleicht doch irgendwie keine so gute Headline. Vielleicht doch irgendwie nicht so richtig kreativmäßig und Awardsscharf. Vielleicht doch irgendwie, für x Mille, ein Hut von vorgestern. Aber trösten Sie sich, sehr geehrter Herr Direktor Voss, lieber Oliver: Auch du bist nur Deutschland.«

Die abschließende Dokumentation der »Du bist Deutschland«-Initiatoren über den Effekt der Kampagne spart keineswegs die kritischen Stimmen aus, sieht sie aber als logische Konsequenz des bewusst provokativen Slogans. Verkürzt lautet die Argumentation, dass selbst wer sich gegen den Slogan sträube, nicht umhinkomme, sein Verhältnis zu Deutschland zu überdenken.

Ob eine Provokation kalkuliert erfolgt, ob sie in Kauf genommen wird, oder überhaupt nicht beabsichtigt ist, interessiert den Adressaten im Normalfall nicht. Alkohol, Drogen oder andere Faktoren wie etwa eine persönliche Krise relativieren vielleicht die Schwere der Schuld, nicht aber die Tat selbst.

Heißt das nun, man sollte sich von allen generalisierten Beleidigungen fernhalten? Heißt das: bloß keine Allgemeinplätze, nur keine Klischees? Und Minderheiten lassen wir vorsichtshalber sowieso lieber mal in Ruhe?

Der TV-Komiker Herbert Feuerstein, ehemals Chefredakteur des Satiremagazins »Mad«, ist der Ansicht, Minderheiten in Bezug auf Satire und Beleidigung zu schonen, sei Ausgrenzung: »Ich habe was gegen Ausgrenzung. In dem Augenblick, da man irgendwelche Minorität ausnimmt aus der Verarschung, macht man sie erst richtig zur Minorität. Deshalb machen wir Schwulenwitze, Frauenwitze, Türkenwitze – aber nicht als Selbstzweck, sondern als Teil des Ganzen.« Auf Nachfrage, ob Feuerstein nicht das Etikett »ausländerfeindlich, frauenfeindlich, schwulenfeindlich« fürchte, antwortet der Entertainer: »Überhaupt nicht. Ich bin feindlich. Aus.«

Man könnte dieser Argumentation entnehmen, dass es durchaus in Ordnung ist, Minoritäten zu beleidigen, wenn man sich zuvor zum Misanthropen erklärt hat. Das ist tatsächlich eine Möglichkeit, wobei diese Strategie gewöhnlich ins gesellschaftliche und soziale Abseits führt. Kann auch sein, dass Sie Glück haben und mit der Taktik zum Late-Night-Show-Superstar avancieren. Im Falle Herbert Feuersteins haben politisch unkorrekte Witze also Methode. Sie sind quasi ein demokratisches Mittel und dementsprechend, wie oben gesagt, kein Selbstzweck.

Anfang 2006 sagte der CDU-Bürgerschaftsabgeordnete Oliver Fraederich am Rande einer Parlamentssitzung zu seinen Parteifreundinnen Astrid Stadthaus-Panissié und Sabine Wargenau: »Ihr seid doch nur wegen eurer Titten in der Bürgerschaft.«

Knapp ein Jahr später erhielt er dafür nach diversen Diskussionen eine schwere Rüge vom Kreisvorstand und von der Fraktion der Lübecker CDU. Das »Hamburger Abendblatt« versuchte Fraederichs Entgleisung einzuordnen: »Zote oder Polit-Skandal, postpubertärer Ausrutscher oder frauenverachtendes Kalkül?«

Man könnte auch fragen: Selbstzweck oder nicht?

Ich behaupte, es war Selbstzweck. Der Mann war sauer und hat seinem Ärger Luft gemacht. Von Kalkül kann man nicht reden, weil die Äußerung inhaltlich wie stilistisch mager war – einen kleinen Politskandal hat Fraederich deshalb auch zu Recht an der Backe. Vielleicht nimmt er sich ja nun vor, in Zukunft pointierter zu frotzeln.

Dabei hätte man das Thema Quotenregelung nicht weniger provokativ, aber wesentlich konstruktiver angehen können, ein Thema scheint es jedenfalls zu sein, sonst würde es ja keine Entgleisung Fraederichs geben.

Ich habe die gleiche Theorie aus der anderen Perspektive einmal von einer Frau gehört. Das klang ungefähr so: »Wir Frauen haben deshalb so viele Probleme im Berufsleben und in der Gesellschaft, weil die mit den Pimmelchen sich immer gegenseitig helfen.«

Wie viel Eleganz und Grandezza stecken in diesem Satz, besonders wenn man ihn mit Fraederichs auch verbal uncharmanter Äußerung vergleicht.

Vor allem aber, wie viel Gesprächsbereitschaft signalisiert das ebenso spielerische wie komische Wort »Pimmelchen«?

Während Fraederich mit dem Begriff »Titten« die ganze Bedrohung der weiblichen Politübermacht in ein Kraftwort zu pressen versuchte, steckt in der weiblichen Variante die nett formulierte Erkenntnis, dass die geistig verwirrten Schwanzträger der Welt schon irgendwann begreifen werden, dass sie nicht die Krone der Schöpfung sind, sondern nur ein Teil davon.

So kann man jedenfalls konstruktive Diskussionen provozieren.

Die Kunst der Beleidigung

Fazit, zudem: Regeln für einen produktiven Umgang mit Dummschwätzern und Arschlöchern

»Was ist los mit dir?
Leckst du schon so lange Ärsche,
dass es anfängt, dir zu gefallen?«
Jack Baker (Jeff Bridges)
in DIE FABELHAFTEN BAKER BOYS

Sie ahnen es vielleicht, jene Kunst, die diesem Buch den Namen gegeben hat, ist kaum mit einem Zehn-Punkte-Plan zu fassen, dessen Beachtung den erfolgreichen Einsatz von Verbalinjurien garantiert. Immerhin gibt es ein paar Regeln, die dabei helfen, grobe Fehler zu vermeiden.

Zunächst wenden wir uns aber einer Frage zu, die bereits angerissen wurde, als es um die Kosten-Nutzen-Rechnung von Beleidigungen ging, also um die Abwägung: Was kann ich gewinnen, was verlieren? Wenn die Verwendung von Beleidigungen doch so schwierig, in gewissen Fällen sogar riskant ist und die Folgen oft unberechenbar sind, sollte man dann nicht vielleicht darauf verzichten, sich im Zweifelsfall das Maul zu verbrennen?

Prinzipiell obliegt es jedem Menschen, seinen persönlichen Kommunikationsstil zu wählen. Manchmal scheitert das zwar an sprachlichen oder intellektuellen Fähigkeiten oder am Charakter, wer allerdings ein Bewusstsein dafür hat, dass Sprache zu einem wesentlichen Teil antrainiert ist, Wittgenstein nannte das gar »Dressur«, der hat auch prinzipiell die Wahl, sich zumindest im Bezug auf einige rhetorische Mittel bewusst für oder gegen deren Verwendung zu entscheiden.

Dieses Modell wird im Geschäftsleben gewöhnlich auf den Kopf gestellt, indem man Leuten individuelle sprachliche Ausprägungen mittels Schulungen abtrainiert, damit sie als Repräsentanten ihrer Firma eine einheitliche Sprache sprechen. Vor allem im direkten Kundenkontakt sollen Mitarbeiter ihre Privatsprache ausblenden, weil standardisierte und wissenschaftlich untermauerte Strategien nach Ansicht der Manager am schnellsten zu Erfolgen führen. Die Strategien selbst sind in Metasprachen abgefasst, in denen beispielsweise nicht mehr von »Kundenbindung«, sondern von »Customer Relation Management«, kurz »CRM«, gesprochen wird. Die Präsenz dieser Metasprachen müsste eigentlich jedem zeigen, dass sprachlicher Ausdruck wandelbar und formbar ist, und dazu gehört eben auch der eigene.

Das Verfahren der sprachlichen Egalisierung hat einen Haken. Wenn immer alle das Gleiche tun und sich obendrein alter Rezepte bedienen, um diesen Gleichklang zu erreichen, dann kommen wir generell nur langsam voran. Sprache ist ein zentrales Element des Fortschritts, weil sie einerseits Prozesse abbildet und deshalb die Produktion von Gütern überhaupt erst möglich macht, andererseits aber ist sie auch am Entstehen der Güter beteiligt, weil sie Kreativität und Innovation übersetzen kann. Schließlich ist Sprache ein Richtungsinstrument, sie positioniert den Sprecher und zwar nicht allein inhaltlich, sondern auch formal. Da die formale Positionierung gewöhnlich auch die gesellschaftliche Stellung abbildet, liegt in diesem Aspekt des Wesens der Sprache der wohl schwerwiegendste Grund, warum wir uns nicht gerne danebenbenehmen. Schließlich schaden wir damit unserem Ansehen, am Ende also uns selbst.

Aber wäre das tatsächlich der Fall?

Und falls ja, wäre das wirklich so schrecklich?

Selbstverständlich steht es Ihnen frei, das zu tun, was alle tun. Sie dürfen gesellschaftlich allgemein akzeptierte Umgangsformen pflegen sowie eine standardisierte Sprache. Es ist ja schließlich auch eine Frage des Naturells, ob man sich lieber unauffällig verhält oder einen Hang zum gesellschaftlichen Exhibitionismus hat.

Im Falle der Beleidigung ist die Gefahr eines möglichen Gesichtsverlusts zugegebenermaßen besonders hoch, aber das liegt in der Natur der Sache, denn es handelt sich schließlich um ein mächtiges verbales Instrument. Sie können also viel gewinnen, aber eben auch viel verlieren. Nicht umsonst wurden Beleidigungen in der Geschichte mit drakonischen Strafen geächtet, die Beleidigten vermuteten zu Recht, dass nicht nur ihr Ansehen auf dem Spiel stehen könnte, sondern das ganze mit ihnen verbundene politische System.

Im übertragenen Sinne gelten Beleidigungen außerhalb des privaten Bereichs in den meisten Fällen auch heute noch als Angriff auf die Obrigkeit, selbst im privaten Bereich ist das ja manchmal so. Ob Hausmeister, Chef oder Bahnschaffner, im Falle einer erlittenen Beleidigung ist die Reaktion gewöhnlich ein Rückzug auf die formaljuristischen Gegebenheiten, man könnte auch sagen auf die standardisierte Sprache und die antrainierten Reflexe zur Deeskalation. Der Hausmeister wird auf die Hausordnung verweisen, der Chef auf seine Führungsposition und der Bahnschaffner auf die allgemeinen Beförderungsbedingungen. Alle werden sich also hinter ihrem System verschanzen, was aber im Umkehrschluss auch heißt, dass die Beleidigten sich als Funktionsträger verstehen und die beleidigende Bemerkung durchaus auch als Angriff auf das jeweilige System gewertet haben.

Beleidigungen sind also ein Zeichen von Aufmüpfigkeit. Die Urform dieses Verhaltens kann man bei Kindern beobachten. Nach langem Zetern und Zaudern kommentieren sie eine bereits final gegen ihren Willen getroffene Entscheidung trotzdem mit Wutausbrüchen, Beschimpfungen oder dramatischem Geheule. Wozu? An der Entscheidung ändern sie damit ja sowieso nichts mehr. Oder doch?

Oft genug bekommen Kinder abschließend ihren Willen, obwohl die Lage nüchtern betrachtet bereits aussichtslos schien. Wir haben uns als Erwachsene diese Form der Hartnäckigkeit ebenfalls abtrainieren lassen, weil sie als penetrant gilt. Das Aufbegehren gegen Sachzwänge und vermeintlich ohnehin nicht mehr zu ändernde Entscheidungen gilt außerdem als kindisch.

Trotzdem setzt eine selbst aussichtslos scheinende Kritik Energie frei, denn eine entsprechende Äußerung transportiert eben auch die Bereitschaft des Kritisierenden, sich mit aller Macht für seine Überzeugung beziehungsweise gegen die von ihm als falsch empfundene Entscheidung aufzulehnen.

Beleidigungen setzen sich über faktisch vorhandene

Machtkonstellationen hinweg. Als Reaktion auf diverse Arten von Missständen und Fehlentscheidungen formulieren Beleidigungen die ultimative und unumkehrbare Uneinsichtigkeit desjenigen, der den Quatsch schlicht nicht mehr mitmachen möchte.

Die verbale Diskreditierung ist also ebenso ein Akt der Freiheit wie ein Akt der Verzweiflung. Gelingt es aber, Beleidigungen vom persönlichen emotionalen Kontext zu trennen, sie also nicht unüberlegt und impulsiv einzusetzen, kann man ihre rhetorische Wucht hervorragend einsetzen, um Ziele schneller zu erreichen, Probleme schneller zu erkennen und Lösungen zu provozieren. Die Provokation spielt eine wesentliche Rolle, denn sie erzwingt eine Auseinandersetzung, vorausgesetzt das Maß der Provokation ist so gewählt, dass der Provozierte nicht die Möglichkeit hat, sich mit dem Argument, die Diskussionsbasis sei unwiderruflich zerstört, aus der Affäre ziehen kann.

Während Empörung oder Wut zu ihrer Glaubwürdigkeit auch schauspielerisches Talent des Redners erfordern – in politischen Debatten sieht man häufig wie unbegabte Darsteller an solchen Aufgaben scheitern –, ist die Beleidigung bereits aufgrund ihrer formalen Struktur mit der zugrunde liegenden Emotion verbunden. Konkret heißt das, die Verwendung eines Kraftausdrucks simuliert das betreffende Gefühl beim Zuschauer, auch wenn der Redner emotional unbeteiligt scheint – und es de facto vielleicht sogar ist. Eine Beleidigung zwingt Gesprächspartner in einen Zustand gesteigerter Aufmerksamkeit. Sie kann mit einem Schlag Positionen aufweichen, Blickwinkel verändern oder Kreativität freisetzen.

Zugegeben, sie kann auch Positionen verhärten, Blickwinkel verengen und den Handlungsspielraum minimieren, sie kann auch den Job kosten, aber den können Sie ebenso gut verlieren, weil Ihren Arbeitgebern Ihre Passivität nicht schmeckt.

All das führt uns nun zur ersten Regel für den konstruktiven Umgang mit Beleidigungen.

Wie schon eingangs erwähnt, wird es bei allen nun folgenden Überlegungen nicht darum gehen, Handlungsanweisungen zu geben, sondern die größten Fehler zu vermeiden. Die eingangs gestellte Frage, ob man aus Sicherheitsgründen womöglich prinzipiell von Beleidigungen absehen sollte, müssen Sie zwar für sich beantworten, aber falls Sie zu dem Ergebnis kommen, dass Sie Ihre Kommunikation sowohl riskanter, als auch interessanter gestalten möchten, dann helfen Ihnen die folgenden Punkte, die schlimmsten Katastrophen zu vermeiden. Eine Garantie dafür, dass Sie sich nicht trotzdem um Haus und Hof pöbeln, ist das natürlich nicht.

1. Locker bleiben

Wenn die Rache ein Gericht ist, das man kalt essen sollte, dann ist die Beleidigung das Sorbet unter den strategischen Mitteln.

Ob beim Angriff oder in der Defensive, Beleidigungen schaffen Ausnahmezustände. Sind Sie selbst initiativ geworden, so müssen Sie damit rechnen, dass Ihr Gegenüber gekonnt retourniert und Sie damit in Zugzwang bringt. Sind Sie derjenige, der beleidigt wird, so geraten Sie erst recht in die Bredouille, weil Sie vermutlich nicht vorbereitet sind. In beiden Fällen wird die Brisanz der

Situation körperlich zu spüren sein. Wahrscheinlich steigt Ihr Adrenalinspiegel, wahrscheinlich arbeitet Ihr Gehirn auf Hochtouren, um die Situation zu erfassen und in Ihrem Sinne zu lösen und wahrscheinlich wird nebenbei ein tiefer Groll in Ihnen aufsteigen. Wenn die Situation jetzt eskaliert, dann ist Letzteres dafür verantwortlich, also ein Bündel von Emotionen, die sich verbal entladen und über die Sie deshalb nur bedingt Kontrolle haben. Stellen Sie sich vor, Sie seien in der Situation eines Biathleten, der seinen Puls nicht kontrollieren kann und deshalb vorbeischießen wird. Statt also in der adäquaten Situation irgendetwas Unüberlegtes zu sagen oder zu tun, entspannen Sie sich erst mal. Wenn es Ihnen möglich ist, dann starren Sie Ihren Gegner nicht an wie das Kaninchen die Schlange, sondern lächeln Sie.

Im Falle, dass Sie ausgeteilt und gerade eingesteckt haben, handelt es sich um ein vorläufiges Unentschieden. Wenn Ihnen etwas Gutes einfällt, können Sie natürlich nachlegen, allerdings riskieren Sie eine Niederlage. Schweigen ist also möglicherweise der bessere Weg. Morgen ist ja auch noch ein Tag. Sind Sie der Angegriffene, gilt das Gleiche. Bevor Sie etwas Blödes sagen, schweigen Sie auch diesmal, denn das hat den Vorteil, dass Sie über die Beleidigung nachdenken und womöglich einen eigenen Angriff vorbereiten können. Ihr Schweigen wird außerdem dazu führen, dass Ihr Gegner schlecht einschätzen kann, ob er sich gerade einen Todfeind gemacht hat, oder ob Ihnen nur keine gute Replik einfällt. So oder so wird er ins Grübeln geraten. Möglich übrigens, dass Sie beim ehrlichen und lockeren Nachdenken über die erlittene Schmach auch zu dem Schluss kommen, dass an der erlittenen Beleidigung was dran ist. Das führt uns zum nächsten Punkt.

2. Liegen lernen

Beleidigungen verschärfen den verbalen Schlagabtausch. Im sprachlichen Scharmützel bleibt es nicht aus, dass man sich die eine oder andere Blessur holt.

Es kommt sogar noch schlimmer, wenn Sie mit harten Bandagen kämpfen, dann wird es sich nicht vermeiden lassen, dass Sie auf Gegner treffen, in denen Sie Ihre Meister finden. Zwar ist es eine Binsenweisheit, dass wer austeilt, auch einstecken können muss, aber im Eifer des Gefechts vergisst man das schnell. Beim Boxen gilt, wer auf die Bretter geschickt wird, der sollte sich auch die Sekunden nehmen, um durchzuatmen, statt direkt wieder aufzuspringen. Und es ist außerdem keineswegs ehrlos, final auf die Bretter zu gehen. Gute Boxer sehen darin sogar eine Chance, denn beim nächsten Kampf werden Sie sich voraussichtlich nicht wieder die gleichen Blößen geben, weil Sie aus Ihren Fehlern gelernt haben.

Ob sich in einer Konfliktsituation das Blatt zu Ihren Gunsten wendet oder nicht, hängt von vielen Faktoren ab. Wichtig ist, dass Sie deutlich machen, die harte Auseinandersetzung nicht zu scheuen. Schließen Sie es von vornherein aus, im geeigneten Moment auch zum gewalttätigen Mittel der Beleidigung zu greifen, dann kann es sein, dass Ihr Gegenüber das wittert.

Wenn gelegentlich das »Auftreten« von Leuten gelobt wird, also eine selbstbewusste und zupackende Präsentation der eigenen Person, dann stecken dahinter oft Menschen, die sich streiten können wie die Kesselflicker. Ob sie das dann im jeweiligen Gespräch auch tun, steht auf einem anderen Blatt. Der Effekt dieser mentalen Ausrichtung ist nämlich auch, dass diese Menschen seltener angegriffen werden, weil man ihre verbale Gewaltbereitschaft ahnt. Diese Aura wird wahrgenommen, auch wenn de facto noch kein böses Wort gefallen ist. Sie ist deshalb ein entscheidender psychologischer Aspekt in Diskussionen.

Die verbal Gewaltbereiten sind übrigens keineswegs nur Alphaweibchen und -männchen, denen am eigenen Profil oder an ihrer Karriere gelegen ist. Oft findet man unter ihnen Menschen, die sich um der Sache Willen mit Gott und der Welt anlegen und oft Leute, die schlicht keine Lust mehr darauf haben, sich mit freundlichen und nichtssagenden wechselseitigen Gesprächsbeiträgen die Zeit zu vertreiben. Kurzum, diese Leute sind nicht primär am Sieg interessiert, sondern stecken auch Niederlagen ein, sofern sie der Sache dienen.

Sie müssen nicht ein solches Draufgängertum entwickeln, aber vielleicht schlummert auch in Ihnen ein größerer Freigeist, als Sie sich eingestehen wollen. In diesem Fall sollten Sie die Auseinandersetzung riskieren.

Es ist nicht tragisch, auf die Bretter geschickt zu werden, wohl aber, wenn man von vornherein ausschließt, überhaupt in den Ring zu steigen.

Was uns zum nächsten Punkt bringt.

3. Tapfer sein

Wenn Sie die Erkenntnisse dieses Buches verwenden, um Minderheiten, sozial Schwache oder Untergebene zu beleidigen, dann hat das mit der Kunst der Beleidigung nur bedingt etwas zu tun. Sie können natürlich kunstvolle Beleidigungen mit Zynismus und Menschenverachtung kombinieren. Bleibt nur die Frage, was das bringt. Sofern Sie nicht einen Arsch voll Geld mit dieser Taktik verdienen, Sie sich also nicht berufsmäßig als Star-Kritiker, Comedian oder was weiß ich, dazu entschlossen haben, alles und jeden scheiße zu finden, werden Sie sich aller Voraussicht nach zum ausgemachten Jammerlappen entwickeln. Sie werden in einer Stammkneipe, einer Theaterkantine oder einem Großraumbüro hocken, durch Ihr ständiges Stänkern sozial verkrüppeln und im Rentenalter wahlweise Verkehrssünder anzeigen oder mutterseelenallein im Café sitzen.

Wenn Beleidigungen ziellos und wahllos verwendet werden, dann verlieren sie nicht nur ihre Wirkung, sondern sie richten sich gegen den Urheber. Einem notorischen Nörgler und Grantler nimmt man irgendwann nicht mehr ab, dass er tatsächlich etwas verändern möchte. Vielmehr ist ersichtlich, dass er den Status quo braucht, um anprangern zu können. Letztlich definiert sich der Nörgler nämlich darüber.

Um kunstvoll zu beleidigen, brauchen Sie kein Idealist zu sein, aber die Beleidigung ist eben auch ein zu wirkungsvolles Instrument, als dass man sie aus nichtigen Gründen einsetzen sollte. Konkret heißt das, wenn Sie schon die verbale Keule schwingen, dann muss es auch um etwas gehen. Nachbarschaftsstreitigkeit um Nicklichkeiten fallen unter diesem Aspekt ebenso flach wie Scharmützel am Arbeitsplatz um die Beschaffung von Büromaterial. Das mag im Zweifelsfall alles ungemein nervig sein, sollte aber nicht dazu führen, dass Sie Ihre Energie darauf verschwenden.

Wenn Sie also schon beleidigen, dann nicht nur richtig, sondern auch die Richtigen. Zielen Sie in der Hierarchie also nach oben, und zwar bis zu jenem Punkt, wo der Verantwortliche für den von Ihnen beklagten Missstand zu finden ist. Bedenken Sie, dass beispielsweise Voltaire sich auch nicht mit ein paar kleinen Regierungsbeamten angelegt hat, sondern direkt mit der französischen Krone.

Nun sind die Talente und das Stehvermögen eines Voltaire wohl einzigartig, außerdem würden viele wohl auf ein Leben irgendwo zwischen Knast und Verbannung dankend verzichten, aber trotzdem starb der Gelehrte hochbetagt, vermögend und dort gefeiert, wo man ihn einst verjagt hatte. Es ist also nicht zwangsläufig so, dass ätzende Kritik in den gesellschaftlichen Bankrott führt.

Wenn Sie Ihre Tapferkeit entdeckt haben, dann setzen Sie diese nebenbei auch zum Schutz von Schwächeren ein. Ich weiß zwar nicht, ob es einen Gott gibt, der Sie dafür irgendwann belohnt, aber eine noble Geste kann Ihnen auch irdische Vorteile bringen. Hilfsbereitschaft und Mut ist eine durchaus attraktive Kombination. Außerdem sind Sie mit einer Beleidigung, die einem Menschen gilt, der einen Schwächeren beleidigt hat, moralisch immer auf der richtigen Seite, das heißt auch, Sie können sich praktisch nicht im Ton vergreifen. Schön, wenn es Ihnen zudem gelingt, Charme und Komik in Ihre Bemerkungen zu packen, denn das ist nicht nur unterhaltsam, sondern wirkt auch deeskalierend, was Ihnen wiederum je nach sozialem Kontext zugutekommen kann – im einen Fall werden Sie vielleicht zum Golfspielen eingeladen, im anderen entgehen Sie womöglich einer physischen Konfrontation.

4. Lachen lernen

Beleidigungen haben per se eine komische Note, je schräger die Metaphorik einer Verbalinjurie, desto witziger ist sie.

Die Kunst der Beleidigung besteht darin, spitze Bemerkungen in geschmeidige Sätze zu hüllen. Leicht gesagt, aber natürlich nur schwer in die Tat umzusetzen. Vollendetes Sprachgefühl in Kombination mit Schlagfertigkeit und Witz sind eben eine sehr seltene Kombination. Aber es geht auch nicht darum, die potenziellen Defizite zu diskutieren, die einen davon abhalten könnten, eine dicke Lippe zu riskieren. Es gibt ja außerdem eine Vielzahl von Seminarangeboten zur Perfektionierung der rhetorischen Mittel. Es geht vielmehr darum, die Haltung zu Konflikten und zu uns selbst zu finden.

Eingangs habe ich Sie gebeten, in Konfliktsituationen locker zu bleiben, jetzt geht es darum, diese Lockerheit in eine humorvoll entspannte Sicht der Dinge zu überführen. Mag ja sein, dass die jeweilige Situation Ihnen bedrohlich vorkommt, relativ gesehen ist sie aber belanglos. Selbst historisch anmutende Momente, an denen Sie teilhaben, können sich retrospektiv als historisch irrelevant herausstellen.

Unsere Angst, in Gesprächen aufzutrumpfen, rührt aus dem subjektiven Empfinden, dass der Preis, den wir möglicherweise zahlen, zu hoch sein könnte. Bedenken Sie aber, dass jeder am Tisch etwas zu verlieren hat. Und es ist nicht wichtig, wer das meiste zu verlieren hat, sondern wie gleichgültig der Verlust den Anwesenden im Einzelfall ist. Wäre es anders, würde die Welt ja wimmeln von Leuten, die aus Verlustangst den Status quo zu zementieren versuchen. Solche Leute gibt es natürlich, aber im Normalfall wissen sie, dass ihre Taktik nicht dauerhaft erfolgreich sein kann. Irgendwann wird ein Usurpator auftauchen, den die Aussicht auf eine schlimme Niederlage nicht davon abhalten wird, anzugreifen.

Solch eine sportive Gleichgültigkeit erreichen Sie nicht, indem Sie sich locker machen. Dazu gehört Humor, vielleicht sogar Galgenhumor. Selbstironie und Selbstbeleidigung haben wir ja bereits als attraktive Varianten der Verbalinjurie ausgemacht. Diese können nun auch dabei helfen, uns selbst und die Welt ein bisschen weniger ernst zu nehmen.

Wenn Sie in Gedanken durch Ihr Leben schreiten und sich fragen, wann Sie sich so richtig zum Idioten gemacht haben, dann müssten Sie irgendwann fündig werden. Vielleicht waren Sie alkoholisiert oder euphorisiert, vielleicht haben Sie eine krasse Fehlentscheidung getroffen oder sich schlicht danebenbenommen, vielleicht ist Ihnen der Fauxpas im letzten Monat passiert oder aber er liegt schon Jahrzehnte zurück. Jedenfalls dürfen Sie heute darüber grinsen, denn uns selbst gegenüber wollen wir nicht ewig gram sein. Behalten Sie trotzdem im Hinterkopf, dass Sie ein Trottel sein können, denn das dürfen Sie jederzeit auf andere projizieren. Jeder, dem Sie begegnen, wird in seinem Leben ebenfalls mindestens eine Geschichte finden, in der er sich wie ein Depp benommen hat. Wir erlauben uns nur wechselseitig nicht, das im Einzelfall zu thematisieren.

Wenn Sie Beleidigungen mit einem Lachen wegstecken können, wird es auch Ihrem Gegenüber leichter gemacht, dies im umgekehrten Fall zu tun. In diesem Zusammenhang ist es übrigens eine gute Taktik, sich nicht über die anderen zu erheben. Wenn Sie schon alle zu Dorfdeppen erklären, dann zählen Sie sich doch der Einfachheit halber dazu. Sie werden sehen, in manchen Runden sind Sie nicht der Einzige, der sich fragt, was er hier eigentlich soll.

5. Spielen dürfen

Beleidigen sich zwei Menschen, dann folgen Sie gewöhnlich einer universellen Eskalationsdramaturgie. Der eine versucht den anderen mit der nächsten Äußerung zu übertreffen. Im Volksmund heißt das retrospektiv: »Ein Wort gab das andere.«

So wie ein Flirt nicht automatisch in Sex mündet, so müssen Sticheleien auch nicht mit einer Brüllerei enden. Sie haben jederzeit die Möglichkeit, Einhalt zu gebieten, sofern Sie die zuvor genannten Punkte verinnerlicht haben. Was sich in jedem Stadium der Diskussion anbietet, ist die sachlich-professionelle Variante: »Also gut, ich bin in Ihren Augen offenbar irgendwas zwischen einem unbegabten Schwachsinnigen und einem begabten Schimpansen. Sollen wir jetzt trotzdem mal wieder zum Thema zurückkehren?«

Wenn Sie verbale Prügeleien als verbissene Stellungskriege empfinden, dann verlieren Sie rasch die Kontrolle über das Geschehen. Eine spielerische Sicht der Dinge hat zwei Vorteile. Zum einen führen Sie sich immer wieder vor Augen, dass es bei aller Ernsthaftigkeit des Themas, das zu verhandeln ist, nicht um Leben und Tod geht. Zum anderen bleiben Sie offen für konstruktive Wendungen im Streitgespräch, denn die können ja ein Ergebnis dessen sein, dass man endlich einmal Tacheles redet.

Der britische Psychologe und Publizist Edward de Bono hat das spielerische Denken, er nannte es auch »laterales Denken«, bereits Ende der 60er Jahre thematisiert. Eine seiner Ideen war, man müsse ein Problem, an dem man fruchtlos laboriere, gedanklich zur Seite legen und sich mit anderen Dingen beschäftigen, denn diese könnten die Lösung des ursprünglichen Problems provozieren oder zumindest begünstigen. Für unser Thema heißt das, wenn Sie verbissen an Gesprächspositionen und Sachthemen hängen, dann verlieren Sie die Möglichkeit, spielerisch zur Lösung beizutragen.

Vielleicht ist das Schachspiel eine ganz gute Metapher für ein Streitgespräch. In beiden Fällen handelt es sich um eine Konfrontation, in beiden Fällen sind die Regeln vorgegeben. In beiden Fällen führen eine Vielzahl von Strategien zum Ziel, die von grimmiger Aggressivität bis zu fast kindlicher Spielfreude reichen. Entspannter spielt man allerdings, wenn man Spaß am Spiel und nicht so sehr Spaß am Siegen hat.

6. Dran bleiben

Hier geht es um die Frage, wann Engagement sich noch lohnt und wann es für die Katz ist. Wenn Sie einen Missstand auf derbe und eindeutige Weise benannt haben, muss das noch lange nicht heißen, dass er sich nun auch ändert. Wahrscheinlich werden Sie also nicht umhinkommen, das Thema erneut aufzugreifen, vielleicht moderater im Ton, vielleicht aber auch in der gleichen Schärfe, weil es sich gerade so ergibt oder weil die von Ihnen kritisierten Umstände sich seit Ihrer letzten Äußerung sogar noch verschlimmert haben.

Die Gefahr besteht natürlich, dass Sie sich vom konstruktiven und harten Kritiker in einen nervigen Nörgler verwandeln. Es kann sogar eine Taktik sein, Sie als Quotenkritiker zu missbrauchen, also als einen Hund der bellt, aber nicht beißt.

Wie im juristischen Kapitel festgestellt, sind Beleidigungen neben Lügen die vom Gesetzgeber als am gefährlichsten eingestuften rhetorischen Waffen. Danach kommen gleich die Tätlichkeiten. In gewisser Weise sind Beleidigungen damit auch Absichtserklärungen, oft genug sind mit Ihnen ja auch Drohungen verbunden, wie etwa: »Mach dich vom Acker, du blöder Arsch oder du kriegst eins auf die Fresse.«

Wenn Sie der Überzeugung sind, dass ein Zustand derart unhaltbar ist, dass Sie nur Hohn und Spott für ihn übrighaben und dieser Zustand ändert sich nicht, dann müssen eben Sie Ihre Situation verändern und sich einen neuen Job, einen neuen Partner oder ein neues Lebensumfeld suchen. Auch das kann ein hoher Preis von Beleidigungen sein, allerdings ist es nicht so, dass Sie dabei ausschließlich verlieren. Sie dürfen nämlich nicht vergessen, dass der Grundsatz, der Sie zu diesem Schritt veranlasst hat, weiterhin existiert. Im Zweifelsfall haben Sie nicht durch klare Worte Ihr bisheriges Leben geändert, sondern Sie sind einem Ihnen wichtigen Prinzip gefolgt, das Ihnen durch die Beleidigung vielleicht erst richtig klargeworden ist. Daran sollten Sie nun auch festhalten, denn wenn Sie sich nun wieder stromlinienförmig bewegen, dann hätten Sie auch gleich die Klappe halten können.

Dass Beleidigungen erhebliche Konsequenzen nach sich

ziehen können, haben wir anhand diverser Beispiele gesehen. Beleidigungen verändern nicht nur Situationen, sie können auch die daran beteiligten Menschen und deren Leben verändern.

Aber das muss ja nicht notwendigerweise schlecht sein. Stellen Sie sich alternativ einmal vor, Sie hätten die Scheiße, die Ihnen so gewaltig auf den Senkel geht, noch weitere 20 Jahre durchgezogen, womöglich bis an Ihr Lebensende.

Auch kein Spaß.

7. Sich entschuldigen

Es gibt wesentlich zwei Gründe, sich zu entschuldigen: moralische und strategische.

Sollten Sie aus irgendwelchen Gründen einmal übers Ziel hinausgeschossen sein, dann entschuldigen Sie sich dafür. Tun Sie das schnell und klar und scheuen Sie sich auch nicht, sich bei wildfremden Leuten zu entschuldigen, denen Sie dumm gekommen sind. Einerseits ersparen Sie den Opfern damit, dass sie sich allzu lange über Blödiane wie Sie ärgern, andererseits zeugt ein solches Verhalten aber auch von einem analytischen Umgang mit Ihrem rhetorischen Instrumentarium. Wenn Sie sich immer wieder überprüfen, dann werden Sie auch in der Wahl Ihrer Waffen sicherer und besser. Deshalb ist eine Entschuldigung nicht nur für den Leidtragenden ein Zeichen dafür, dass Sie sich geirrt haben, sondern auch für Sie selbst.

Strategische Entschuldigungen hingegen haben nicht so sehr mit Moral und moralischer Einsicht zu tun, sondern sind, wie der Name schon sagt, Instrumente im zwischenmenschlichen Umgang. Manchmal kann dabei eine Gemengelage entstehen, denn nicht immer sind strategische von moralischen Fragen zu trennen. Versuchen Sie sich in diesem Fall Klarheit über die Situation zu verschaffen. Wenn Sie Moral und Strategie vermischen, kommen Sie in Teufels Küche – sagt Machiavelli.

Strategische Entschuldigungen haben wesentlich drei Motivationsgründe.

a) Waffenstillstand: Hier geht es darum, den Beleidigten durch eine Entschuldigung ruhig zu stellen, um eine Gegenoffensive von seiner Seite zu unterdrücken. Das kann klug sein, wenn man sich nicht ganz sicher ist, ob die Beleidigung den gewünschten Effekt hatte und nun erwägt, neu anzusetzen. Die Entschuldigung mit dem strategischen Ziel eines Waffenstillstandes sollte umgehend anderen mitgeteilt werden, damit der Gegner in der moralischen Pflicht ist, nicht doch noch in die Offensive zu gehen. Das wird er dann nicht tun, wenn alle wissen, dass Sie sich entschuldigt haben. Eine Aggression seinerseits würde jetzt nämlich als Nachtreten empfunden. Das ist bekanntlich so unschön, dass Sie das Recht hätten, umgehend zurückzuschlagen, also auch unter diesem Aspekt nicht schlecht.

b) Sondierung: Wenn Sie nicht genau einschätzen können, wie eine Beleidigung aufgenommen worden ist, dann können Sie sich entschuldigen, um an der Reaktion des Opfers abzulesen, wie schwer es die Beleidigung getroffen hat. Ist das Opfer schnell versöhnt, kommentiert es die Beleidigung womöglich als »nicht so schlimm«, »kein Beinbruch« oder »schon vergessen«, dann können Sie beim nächsten Angriff härter rangehen.

Ist das Opfer bis ins Mark erschüttert und tendenziell weinerlich, dann wissen Sie, dass nicht mehr viel fehlt, um es abschließend auf die Bretter zu schicken.

Alles dazwischen überlasse ich Ihrem Feingefühl.

c) Provokation: In diesem Fall ist die Entschuldigung mit einer neuen Beleidigung verbunden. Man nimmt also die alte zurück, ersetzt sie durch eine moderate und gibt ansonsten zu Protokoll, dass sich am Tatbestand für einen selbst nichts geändert hat. Hört sich ungefähr so an: »Ich bedauere es aufrichtig, Sie gestern als Pavian bezeichnet zu haben. Ich habe mich nur so ungeheuer darüber aufgeregt, was Sie gesagt haben und finde es eine Affenschande, dass wir keine bessere Lösung für das Problem finden. Aber vielleicht ist Ihr System ja nicht so blöd, wie es auf den ersten Blick scheint.«

Selbstredend können Sie die Taktiken auch verbinden. Manchmal zeigt sich bei einer Sondierungsentschuldigung, dass ein Waffenstillstand das Gebot der Stunde ist; manchmal lohnt es sich, nochmal nachzulegen.

8. Beleidigt sein

Bloß nicht! Nicht einmal aus strategischen Gründen, denn wie zuvor beschrieben, müssen Sie sich sonst womöglich mit strategischen Entschuldigungen rumärgern.

Die einzige Ausnahme ist ein pädagogisches Beleidigtsein, wenn Kinder es zu bunt treiben, damit diese ein Verständnis dafür bekommen, dass man mit anderen Menschen nicht nach Belieben verfahren darf. Später kann man das dann relativieren, aber erst mal sollte man so eine Art moralische Zwischendecke einziehen.

Wenn Sie dazu neigen, tatsächlich schnell beleidigt zu sein, machen Sie Yoga, gehen Sie Bogenschießen, lernen Sie eine Kampfsportart, töpfern Sie sich ins seelische Gleichgewicht oder kaufen Sie sich einen Hund, damit Sie jemanden haben, dem Sie trauen können.

Im Falle, dass Sie Ziel einer strategischen Entschuldigung werden, gilt Folgendes:

a) Waffenstillstand: Eine solche Entschuldigung können Sie annehmen oder eben auch nicht. Ich persönlich favorisiere den vermittelnden Konfrontationskurs, das heißt, man nimmt die Entschuldigung an, macht aber gleichzeitig klar, dass man es absolut richtig und wichtig findet, sich mit harten Bandagen zu bekämpfen, denn nur so können ja Resultate erzielt werden. So weiß die Pissnelke gleich, woran sie ist.

b) Sondierung: Einerseits dürfen Sie durchaus thematisieren, dass Sie den Verdacht hegen, Ihr Gegenüber entschuldigt sich aus rein strategischen Gründen. Andererseits dürfen Sie sich aber auch zerknirscht und traurig geben, in der Hoffnung, Ihren Gegner damit zu neuen Angriffen zu verlocken. Wenn die Gelegenheit günstig ist, können Sie ihm dann ja eins überbraten.

   Die Taktik, die Beleidigung als »schon vergessen« und »halb so wild« vom Tisch zu wischen, ist nicht ideal, weil Ihr Gegenüber sich sonst vielleicht zu härteren Attacken herausgefordert sieht. Der Dummschwätzer braucht ja nicht zu wissen, dass Ihnen seine lächerlichen Angriffe eigentlich am Arsch vorbeigehen.

c) Provokation: Gewöhnlich handelt es sich hier um eine Duellsituation. Oben haben wir festgestellt, dass diese ganz dankbar sein können, um Dinge final zu klären, aber eben auch kritisch, weil Duellsituationen oft unberechenbar sind. Wenn jedenfalls jemand die Chuzpe aufbringt, sich bei Ihnen zu entschuldigen und Sie gleichzeitig zu provozieren, dann ist es an der Zeit für eine saftige Auseinandersetzung.

   Allerdings müssen Sie zur Kenntnis nehmen, dass Ihr Gegenüber durchaus willens ist, etwas zu riskieren. Vielleicht handelt es sich sogar um jemanden, den Sie zu einem Verbündeten machen können. Ich schlage in diesem Fall also vor, das offene Gespräch zu suchen und die Etikette zu ignorieren.

   Es hilft ja nichts.

Wie gesagt, sind all diese Überlegungen kein Regelwerk für die Kunst der Beleidigung. Sie werden in vielen Fällen feststellen, dass je nach Situation und Gegenüber einige Aspekte in den Vorder- oder Hintergrund treten.

Wenn Sie sich zum Beispiel innerhalb Ihrer Familie bewegen, dann gilt, übrigens ebenso wie in einer Beziehung, mit Humor und Lockerheit sind die meisten Krisensituationen zu umschiffen. Wie oben ausgeführt, lohnen im privaten Umfeld meist keine scharfen Geschütze. In der

Familie bringen sie nichts, weil sich sowieso nichts ändern wird, in einer Beziehung sind sie lediglich ein Indikator für eine nicht funktionierende Partnerschaft. Konkret heißt das, wenn Sie anfangen, sich Ihrem Partner gegenüber strategisch zu verhalten, dann können Sie auch gleich die Koffer packen. Es ist nämlich nur eine Frage der Zeit, bis es sowieso dazu kommt.

Ich hoffe, dass die Hinweise zum sinnvollen Umgang mit dem rhetorischen Instrument der Beleidigung Ihnen die Scheu davor genommen hat, selbiges künftig einzusetzen, um Deppen, Weicheiern, Flachpfeifen und anderen Luschen das Heft aus der Hand zu nehmen. Wie Sie hoffentlich diesem Kapitel entnommen haben, gibt es zwar ein paar Stolpersteine beim Einsatz kunstvoller Beleidigungen, diese sind aber nicht so gravierend, dass man den harten Schlagabtausch gleich aus seinem Sprachschatz verbannen sollte.

Also, werter Leser, haben Sie sich entschieden?

Werden Sie künftig verbal auf den Tisch hauen, wenn es nötig ist? Werden Sie die Dinge beim Namen nennen? Werden Sie Pennern und Nichtskönnern sagen, wo sie Sie mal können? Und zwar kreuzweise?

Oder lieber doch nicht?

Dann prägen Sie sich für die nächste Krisensituation doch wenigstens das diesem Kapitel vorangehende Zitat ein.

Wobei ich Ihnen damit keineswegs zu nahe treten will.

Literaturhinweise

Die den Kapiteln voranstehenden Filmzitate wurden entnommen:

Peter Kordt: *Ich seh Dir in die Augen, Kleines. Das große Buch der Filmzitate,* Berlin 2002. – Ideal für Leute, die sich Appetit auf Filme holen möchten, die sie entweder noch nicht gesehen haben oder wieder einmal sehen möchten. Auch geeignet für jene, die ein generelles philosophisches Interesse haben, denn wie heißt es in dem Streifen »Grand Canyon«: »Du hast zu wenig Filme gesehen. Alle Rätsel des Lebens werden da gelöst.«

Eine Auswahl weitestgehend unkommentierter Zitatesammlungen

Heike Pasucha: *Das Lexikon der Beleidigungen,* Köln 2006.

Ludwig Kapeller: *Das Schimpfbuch,* Herrenalb 1962. – Ein etymologisch orientiertes, alphabetisches Schimpfwortverzeichnis.

Günter Pursch: *Das große parlamentarische Schimpfbuch,* München 1989.

Politiker beschimpfen Politiker, Leipzig 1998.

Jörg Drews & Co.: *Dichter beschimpfen Dichter. Ein Alphabet harter Urteile,* Frankfurt/Main 2006.

Matthias Ohnsmann: *»Mit Verlaub, Sie sind ein Arschloch.« Joschkas schärfste Sprüche,* Hamburg/Wien 2001. – Eine Sammlung provokativer Äußerungen Joschka Fischers.

Dieter Bohlen: *Meine Hammersprüche,* München 2006. –

Wesentliche (und unwesentliche) Äußerungen Bohlens in den Castingshows.

Amüsantes und Vermischtes

Falk van Helsing: *Ihr Gartenzwerg hat mich beleidigt. Die verrücktesten Klagen der Welt*, Frankfurt/Main 2003. – Eine hübsche Sammlung zumeist unglaublicher Justizfälle mit meist unvorhergesehenem Ausgang.

Ralf Floehr und Klaus Schmidt: *Unglaublich, Herr Präsident*, Krefeld 1982. – Die Autoren haben sich die Mühe gemacht, Herbert Wehners Ordnungsrufe im Kontext zu zitieren, deshalb auch ein Stück bundesdeutscher Debattenkultur.

Franco Volpi (Hg.): *Die Kunst zu beleidigen – oder kleines Brevier sprachlicher Grobheiten*, München 2004. – Eine Zusammenstellung von Schopenhauer-Zitaten mit meist provokantem Ton. Hübsche Alternative zur Essaysammlung.

Jürgen Roth und Klaus Bittermann: *Das große Rhabarbern. 42 Fallstudien über die Talkshow*, München 2000. – Panoptikum von Meinungen und Meldungen zum Thema Talkshow, so bunt und beknackt wie das Thema selbst.

Franz-Josef Antwerpes: *Sehr geehrtes Arschloch! Briefe an den Regierungspräsidenten*, Köln 2000. – Eine nicht immer leichtfüßige Auseinandersetzung des ehemaligen Kölner Regierungspräsidenten mit Bürgerbeschwerden.

Michael Steinbrecher und Martin Weiske: *Die Talkshow. 20 Jahre zwischen Klatsch und News*, München 1992.

– Im Vergleich zu *Das große Rharbarbern* ein eher wissenschaftlich orientiertes Buch, inzwischen etwas veraltet.

Anne West: *Sag Luder zu mir,* München 2001. – Stellvertretend für diverse Ratgeber in Sachen Dirty Talk. Wer es genauer wissen will, gibt den Begriff in der Suchleiste bei Amazon ein. Übrigens sind ein paar Ratgeber auch als CD erhältlich.

Dank

an Sathyan Ramesh, Markus Gruber, Andrea Günther, Petra-Luisa Meyer, Bernd Viebach, Alena Materneova, Marie-Christine Offergeld, Frank Meyer, Dieter Müller, Thomas Spohr, Stephanie Kratz, Rolf Wisskirchen, Alexander Simon, Ulrike C. Tscharre, Darius Poprawka, Jacqueline Grünewald, Daniel Kiecol, Petra Krüll, alle Bott-Schüttlers, Klaus Ribbecke und André Lurton.